数字营销系列丛书

周茂君 主编

数字营销策划与创意

徐同谦 著

科学出版社
北 京

内 容 简 介

如何通过数字营销策划和创意活动，整合适用的数字营销传播工具并使之能够发挥协同效应，进行实时动态的营销传播活动，提升品牌资产和营销绩效？回答这一命题正是本书的目的所在。本书注重营销管理、营销传播和广告策划与创意知识的融会贯通，系统阐述数字营销策划与创意的理论与操作。全书分为四篇十二章，分别从认知、基础、流程、应用四个板块，介绍数字营销策划与创意活动。

本书适合市场营销、广告传播、网络与新媒体、数字出版等专业教师和学生使用，亦可供品牌方、经销商、数字营销公司、媒体机构的管理者、营销人员、品牌经理、广告策划者等作为经营活动的参考。

图书在版编目（CIP）数据

数字营销策划与创意 / 徐同谦著. —北京：科学出版社，2024.3
（数字营销系列丛书）
ISBN 978-7-03-074667-2

Ⅰ. ①数… Ⅱ. ①徐… Ⅲ. ①网络营销－营销策划 Ⅳ. ①F713.365.2

中国国家版本馆 CIP 数据核字（2023）第 005663 号

责任编辑：郝 悦 王京苏 / 责任校对：贾娜娜
责任印制：赵 博 / 封面设计：楠竹文化

科 学 出 版 社 出版
北京东黄城根北街 16 号
邮政编码：100717
http://www.sciencep.com
天津市新科印刷有限公司印刷
科学出版社发行 各地新华书店经销

*

2024 年 3 月第 一 版 开本：720×1000 1/16
2025 年 1 月第二次印刷 印张：20
字数：325 000

定价：68.00 元

（如有印装质量问题，我社负责调换）

“数字营销系列丛书”编委会名单

推 荐 序

“风乍起，吹皱一池春水”，这是南唐词人冯延巳的著名词句，用它来形容当前已然来临的数字营销时代，最为恰切。数字时代的这个“风”就是新技术，正是它引领着数字媒体发生着深刻变革，影响着人们的工作状态、生活方式和阅读习惯，进而颠覆着媒体市场、广告市场和营销市场的运行规则。在这里，广告主在传统媒体时代简单的广告营销逐渐被数字时代注重官网、两微一端和搭建营销平台的“自营销”所取代；报刊、广播、电视等传统媒体依靠采编、经营双轮驱动已悄然改变，代之而起的是以内容运营、用户运营和活动运营为主的数字媒体运营；广告代理公司（绝大多数转型为数字营销公司）为迎接数字时代的到来，正在经历着从经营理念、组织架构到运作流程、业务模式的阵痛与蜕变，以便更好地服务于广告主。

数据成为数字营销市场的核心竞争力，得数据者得天下。广告主可以凭借其拥有的第一方数据，借助其官网和微博、微信，自建 App，搭建营销平台，进行品牌宣传与产品营销；数字媒体则依靠其垄断的第二方数据资源和头部媒体优势，在营销市场纵横捭阖、所向披靡；传统广告公司在过去时代曾经拥有的创意、策划等专业性优势，在数字时代逐渐被广告主和数字媒体蚕食，而“去中介”的行业诉求正在加重其生存危机，逼迫其通过搭建数字营销平台（垂直）和重构专业性实现浴火重生与凤凰涅槃。而原生广告和内容营销也颠覆着人们“内容是内容”“广告是广告”“二者要具有可识别性”的认知。前者将品牌信息深度植入媒体内容，并使二者融为一体；后者更强调将媒体内容作为营销工具为品牌广告或效果广告服务。此时，在数字营销市场，内容即广告，广告即内容，过去那种纯粹的内容与纯粹的广告再难见到，无论是内容还是广告，都是为营销服务、为广告主服务。一切皆处于变化之中或在变化的路上，而唯一不变的就是变化，这就是时下的数字营销时代。

正是在技术引领、规则被颠覆、市场变革已然成为现实的情况下，周茂君教授组织编写了这套数字营销系列丛书——《数字营销概论》《数字营销策划与创意》《数字内容营销》《数字品牌营销》《数字平台营销》《大数据营销》《数字营销公司经营与管理》《数字媒体运营》《数字营销效果测评》《数字营销伦理与法规》。本套丛书一共 10 部，从上述各书名可见其独特之处：其一，大营销观的独特研究视角。本套丛书坚持大营销观，让广告回归营销，恢复广告是市场营销一部分的本来面目，处处从大营销的角度展开论述；立足于大营销，从营销参与者、营销要素和营销过程的角度来确定相关的书名、章节。其二，勾画“史”的线索与立足数字营销实践。丛书的每部书皆坚持勾画出从传统媒体到数字媒体、从传统广告到数字广告、从传统营销到数字营销的“史”的线索和发展脉络，让读者能从中洞见从传统时代到数字时代的演进轨迹。同时丛书作者并没有局限于对数字营销从理论到理论式的研究，而是立足于数字营销实践，更多地从业界的视角去透视、研究相关的理论问题，这就使其研究更重实际，也更接地气。其三，本套丛书既关注理论前沿问题，注意吸收和借鉴国内外数字营销研究的最新成果，又注重这些基本理论的实际应用，并将基本理论、实际应用和案例点评很好地结合在一起，形成独具的特色。

数字营销在国外才出现短短二十多年时间，在国内出现的时间更短，无论国外还是国内对它研究的时间都不长，可以说才刚刚起步，对数字营销进行系统研究的系列著作则更少。希望以周茂君教授这套数字营销系列丛书为起点，国内涌现出更多的作者和更多的研究成果，早日迎来数字营销研究的收获期。

是为序。

强月新

2019 年 10 月

“数字营销系列丛书”前言

1994 年 10 月 14 日，美国《热线杂志》网络版刊出美国电话电报公司（American Telephone & Telegraph，AT&T）等 14 则广告主的图像和信息，标志着网络广告的正式诞生，也宣告了数字营销时代的来临。这场由新技术引发媒体市场、广告市场和营销市场的变革方兴未艾，其对未来的影响巨大而深远，甚至是颠覆性的。有人曾用“变化是当前唯一不变的主题”这句话来加以形容，无疑是对数字营销市场状况的真实写照。

尽管数字营销已经走过了二十多年的发展历程，但是迄今为止仍然没有一个大家公认的权威定义。国外部分学者或营销专家对数字营销提出了一些看法，有两方面的内容值得关注：其一，数字营销是一种全新的营销方式。他们认为数字营销“也称为电子营销”①，是“利用数字技术帮助营销活动”②，是“将互动媒体与营销组合的其他元素相结合”③，是“一种全新的营销方式”④。其二，数字

---

① Smith K T. 2011. Digital marketing strategies that millennials find appealing, motivating, or just annoying[J]. Journal of Strategic Marketing，19（6）：489-499.

② Bala M，Verma M D. 2018. A critical review of digital marketing[J]. International Journal of Management，IT & Engineering，8（10）：321-339.

③ Parsons A，Zeisser M，Waitman R. 1998. Organizing today for the digital marketing of tomorrow[J]. Journal of Interactive Marketing，（1）：31-46.

④ Wind Y，Mahajan V. 2001. Digital Marketing：Global Strategies from the World's Leading Experts[M]. New York：John Wiley & Sons，Inc.

营销有利于与消费者建立关系并实现营销目标。他们强调数字营销“使消费者和企业建立了双向联系，且消费者可以更为便捷地接触到产品和服务”①，能够“与用户建立更深层次的关系”②，“通过数字媒体、数据和技术与传统传播相结合实现营销目标”③。

鉴于此，我们试着给数字营销下了一个定义：数字营销又名在线营销，是利用网络技术、数字技术和移动通信技术等手段，借助各种数字媒体平台，针对明确的目标用户，为推广产品或服务、实现营销目标而开展的精准化、个性化、定制化的实践活动，它是数字时代与用户建立联系的一种独特营销方式，具有深度互动性、目标精准性、平台多样性、服务个性化和定制化等特征。

在数字营销行业，大数据、区块链、虚拟现实、物联网、超级计算等技术领域在全球发展势头良好。数字媒体的内容生产、产品形态和推送渠道都更加丰富，网络广告的生产、推广和监管也随之更加多元化及规范化。移动互联网的普及在很大程度上改变了人类生活的方方面面，用户的媒介使用习惯和消费行为都发生了巨大改变，数据资源成为各家公司争夺的重要生产要素。

正如 Actifio 首席执行官 Ash Ashutosh 所说：“Airbnb 是最大的酒店服务机构，但它却没有一间酒店房间；Uber 是最大的出租车服务公司，但公司却没有一辆出租车。”④数据已经成为各类公司的核心命脉，自然也深刻地影响着数字营销观念及思维方式的变化。

过去，广告人围坐在会议桌前，仅仅靠头脑风暴和无限的创意就能敲定广告方案的时代已经不再。现在的数字营销从业者更像是股票交易员，他们坐在电脑前，瞬间即可在在线广告交易平台上完成广告位的购买与销售。运算法则的输出

---

① Durmaz Y，Efendioglu I H. 2006. Travel from traditional marketing to digital marketing[J]. Global Journal of Management and Business Research，16（2）：34-40.

② Royle J，Laing A. 2014. The digital marketing skills gap：developing a digital marketer model for communication industries[J]. International Journal of Information Management，（2）：65-73.

③ Chaffey D，Ellis-Chadwick F. 2017. Digital Marketing：Strategy，Implementation and Practice[M]. 5th ed. New York：Pearson.

④ Tunguz T，Bien F. 2017. 大数据浪潮—企业文化、高效团队和商业奇迹[M]. 宫鑫，谢金秀，刘婷婷译. 北京：人民邮电出版社.

结果能实时、准确地根据用户数据决定不同的产品广告应当在哪一个网页或终端设备中投放，同时准确地选择出向不同的用户投放哪一个版本的广告内容。广告交易平台可以根据访客曝光量或转化率为付费用户准确地计算出广告费用，并通过代码监测向广告主们及时地反馈广告投放到目标用户的效果。一定的数据分析能力以及对于数字管理系统熟练的操作能力，似乎已经成为广告营销人员必备的职业技能，过去的“广告狂人”正在向现在的“数据达人”转变。

数字化的传播手段和传播内容对数字营销行业的影响主要表现在三个方面：其一，广告交易制度的改变。网络投放与广告管理系统的开发有力推进了网络广告市场的规范化运作。与常规的人工购买相比，基于自动化技术和数据系统来进行广告投放的程序化购买平台可以极大地改善广告购买的效率、规模和投放策略。其二，广告产品形态的多元化。随着媒介形态的多样化，技术手段的日益革新，网络广告的形式由最初的展示广告拓展到搜索引擎广告、富媒体广告、短视频广告、电商广告等丰富的产品形态。通过与不同行业的跨界合作，产品营销方式也多种多样，社交媒体、电商平台、新闻资讯平台、娱乐平台及各传统媒体平台交融合作，打造从线上到线下的营销闭环，更加贴近消费者的生活场景与兴趣爱好。其三，广告主营销理念的转变。广告主开始注重广告营销效果的“品效合一”，他们既关注广告投放后品牌或产品知名度的推广，同时也希望能看到更加直接的销售转化效果。第三方监测公司的出现使得数字营销产业链逐步趋于完整，广告主对于广告效果的把控更加客观真实。

面向全球市场的数字营销生态链基本形成，不同类型的数字营销公司纷纷搭建自己的数据平台，相互聚集。它们的“整合”绝不仅体现在媒体、渠道与终端，而是更深刻地呈现于整个行业格局的变化与发展之中。一些传统的广告传播集团通过大规模的并购、收购，整合数据资源、拓展数字营销业务，转型成为数字营销集团。一些独立的代理公司、数字技术公司和数字媒体纷纷展开合作，试图为广告主提供更加一体化、一站式的网络营销服务方案。目前，数字营销行业的广告代理公司分布有以下三个特点：其一，独立代理公司渐成气候。独立代理公司能够快速响应市场趋势，并且具有扎实的市场洞察力。其二，代理商结构、层级多样化。广告主新设立的 In-house 团队、媒体下属的数字营销公司，以及市场上原有的广告代理公司相互协调合作，不同团队之间专业营销者的对话提高了数字营销的效率，但对数字营销公司来说，其在产业链中的地位则受到越来越大的威胁。其三，内容创作的质量以及分析效果的能力拉开了数字营销公司之间的差距。营销者讲故事的能力、获取和分析数据的能力，以及利用数据促进消费者互动和销售转化的能力，对于吸引广告主来说至关重要。

在数字营销行业环境的风云变幻中，广告主、数字媒体和数字营销公司作为行业发展的三大运行主体，在迎接变革与挑战的过程中，势必要经历残酷的竞争与痛苦的蜕变，能在这场变革中生存下来的，都是能顺应时代潮流、适时改革创新的佼佼者。

数字时代已然来临，技术引领、规则被颠覆、市场变革已是不争的事实。面对已然来临的数字时代，只有迎接挑战而不是回避。因此，编写这套数字营销系列丛书主要出于如下考虑。

（1）系列丛书将秉承五个原则：其一，以“营销主体”“营销内容”“营销平台”“营销对象”“营销管理”五个方面作为研究对象。其二，坚持大营销观，让广告回归营销，恢复广告是市场营销一部分的本来面目。其三，立足于大营销，从营销参与者和营销过程的角度来确定相关的书名、章节。其四，每部书皆勾画出从传统营销到数字营销的发展线索和脉络，使读者能从每部书上见到数字营销时代的新变化。其五，每部书在研究内容上既要相互有关联，又要厘清彼此间的研究边界而不至于重复。

（2）本套丛书既关注理论前沿问题，吸收和借鉴国内外数字营销研究的最新成果，又注重这些基本理论的实际应用。在具体编写过程中，将基本理论、实际应用和案例点评相结合，展现出独具的特色：其一，基本理论部分。对数字营销涉及的理论问题，只作概括性叙述，不进行全面性描述，对其基本原理，力争深入浅出、易学易懂。其二，实际应用部分。这是本套丛书中每部书的写作重点，这个思路将贯穿于每部书的编写之中。其三，案例点评部分。每部书的大部分章节都要求安排与本章内容相关联的案例点评，用具体的案例点评，来回应前面的基本理论和实际应用。

（3）本套丛书在编写过程中尽力做到有思想、有创见、有全新体系，观点新颖，持论公允，风格力求简洁、明了、畅达，并在此基础上使行文生动、活泼、风趣。

这套丛书从 2016 年底提出计划到现在，前后历时多年。由主编周茂君提出总体构想以及 10 部书的书名，然后是聘请作者参与编写。由于时间较长，作者几经变化，其间的艰难困顿难以言述，好在艰难时刻皆已过去，相信未来一定能见到彩虹！

这套丛书的顺利面世，需要感谢的人很多。首先，要感谢丛书编写团队的每一位作者，正是你们的辛勤付出才迎来了现在的累累硕果。其次，要感谢武汉大学新闻与传播学院的强月新院长、洪杰文副院长的大力支持。强院长不仅平时十分关注丛书的编写，还在百忙之中为本套丛书撰写了序言；洪副院长作为本套丛书的副主编，参与了丛书编写过程中不少具体事宜，并提出了建设性意见。最后，要感谢科学出版社的来豫蓉女士、陈亮先生、鄢德平先生、张宁女士、马跃先生、郝静女士等，从出版合同的拟定到具体编辑工作的落实，点点滴滴，处处都留有你们辛勤的身影。

数字营销的研究在国内还处于起步阶段，没有现成的研究成果可以借鉴，书中的不妥之处，恳请各位读者批评指正。

周茂君　于武昌珞珈山

2019 年 10 月

目　录

Contents

认 知 篇

数字时代的营销传播发生了显著的变化，突出表现在营销环境的变化，以及基于此的营销传播范式的变化方面。这是进行数字营销策划与创意活动的认知基础。

第一章　重新认识数字时代的营销传播

我们生活在一个数字时代，数字化浪潮已然席卷全球，数字媒体业已渗透到生活中的方方面面，并改变着我们接收信息的方式，购买商品和服务的方式也随之改变。技术环境的变化，触发了企业营销传播环境变化的“多米诺骨牌效应”，技术依赖、消费者参与已经成为当前数字时代的重要特征，这驱使着企业不得不寻求管理模式的改变，营销传播管理当然也不例外。

第一节　数字时代营销环境的变化

科学技术是生产力中最活跃的部分，作为营销环境的重要组成部分，技术因素会直接对企业的生产和经营造成影响。此外，科学技术还会与经济、文化、社会等环境因素相互作用，间接影响企业营销传播目标的实现。

人们已经生活在一个数字世界，数字技术已应用于人们生活的各个领域，并促使社会生产与消费领域发生显著变化。数字技术改变了人与人之间的连接，改变了人们的沟通方式和沟通效率，同时也改变了营销者与顾客之间的连接与沟通，双向沟通变为真正的可能，顾客与顾客间不再是一个个孤立的个体，他们之间的信息共享已经成为影响消费者购买决策的重要考量。

这一切，都要求营销传播决策者们重新审视我们所处的营销（传播）环境，关注数字时代营销环境，特别是传播环境的显著变化。

一、数字技术发展催生新兴数字媒体和产品

信息技术的发展，特别是互联网的发展，成为数字媒体产生、成长并迅猛迭代的摇篮和催化剂。

（一）网络媒体发展的三个阶段

互联网出现于1969年，1985年开始真正发展。发展至今，短短几十年时间，经历了从门户时代到搜索时代的转变，之后又出现了社交网络、视频网站、电商平台；移动互联网兴起后，各类App成了用户获取信息最主要的渠道。网络媒体发展大体上可以划分为以下三个阶段。

第一个阶段是Web 1.0时代。用户通过浏览器获取信息，这一阶段主要的数字媒体是门户网站和搜索引擎，如当时出现的雅虎与谷歌，以及国内四大门户网站（新浪、搜狐、网易、腾讯）等，这些门户网站提供综合资讯服务的同时，也提供搜索引擎服务；后出现了以搜索为主的网站，如谷歌和百度。Web 1.0媒体主要的特点是一对多地传播，以静态、单向阅读为主。

第二个阶段是Web 2.0时代。Web 2.0阶段由单维的传播逐渐转变为双向交流，社交网络开始兴起。这个时代开始出现了去中心化，开放、共享和互动已经成为主要的特征，主要的特点是交互与社交。

这时的媒体出现了一些互动产品，如贴吧、博客、播客，还有一些SNS（social networking service，社交网络服务）网站兴起，如当时的人人网、开心网，此外还有WIKI等。Web 2.0时代，信息聚合和社群开始出现了雏形。Web 2.0的产生，让人们可以更多地参与互联网的创造劳动，特别是在内容上的创造。用户可以参与内容生产，通过用户分享实现了N对N的传播。于网站用户而言，他们既是内容的消费者，同时也是内容的生产者，人人参与，人人传播。在此阶段，网络内容突破了静态图文的格式，开始出现了视频内容。

第三个阶段是Web 3.0时代。尽管3.0的说法尚存在争议，但个性化和智能化是这个阶段的最显著的特征，同时站内信息可以与站外信息进行整合，用户可以拥有自己的数据，可以在不同终端和网站使用。

移动终端的普及和人工智能（artificial intelligence，AI）的出现，催生了新的媒体形态：基于移动终端的各种应用层出不穷，成为人们接触信息、建立（与世界和人的）链接的主要入口。在大数据、云计算和人工智能的帮助下，获得用户的各种数据，通过算法完成向用户的个性化传播。

（二）媒介界限的消融

随着数字媒体的发展，媒体的形态和结构越来越复杂，网络媒体数量越来越多，媒介间的界限正在消融。

一方面，数字媒体对传统媒体进行了解构，在解构的同时，传统媒体与新兴媒体、新兴媒体与新兴媒体间又展开了重构，新媒体形态不断涌现，如门户网站、搜索引擎、社交平台、游戏平台、视频平台、直播平台、电商媒体等，而每一种媒体形态又存在不同的服务提供者。这样，消费者的媒介接触呈现出多元化的局面。以电视剧或综艺节目为例，以往人们可以从中央电视台、卫视和各级电视台观看，现在还可以通过爱奇艺、腾讯视频、优酷土豆等视频网站观看。

另一方面，UGC（user generated content，用户生产内容）的出现，使得媒介产品更加丰富，自媒体空前繁荣，特别是短视频、直播等内容生产的门槛剧降，更多的内容被释放出来。如在快手、抖音等平台上，每天都有几亿条内容产生。内容的急剧增加，意味着消费者获取信息的来源更加丰富和多元化，承载商品/服务信息的渠道（即广告媒体）也更加多元化。

新媒体推动了媒介不断走向融合发展，消融了媒介之间的界限，使得不同媒体间的鸿沟、规制、地域界限消解，传统媒体业态间的边界变得模糊，纷纷往“全媒体”方向转型。与此相对应地，各种媒体的竞争力、聚合的注意力资源也在这个过程中裂变与重新聚合，媒体对于营销主体的价值随之变化。

二、消费者媒介接触的变化

在传统营销时代，人们往往通过大众媒体获取信息、知识和娱乐，数字时代则颠覆了大众传播，人们媒介接触的时空特征开始模糊，媒体分流严重，受众的注意力越来越碎片化。

根据《2023中国网络视听发展研究报告》[①]，截至2022年12月，我国网络视听用户规模达10.40亿，超过即时通信，成为第一大互联网应用。

（一）媒介接触时间、空间特征消失

人们在使用媒介的时候，经历了明显的场景变化。大众传播时代，受众要么没有接触媒介，要么就是在使用相对单一的媒介（当然也不排除有些受众会手拿着报纸看电视）。网络媒体出现后，特别的是移动互联网媒体的繁荣，跨屏成为普遍现象：受众在相当多的情境下，会同时接触到多种不同的终端和媒体。例如，有不少受众在看电视时还在接触其他类型的媒介，如手机。

（二）受众注意力的碎片化

与此同时，受众的注意力越来越碎片化。报告显示，网络视听产业用户规模和使用率进一步提升，截至2022年12月，我国网络视听用户规模达10.40亿，网民使用率为97.4%[①]；网络视频消费移动化趋势日益显著；用户视频付费意识已经养成；在移动互联网时代，由于智能手机的便携性，95%的视频用户会使用手机利用时间碎片收看网络视频节目。用户的阅读习惯极度分散，随时随地都能获取信息，用户内容需求越来越细分化，意味着受众的注意力也越来越碎片化，难以获取。

与此同时，用户每天面对很大的信息量，干扰度高，注意力容易转移，内容都很难记忆，更何况广告。宝洁数据部门研究发现，数字媒体广告的平均被观看时间低至1.7秒。

三、消费者购买行为，特别是购买决策过程的显著变化

消费者行为研究的是个人、群体和组织如何挑选、购买使用及处置产品、服务、创意或体验来满足他们的需要和欲望的过程（科特勒和凯勒，2016）。

---

① https://mp.weixin.qq.com/s/x-7gr8FV7RHhiF-1OhtNYg.

（一）消费者购买行为模型

关于消费者行为分析，学者们开发了很多模型。从消费者行为综合模型来看，有霍金斯模型、阿赛尔的消费者行为反馈模型、所罗门的消费者行为轮盘模型、彼得的消费者行为分析模型、布莱克威尔模型、莫文模型、科特勒模型等，它们均从不同的视角对消费者行为进行了解释。

消费者的购买行为受到文化、社会与个人等因素的影响，其中文化因素影响最为广泛和深刻。文化背景不同，消费者的需求及购买习惯也不同。每个社会的文化又可以分为若干不同的亚文化群。亚文化群就是在较大社会集团中的较小的团体，如民族亚文化群、种族亚文化群、地区亚文化群等。亚文化群共同遵循许多文化，但也有自己独特的信仰、态度和生活方式，这会导致消费者购买行为的差异。企业在选择目标市场和制定营销决策时，必须注意文化差异以及由此导致的消费者购买行为的差异。

在数字营销（digital marketing）时代，出现了独特的亚文化现象与群体，即“数码亚文化”，人们通过数字技术连接在一起形成虚拟群体，群体成员呈现交互，以此影响消费者行为。

（二）新型购买决策流程与“数码亚文化”

从购买决策过程来看，随着基于互联网和移动互联网的新传播技术的出现，客户可以更容易地接触到所需要的产品或服务，搜索信息更为简单。很多电子商务网站提供了“商品比较”功能，使得消费者在线可以完成属性评估，而“用户评价”功能产生于大众点评网等专业网站，这使得消费者的决策明显受到电子口碑的影响。

麦肯锡公司提出的消费者决策流程（consumer decision journey，CDJ）（2015 版）可以用来描述消费者从产生需要到完成购买和产生互信的过程，并用来进一步分析“如何在这个过程中影响消费者”。这个流程由“购买环”和“品牌忠诚度环”两个小环内切组成，包括考虑、评估、购买、体验、互粉和互信 6 个阶段。

数字营销时代，人与人之间的联系正变得越来越紧密，网民们通过各类网络应用联结在一起，构成一个个虚拟的群体，我们称之为“网络社群”。社群成员具有共同的兴趣、爱好、目标和期望，其社群属性意味着社会空间在网络中的再构造。以互动直播为关系纽带的网络社群有花椒等泛娱乐的“全民直播”平台，有斗鱼、虎牙等游戏直播平台，还有淘宝、小红书等电商直播平台。每一个观看直播的成员，围绕某一个或某一类主播，形成“圈子”或社群。成员的兴趣、爱好、目标和期望呈现出某种一致性，且容易受到社群 KOL（key opinion leader，关键意见领袖）或其他成员的影响，在品牌认知度和购买行为方面表现得尤为明显。

“数码亚文化”（科特勒，2018）群体的出现，正在并将继续深刻影响着人们的购买行为。

四、消费者与消费者之间的交互作用

消费者之间的交互营销，是数字时代营销环境的重要变化。

（一）从传统营销时代的孤立个体到数字时代高连通性的网络社群

在传统营销时代，消费者与消费者之间是孤立的个体，相互之间缺乏有效的途径连接起来，更难形成组织。例如，当某个耐克的消费者走在街上，看到有人同样穿着耐克鞋子，往往选择视而不见，顶多会礼貌性地打个招呼。即使有消费者组织，但这些组织往往是围绕企业方而建立的，如线下的“X俱乐部”。或者，组织是围绕现实世界中的人际联系而建立的，如一个班级的同学们，偶尔会讨论耐克鞋子的款式和质量。

数字世界的高连通性，使得消费者与消费者之间的联系更为便捷。企业方或用户，都有可能围绕某种属性拥有自己的网络社群。消费者可以通过 Facebook、Instagram、微博、微信朋友圈展示自己新买的手机，展示自己的修车技术，吐槽刚买就坏掉的产品或者某服务提供商的恶劣态度；还可以直接在购物网站的商品评价中直接给差评，“有图有真相”（照片和经历的描述），往往拥有巨大的冲击力与影响力。

消费者之间通过网络连接，形成具有互动的网络社会群体。这种互动具有超时空性与开放性、社会关系的平等性与自主性、秩序建构中的扁平化与多中心性等特征。

（二）网络社群对消费者行为的影响

在数字时代，消费者与消费者间的连接与互动形成的网络社群，其社会影响力主要表现为在互动基础上传播信息、提供工具性支持和情感性帮助、以弱关系为基础进行强社会动员、以舆论聚焦为基础开展双向和多向互动。

一方面，使得消费者在进行购买决策时，获得的信息更为全面、便利，消费者可以从其他消费者那里获得观点、经验和评价。

另一方面，在网络社群中除去归属、感性等心理外，从众与攀比心理同样存在。消费者间的网络交互使得社会从众心理也逐渐提高。

五、品牌与用户的互动和权力转移

在数字时代，消费者与品牌之间的关系也发生了根本性的转变。营销传播的主导权，已逐渐向客户群体转移。这种关系的变化，一方面归因于通信技术，特别是数字技术的进步，另一方面归因于媒体形态的发展和网络社群的诞生。

在传统营销时代，企业拥有营销传播活动的主导权。不管品牌方如何强调消费者导向，如何注重与顾客的联系，这种连接往往是单向的，品牌方通过资源优势，单方面通过自己的销售渠道或大众媒体向消费者传递信息。从信息传递的视角看，消费者是被动的一方。消费者参与并提出建设性的意见，其传播渠道是隐性和有限的：或通过电话、电子邮件等方式向品牌方传递，或通过论坛、博客等Web 2.0 时代的一些媒介形态发表一些看法，但传播效果往往有限，因为企业方可以对用户意见进行分流处理，做到隐性化。

社交媒体的出现，改变了这一切，大众媒体左右舆论的情况有了根本性变化。消费者可以参与内容生产，向品牌方和社会公众传递自己的声音。

传播形态的变化，还成为某种“社会运动”，迫使品牌方做出营销组合的改变。品牌方与用户的权利发生了转移，前者由传统传播时代的主动变为被动。

数字时代的变革，是在技术驱动下引起的变革，其最终结果是引起人们生活方式的变革，消费者需求朝着多样化、综合化、个性化、互动化的方向变化，需求的变化进而影响企业经营活动包括营销传播活动的转变。

在数字时代背景下，企业要想发展和前行，必须在关注需求的前提下，研究数字时代营销传播的特点，开发相应的数字营销传播组合，从而达到企业的营销传播目标。

第二节　数字时代的挑战暨营销传播范式的转变

数字时代营销环境的变化，对企业营销带来双重影响：一方面给企业营销带来威胁，营销传播主体如不采取相应的措施，则很难适应新的变化，影响营销目标的实现；另一方面给企业营销带来机会，对于快速适应环境变化并调整营销传播方式的企业，则可能带来新的竞争优势。

一、营销传播主体面临的挑战

在数字化浪潮下，营销主体往往已经深刻认识到身处其中的营销环境发生了显著变化，也意识到其营销传播活动应该由传统向数字转变。然而，是否应该拥抱数字营销，如何拥抱数字营销，营销管理当局仍面临着不少的挑战。

（一）注意力碎片化的背景下触达并连接消费者更加困难

在传统媒体时代，受众的注意力往往聚集于大众媒体。营销传播主体确立传播目标后，对目标受众进行画像，通过调查目标受众的媒介接触情况，进而进行媒介选择和媒介组合，通过相应的媒介通路，完成受众的触达。

传统媒体时代的传播通路设计，其实隐含着这样一个假设：大众媒体的覆盖，具有客观的“足量性”，且广告媒介具有相对的强制性。因此，通过相应的广告媒体，可以基本完成信息触达目标。

至于消费者连接，传统媒体时代的连接，更具有“单向度”的特点，相应的信息传递给消费者，那么传播目标几乎完成了，后续的连接工作则由销售渠道来承接。

数字时代的消费者的媒体使用状况，决定了传统的传播设计难以有效完成信息触达目标，因为媒介使用和注意力的碎片化。消费者的媒体接触方式更为复杂，他们不仅仅在特定的时间里面对着电视机，更多的是“见缝插针”式地使用媒体：早上洗漱的时候听听新闻或音乐，边吃早餐边刷刷朋友圈，上班路上还可以听听有声小说，或者刷刷抖音（而抖音上的内容，又是形形色色的）；路程较远的，说不定还在地铁上玩一会手机游戏；上班时间，偶有空闲看看页面新闻，午餐时间还忙里偷闲，追一下网剧……这样，消费者的媒介使用方式越来越数字化，使用时长趋向增加，选择更富多元化，单位时间和媒介产品所聚集的注意力，对于特定单一受众而言，更呈现“支离破碎”的状态。

新技术和新的媒介产品，使得消费者看到了他们与品牌方对话的更大可能性，客观上也提升了他们的期望和要求，使其更想参与顾客价值创造与传递。

面对这种情况，原有的传播设计，特别是媒介选择，显得足够“粗放”，难以达成信息的有效触达，也难以完成消费者的连接，进而难以提升购买意愿。

（二）如何抓住目标顾客或受众转瞬即逝的注意力

韦伯斯特（2017）认为，注意力市场主要由三者构成：受众/用户、内容提供者、测量提供者，他们分别扮演着注意力的提供者、注意力的意图占有者、两者匹配程度的评估者的角色。他还认为，由这三者构成的注意力市场是一个结构化的世界，数字时代，无论受众、媒介还是测量机制，已经不复传统的模样。

数字内容丰富，选项过多，受众面临挑花眼的窘迫。受众在时间和精力有限的情况下，在难以最大限度地实现自身目的时，只能追求实现最低要求；为了避免选项太多而无所适从，人们会在预设的有限范围内寻找内容，但也将更加丰富的内容和更加多元的观点排斥在了选择范围之外；面对海量内容，受众会借助搜索引擎、推荐机制或社交网络等做出选择。

在日益碎片化的媒介环境中，消费者所使用的媒体（媒体产品）非常分散，消费者的注意力时长从 20 秒钟降到了 5 秒钟，甚至更短。宝洁的研究表明，“人们看广告的时长是 1.7 秒，只有 20%的人会看超过 2 秒钟的广告”，所以，广告业有人戏称，现在人们的注意力比海豚还要短。

受众注意力时长的缩减，还源于越来越盛行的快餐文化。快餐文化是指以互联网为媒介平台，借助数字技术和多媒体手段，以呈现方式多样化、内涵单一重复化、短期内迅速流行为主要特征的文化现象。互联网具备超越时空性、实时交互性等特点，成为孕育快餐文化的沃土，并催生快餐文化逐渐主流化。用户在快速浏览中很容易迷失，难以集中注意力，导致认知能力、分析能力下降，思维趋向于表面化。

传统的简单投放、过长的信息策略，都有可能导致传播投入的浪费。

（三）如何完成沟通、说服，影响消费者购买决策

如前所述，在传统媒体时代，消费者受制于传播通路和传播技术，与品牌方的沟通往往是单项的，他们表达观点的可能性受到抑制。品牌方的传播信息触达消费者不是最终目的，其最终目的是通过信息沟通影响人们的购买决策。

由广告先驱埃尔默·路易斯提出的 AIDA 模型（图 1–1），最早被广泛用于解释品牌方的信息是如何影响消费者购买决策的。A：attention（注意），I：interest（兴趣），D：desire（欲望），A：action（购买）。后几经修正和拓展，分别发展出 AIDCA（注意—兴趣—欲望—确信—购买）、AIDMA（注意—兴趣—欲望—记忆—购买），AIDAS（注意—兴趣—欲望—购买—满意）等。

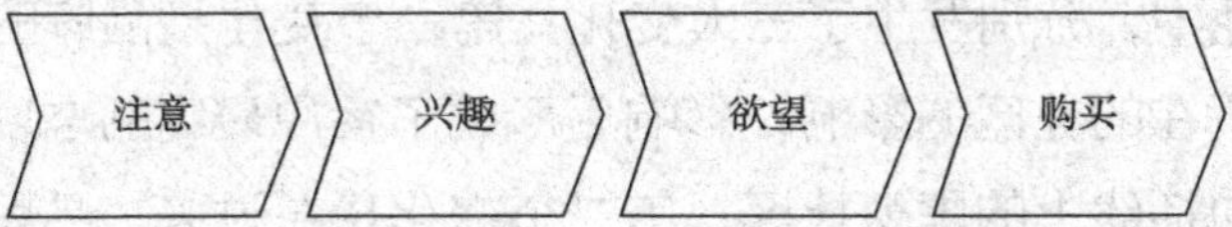

图 1–1 AIDA 模型

营销学者德里克·洛克尔对 AIDA 模型进行了修改，将兴趣和欲望进行了整合，谓之态度，开发出 4 A 模型：认知（aware）—态度（attitude）—行动（act）—再行动（act again）。“再行动”（即再购买）环节的加入，将顾客忠诚和重复购买的因素纳入了考量。

菲利普·科特勒在其著作《营销革命 4.0：从传统到数字》中，提出了数字时

代前后的客户购买路径差异，如图 1-2 所示。

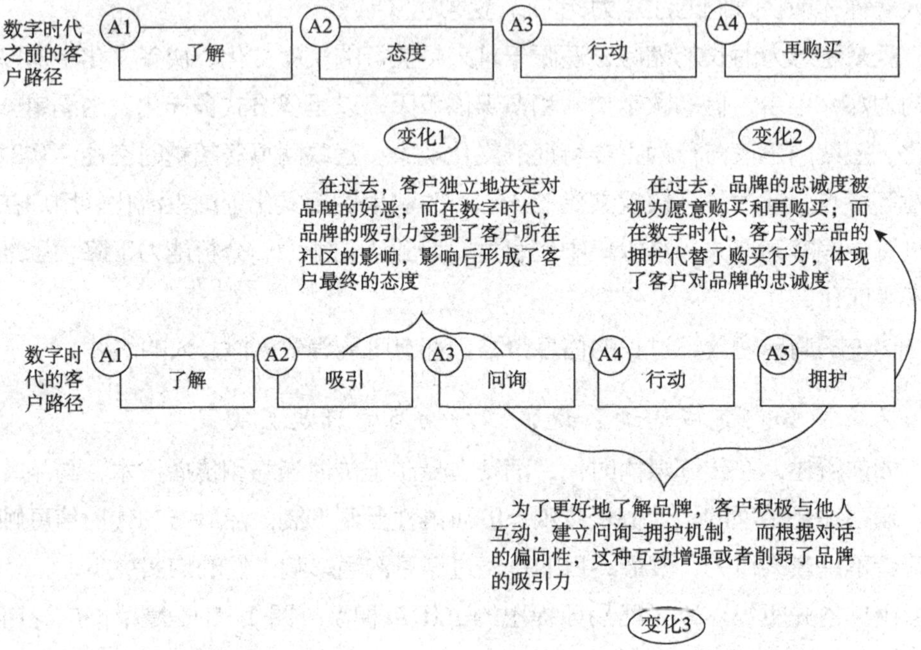

图 1-2　数字时代前后的客户购买路径

与 4 A 模型相对应，科特勒认为客户路径应该被修正成为了解、吸引、问询、行动和拥护。

在这一路径中，分别发生了三大变化：第一个变化是品牌的吸引力受到了（潜在）客户所在的社区的影响，影响后形成了客户最终的态度，客户社区不仅是线下，还包括线上的虚拟社区；第二个变化是在过去，品牌的忠诚度由愿意购买和再购买体现，而在数字时代，客户对产品的拥护代替了购买行为，体现了客户对品牌的忠诚度；第三个变化是为了更好地了解品牌，客户积极地与他人互动，建立起了问询–拥护机制，这种互动存在偏向性，客观上会增强或削弱品牌的吸引力。

如何实现连通，促进客户购买，毫无疑问是摆在品牌方面前的新难题。

（四）营销传播管理组织如何进行转型与适应

从传统的营销实践来看，虽然企业内部的营销管理组织不尽相同，但企业的营销管理组织是围绕着市场营销的职能展开的。企业可以用不同的方法来构建自己的营销部门，如职能型、地区型、产品/品牌型、（区域）市场型、矩阵型。每一种类型的组织，均有其优缺点和适用性。

职能型营销组织（图 1-3）的优势在于结构简单，行政管理简明，但劣势是各部门间的合作难度较大。

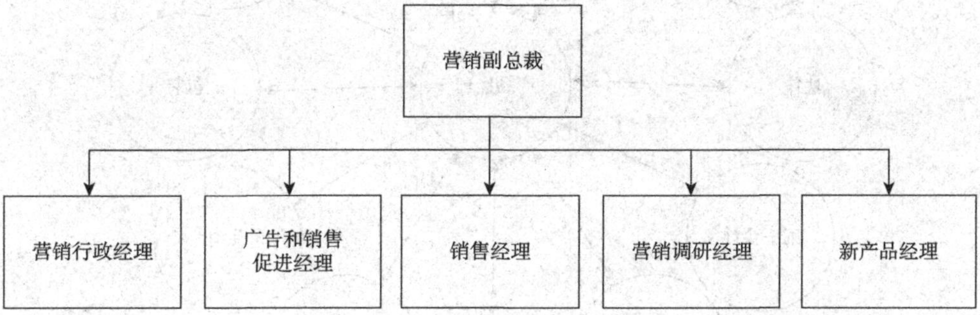

图 1-3　职能型营销组织

地区型营销组织比较多见，往往需要根据区域市场的差异，制订差异性的营销计划。

产品/品牌型营销组织，往往能够制订更富有投资回报率的营销计划，但这种类型的营销组织内部的交互关系（图 1-4）相对复杂，无疑对产品经理的要求非常高，否则很容易导致缺乏执行力；而产品经理更注重市场占有率，容易忽略和消费者联系。产品团队可以选择垂直型、三角型和水平型三种产品团队结构（图 1-5）。

市场型营销组织是基于不同类型的消费群体（营销学中的市场是指顾客）来组建的；而矩阵型营销组织则适用于多市场、多产品的营销主体。

现实的问题是，尽管在理论和理念上，越来越多的企业管理当局认识到“以顾客为中心”的重要性，但实施起来确实是困难的。真正做到以市场为导向的企业，需要激发全员对消费者的关注和热情才有可能实现全方位营销；需要围绕市场而非产品来组建营销组织；需要真正洞察和了解消费者。

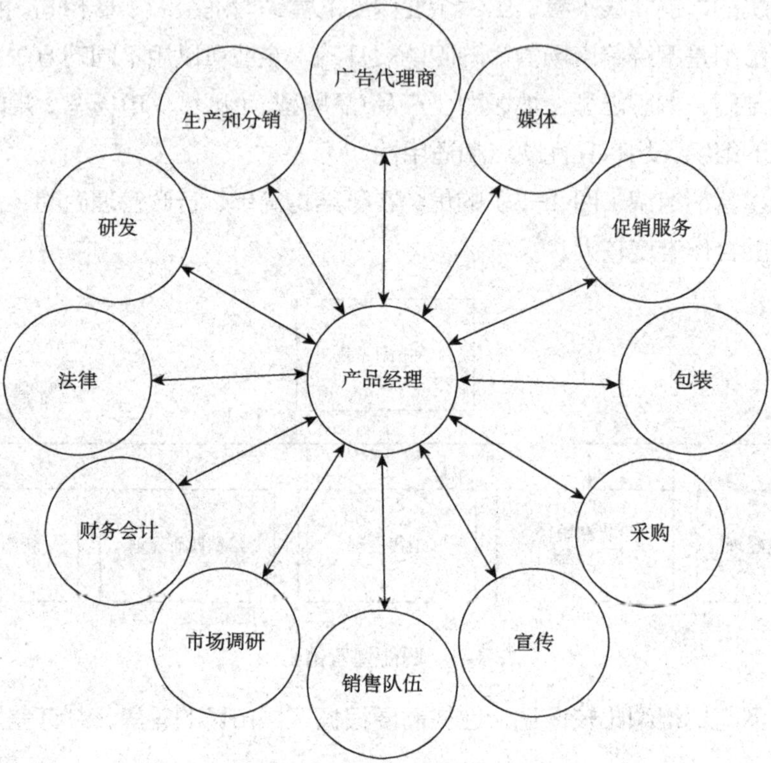

图 1-4 产品/品牌型营销组织内部的交互关系

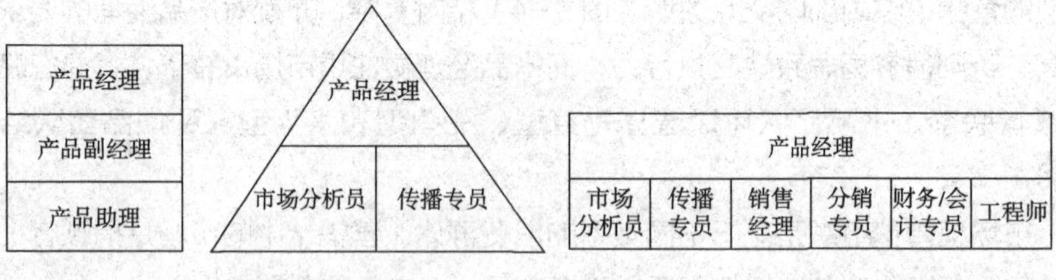

（a）垂直型产品团队 （b）三角型产品团队 （c）水平型产品团队

图 1-5 产品团队的三种形式

数字时代的营销环境的巨大变化，需要营销管理组织能够适应快速多变的外部环境，以完成对消费者的触达、连接和购买转化。

二、拥抱数字营销：营销传播方式的转变

越来越多的企业（组织）已经认识到数字时代的环境变化及带来的挑战，尝试去拥抱数字营销，这意味着传统营销传播方式的转变。

（一）数据与技术依赖

在数字时代，消费者的行为可以更多地被记录和描述，数据在营销中扮演着越来越重要的角色，数据为改善营销绩效提供了巨大空间。

数据可以使得营销预测和决策更为科学与高效：更好地进行消费者洞察，进行消费者画像，甚至精准地找到他们。数据可以分析消费者诉求及青睐的话语内容和风格，帮助制定信息策略。基于数据计算基础上的程序化购买，可以使得媒体投放更为简单，且能够看到即时效果并据以调整。数据还可以跟踪购买转化和购后行为，为营销传播组合的评价与挑战提供依据……

数字营销还依赖于以下技术支持。

人工智能的语音和图像识别、机器学习和语义分析技术，会极大地促进交互，为消费者提供更加个性化体验的服务。

增强现实技术的应用可以给消费者带来更好的体验和交互，在很大程度上弥补网络虚拟空间展示较差于真实接触效果的弱点。

云计算、云平台等技术促使数据的收集、挖掘、分析等工作更富有效率。

实时竞价（real time bidding，RTB）广告使得OTT业务[①]和CTV（connected TV，联网电视）广告库存将通过程序化的方式进行购买。

直播技术为用户体验增加了真实性和透明度，更能促使用户与品牌产生关联。

在数据和技术的驱动下，出现了形形色色的营销技术公司（MarTech）。据2023年版MarTech Landscape发布的数据显示，MarTech市场领域已连续12年保持增长态势，2023年共有11 038家MarTech公司。MarTech生态里已经具备各种各样的营销解决方案，如CRM（customer relationship management，

① OTT是over the top的缩写，是指互联网公司越过运营商，发展基于开放互联网的各种视频及数据服务业务。

客户关系管理）系统、邮件营销、社交媒体营销、视频营销等。

品牌方要完成数字营销转型，需要完成数据化，包括企业顾客管理数据化、媒体展示数据化、销售投放和媒体上刊维护数据化等。

数据建设的途径有多种：第一，可以充分发掘和利用营销传播主体的内部数据。企业的成长，必定伴随着数据的积累，如企业内部的相关职能部门的数据，特别是客户关系管理系统中的顾客数据。第二，可以利用网络平台收集数据，包括自身的网站和其他平台网站。经过搜索和筛选后，根据营销传播目标，将相关数据进行整合利用。第三，可以从线下获取相关数据，数据不仅仅是数字呈现，对消费者的访谈进行质化研究有着重要的价值。第四，可以通过互换共享和购买的方式获得数据。

面对数据和技术壁垒，营销传播主体需要选择什么？如何选择数字技术生态中的工具与技术“供应商”？在权力集中与权力下放、自动化与人性化之间，根据营销传播目标，达到平衡。

（二）营销传播一体化程度加深

市场营销是一个创造价值、传递价值的过程。一般而言，在营销活动中会伴随信息流动、资金流动、物流、所有权流动等。在传统媒体时期，传播活动对应的是其中的信息流动，是作为企业营销活动中的一个职能发挥作用的。不管是从理论层面还是实践层面来看，传播活动往往作为营销组合的其中之一，解决的是其中一个环节的问题，即与消费者的沟通（不论是4P[①]组合中的促销，还是4C[②]中的沟通）。企业通过传播活动，使得消费者能够获得有关商品或服务的信息，同时期望得到消费者反馈。

传统营销理论认为，促销是4P营销组合中的一环，包括广告、公共关系、人员推销、销售促进等，其本质是营销者向消费者传递有关本企业及产品的各种信息，说服或吸引消费者购买其产品，以达到扩大销售量的目的。

美国广告学者舒尔茨于1992年首先提出了“整合营销传播”的概念，尽管

① 4P：产品（product）、价格（price）、促销（promotion）、渠道（place）。
② 4C：消费者（consumer's need）、成本（cost）、便利（convenience）和沟通（communication）。

其提出“营销即传播”的观点，未得到营销学领域学者的广泛认同，但他提出的“整合”思想却逐渐被人们接受，如传播渠道和传播资讯的整合、一个声音说话等。后经汤姆·邓肯等学者的丰富和拓展，把广告、促销、公关、直销、CI（corporate identity，企业形象识别）、包装、新闻媒体等一切传播活动都涵盖到营销活动的范围之内，将统一的传播资讯传达给消费者的理念，获得了广泛的认同。

然而，在传统时代，由于传播技术和传播工具的限制，以及基于两者形成的营销者和顾客的关系，营销活动与传播活动的边界明显有着区分。“营销即传播，传播即营销”的说法，显然难以服众。

进入数字时代，这一切发生了明显的变化，突出的表现是，营销与传播活动的一体化程度加深。传播活动在企业营销组合中发挥了越来越重要的作用，互联网平台和互联网产品，使得传播渠道、订单系统、服务系统、物流系统可以无缝整合。传播与营销的边界在模糊化，特别是在电子商务生态系统中表现尤为突出，传播渠道和销售渠道合二为一。

（三）交互与体验管理

数字时代是消费者主导的营销时代，消费者与公众（包括受众）也会拥有更多的话语权。

消费者通过互联网可随时随地获得更全面的商品和品牌信息；互联网还使个体消费者连接与聚集，形成品牌社群。品牌社群从根本上说是基于消费活动建立起来的顾客间的群体。通过品牌社群，个人消费者无须购买或消费产品就可以通过虚拟互动与品牌发生联系。单个消费者的力量汇集成群，使消费者购买决策时的筹码显著提升，一改传统营销时代的被动地位和被动式消费的处境。

社区成员还可以通过数字媒体与品牌发生关系，消费者个体的品牌体验可以分享到特定的社区，这样个人体验就变成了群体体验。在网络社交媒体中，消费者对内容的控制感可以使社区成员愉快地沉浸在自己分享的主题中。消费者通过品牌社群，还可以对产品创新、社区沟通、促销活动提供想法和建议，为品牌做出贡献。

在这种背景下，品牌与消费者交互管理，由企业向消费者的单向信息传递转变为双方之间的双向交互；由先前的“一对多”转变为“一对一”；由传统的简单渠道转变为多渠道，借助数字技术和互联网，加强对数字社群的管理与沟通。

小米很早就认识到和消费者交互的重要性。早在2010年推出小米手机之前，小米先推出手机操作系统——MIUI，并且上线 MIUI 社区，吸引智能手机发烧友加入，形成“米粉”。小米通过论坛提供手机相关知识、资讯等以提高小米在用户间的知名度；为智能手机用户提供相关问题解答服务，提升论坛用户的黏性和满意度，提升公司美誉度；还通过 MIUI 社区洞察消费者需求。在 MIUI 发布一年后，2011 年 8 月 16 日小米手机 1 代发布，顿时引发抢购风潮。小米还利用社交媒体和用户进行互动，这些互动并非简单地发布广告，而是在做推广的同时，就公众共同感兴趣的问题和大家沟通交流，提升用户黏度。此外，小米还积极吸引用户参与“价值共创”活动，其 MIX 机型的命名，就是采用了用户的创意。

互动管理并不是一个新鲜概念，但互联网和数字技术使得互动具有新的形态与挑战。数字化转型，还任重而道远。

许多企业将数字媒体视为一个纯粹的沟通渠道（Rowley，2004），而忽略其对品牌管理的战略性作用。Interbrand 针对中国 10 个行业的 672 家公司进行了一项广泛调查，了解数字化战略和业务的关系（Mancini，2013）。有 68%的公司认为在采用了数字化战略后公司已经领先于竞争对手。但在采用数字化媒体过程中，有 56%的公司未制定社交媒体战略，该数据表明很多社交媒体还存在提升的空间。有将近一半的公司（49%）并未设立专门的社交媒体部门。超过 1/3 的公司表明并未投入足够的资源专门用于提升企业的数字化利用率。对于内部品牌投入，36%的公司表明并未对员工在数字化战略教育方面进行恰当的投入。在内部品牌投入的过程中，近 1/3 的受调查公司表示要么其数字化战略资金不足，要么对员工相关培训不到位。

（四）营销传播管理精细化、动态化

数字时代的传播环境更加复杂多变，新的技术和媒介产品层出不穷，数字时代的消费者的媒介使用情况呈现出碎片化的特点。

2010 年，微电影和病毒广告借着 SNS 社区的裂变属性开始传播扩散。

2011 年被称为微博元年，微博账户已增长到 3.2 亿个，每天发布和转发信息超过 1.5 亿条。微博用户群体呈现多样化趋势，各种 KOL 成为营销传播活动的宠儿；微博成为 SNS 时代的最大赢家。

2012 年，智能机（摩托罗拉和诺基亚）带来了全新的“传播场景”，移动互联开启“无社交不营销”时代。

2013 年，苹果 4 流行，超级 App 诞生。微信成为微博之后的重要社交媒体；在开发了订阅号、朋友圈、微信红包、H5 等功能生态之后，微信更是一枝独秀。

2014 年，程序化购买和实时竞价广告迎来井喷期；网约车、网购、外卖行业、App、订阅号甚至是网红等都受到广告主的追捧。

2015 年，短视频平台崛起，美拍、秒拍和快手等成为重要的传播平台。

2016 年被称为直播元年，一直播、花椒、映客、熊猫、腾讯 NOW 等直播平台乱战。

2017 年，钉钉杀入社交媒体领域，注册用户过亿人，微信及 WeChat 合并，月活跃账户 9.8 亿个，Facebook 更是月活跃用户突破 20 亿人……

互联网平台之间的竞争，呈现出传播渠道垄断的趋势。而在特定的传播平台内，内容呈现出多元化，从主流媒体到细分媒体、垂直媒体、流量明星、KOL 及大号博主，流量已经极度分散。

潜在顾客们在不同屏幕、不同传播平台、不同内容频道间“游移”，营销者需要对各个平台的品牌社群进行动态管理，与用户或其他利益相关者进行沟通和互动，同时需要动态跟踪与本品牌相关的各种信息及动向。

不同的传播渠道和平台聚集着不同属性的人群，特定的媒体产品有着其语言规范和习惯，如微博的字数限制、长微博、不断进化的网络用语等，这些都需要营销者的传播管理更加精细化。

三、拥抱数字营销的困惑与犹疑

越来越多的企业（组织）已经认识到数字时代的环境变化及带来的挑战，也越来越倾向于拥抱数字营销。然而，面对这样快速多变的传播环境，如何拥抱数字时代、进行数字营销，却不是一件容易的事情。对于行业领导者而言，也需要不断地探索。

数字营销视野 1-1　　　　拥抱与犹疑：宝洁的数字营销探索

宝洁是日用行业的广告大户，一直以来对营销与广告十分重视。前 CEO（chief executive officer，首席执行官）雷富礼说过："消费者在哪里，我们就必须在哪里。"随着互联网的飞速发展，宝洁一度非常偏爱互联网广告，但最终结果并不理想。

宝洁中国从 1999 年以舒肤佳品牌网站建设为标志开始触网，在 2000 年左右成立数字营销部门统一管理和孵化中国区各品牌的数字营销，然后用了将近 6 年的时间证明了两件事：①数字营销是有用的；②品牌官网（brand site）和网上的推广活动（online campaign）能有效地帮助品牌传播及建设会员数据库。而数字营销的探索也仅仅由"做网站"到"互动营销"（interactive marketing），作为品牌营销体系中一个必要的触点（touch point）。

2008 年，宝洁开始开发和测试名为鹰眼的精准广告投放项目，该项目是宝洁自行搭建的一个私有程序化广告投放平台，这是一个大工程，宝洁需要预先购买互联网媒体的流量，然后通过鹰眼在这些流量中进行跨品牌、跨媒体的精准和优化投放。然而，程序化广告还处在探索期，很多广告主还对互联网广告效果存疑，还在观望。后来，该项目也被应用到了中国市场。由于效果乏善可陈，该项目逐渐销声匿迹。宝洁从 2007 年开始与 i2mago 合作，第一个项目是网络公关（PR online）：以宝洁官网为核心，设计了 4 个沟通管道+1 个监测工具的体系帮助宝洁公司品牌进行在线声誉建设和保护服务。

宝洁公司在 2012 年 11 月 15 日召开的年度分析会议中对外证实，将不再无限制地增加营销费用和开展促销活动，以使其营销成本降低 10 亿美元。其间，宝洁将数字营销部门撤除，并入营销部。互动营销成为营销人员必须掌握并自主管理的一部分。而这时互动营销的效果出现瓶颈：①常年不变的征文/图片/视频比赛形式已经让网民觉得自己是贪便宜的笨小孩。②数字领域一直被认为是以 CCTV 为主战场创作的沟通创意（communication creative idea）的一个辅助传播渠道，所以电视观众喜欢什么，网民就必须喜欢什么。③即便电商已经无处不在，但互动活动不会和销量联结，只看流量与参与度。这种心态导致了整个产业流量作弊风行。这三点，让 Campaign Site（活动网站）为代表的互动营销时代开始没落。

2012 年宝洁宣布，接下来 5 年里会削减 100 亿美元的广告开支。宝洁负责全球品牌建设的高管毕瑞哲（Marc Pritchard）曾在一个集中全球大广告主的行业会议 Dmexco 上表示："不要根据所使用的工具形成数字营销的概念，如各种平台、二维码或者更多的新技术。"他表示，这种新的理念给宝洁的品牌宣传带来了很大的创新空间，可以利用各种新技术和互联网手段，如网络搜索、社交网络、移动广告、二维码来进行广告创意。他还表示，在宝洁看来，数字营销的时代已经结束了，所谓的数字化工具，只不过是和消费者沟通的一种手段而已，广告界应该关注的还是通过各种创意、新鲜的广告来进行品牌建设。

直到 2015 年，宝洁 82 亿美元的全球营销支出依然使其占据了全球广告主首位。2015~2016 财年，宝洁压缩了广告预算，其认为自己把更多的广告预算转移到了更好衡量投资回报、更有价值的互联网广告上，这样提升广告投放效率的举措使得即便砍掉预算但并没有影响整体广告效果。

在探索与尝试的过程中，宝洁对数字营销的态度由锐意探索逐渐转变为理性批判，试图达到效果更为优化。面对数字广告行业的不透明和恶意欺诈，毕瑞哲多次提出了批评："在不透明的供应链中我们发现了极大的浪费，甚至存在诈骗的情况。尤其在美国市场，美国广告协会曾向我证明，宝洁投入的资金中，只有 25% 走向了消费者（2017 年 10 月）。"宝洁首席财务官 Jon Moeller 在电话会议上也曾表示，削减的广告投入对应的大部分都是机器人点击产生的虚假流量，这些广告在很大程度上是无效的；这已经不是他第一次在公众场合表达对数字营销的不满，他一直在敦促数字广告行业的自我变革，要求其为广告主提供一个廉洁和透明的媒体供应链。

为了自身的广告有更大概率被消费者看到，宝洁正在广告行业内更新统一的可持续标准：加入第三方的评估核查、统计广告的覆盖量、同广告商签订透明的代理合同。

除了对数字广告行业的要求，对于数字广告本身，毕瑞哲认为也需要一些改变。“在数字环境下，人们看广告的时长是 1.7 秒，只有 20%的人会看超过 2 秒钟的广告。我们在 30 秒广告里浪费了太多的钱，现在需要想想如何在 2 秒的广告里做更多的事。”

毕瑞哲认为，数字广告的存在不应该让消费者的媒体体验变差，广告的底线是不打扰用户，这样才更容易让广告主抓住潜在消费者。“做更短、更有内容质量的广告是数字营销改进的方向。”

为了提升广告的内容质量，毕瑞哲指出，宝洁正在做规模化的“一对一营销”，还通过与数据平台合作，分析消费者 ID（identity document，身份标识号）的浏览数据，更精准地投放广告。让数字广告更好地触达用户，除了广告投放渠道的正确选择、数据的清理挖掘应用外，对消费者接触频次的“广告屏控”也同样重要。宝洁大中华区首席信息官林丽在 2017 年曾表示，宝洁是日化品公司，日化产品触达消费者并不需要过高的频次，依据大数据和对消费者线上使用频次数据的洞察精准投放，再结合广告，便能提高销量。在 2020 年 12 月 15 日中国化妆品年会上，林丽发表了“宝洁数字化变革”的主题演讲，谈及宝洁专门成立了一个“宝洁科技创新”的新公司，依托大数据，进一步推进数字化变革。

资料来源：根据原象广告和第一财经杂志等相关资料整理。

https://www.cbnweek.com/articles/normal/19107.

http://www.shichangbu.com/article-29293-1.html.

魏亚男. 2020-12-15. 中国化妆品年会｜林丽：“新宝洁”是这样来的[EB/OL]. http://www.pinguan.com/article/content/19329.html.

（一）技术门槛：我的顾客在哪儿，如何找到他们？

连接和沟通貌似是一项更为复杂的工程。我们知道每天有众多的群体在使用微信、微博、抖音、快手等社交媒体，也知道很多人在视频平台上追剧。然而，这为数众多的人中，哪些是我的顾客或潜在顾客呢？

尽管数字媒体对用户的标签划分越来越细，但对于营销者而言，技术的藩篱，使得他们感到连接顾客显得无比困难。更重要的是，这些媒介使用者的数据并未掌握在营销者手中，越来越多的数据被 Google、Facebook、BAT（百度、阿里巴巴、腾讯）等流量垄断者所控制。

（二）选择困难：我到底需要购买什么营销技术和传播渠道？

从营销科技公司来看，截至 2023 年，MarTech 市场领域共有 11 038 家公司，提供的服务类型有广告/促销类、内容和体验类、社交和关系类、商业和销售类、数据服务类、营销管理类。每种类型有形形色色数百家。

由于技术门槛的存在，营销者面对这些琳琅满目的技术公司，不仅是目不暇接，更多的是晕头涨脑，无从选择。

为了适应这种挑战，越来越多的公司倾向于将自己的技术部门和营销部门整合或合并，设立了技术营销官岗位。尽管如此，绝大多数营销者还是感到无所适从。

（三）形形色色的数字营销技术和组织可信吗？

数据公司和技术公司的操作，犹如置于“黑箱”之内，营销者在做出购买决策时难以进行属性评估，经常处于选择困难、决策困难的境地。

在选择困难的情况下，营销者为了降低风险，往往倾向于选择市场上声誉卓著的公司。然而新兴数字营销公司的行业信用，却不一定让人放心。这些行业领导者的丑闻，无疑会使得行业信用受到质疑。营销者对数字营销技术/服务的选择更加慎重，甚至因犹疑而止步。

数字营销视野 1-2　　日本广告巨擘卷入造假丑闻

2016 年，日本某汽车公司在 Twitter 上发布了一个古怪的广告——用动漫少女描绘其混合动力车的部件，该数字广告的影响立竿见影。这种怪异和大胆吸引了日本年轻的社交媒体用户，而他们正是该汽车公司传统上依赖名人效应的电视广告从未有效触及的群体。然而，该公司在对数字广告的影响进行细致分析后发现，广告公司存在未妥善投放广告且收费过高的情况。

此次丑闻涉及基于效果的广告——这是一种较为流行的广告类型，可以让广告商针对特定类型消费者根据商业效果支付费用。这些广告本应该为广告商提供更高的透明度，并且更容易衡量广告效果。但在实践中，公司很难判断这些在网站和移动设备上投放的广告是否产生了预期效果。

这种情况不仅出现在日本，美国广告业也在应对广告公司在不通知客户的情况下收取媒体公司现金回扣的问题，同时还存在线上广告根本没有被消费者看到的欺诈行为。

（四）虚假流量与效果造假

虚假流量是数字传播的一个灰色地带，这些流量由人工或者机器作弊点击，是从未真实地在人类面前展示过的流量。而营销者要为这部分流量付费。

据美国国家广告商协会（Association of National Advertisers，ANA）和广告欺诈检测公司 WhiteOps 联合发布的报告，虚假流量导致的美国广告主经济损失在 2017 年达到 65 亿美元[①]。

2018 年 2 月 23 日，央视新闻频道播出了《“惊人”数据的秘密》报道：某艺人用户发布了一条宣传新歌的微博，竟获得了超过一亿次的转发。以当时微博总用户数 3.37 亿人的比例来看，相当于每三名微博用户就有一人转发了这条内容。该节目指出，这些数据其实是由机器（利用软件）刷出来的，数据造假比例高达 80%。

“机器作弊”常见的手段有通过机器发送虚假流量、肉机访问网页、修改 DNS/IP 访问网页、爬虫技术访问网页等（图 1-6）。较好的预防措施，是通过基础的用户行为分析来识别此类虚假流量。

---

① 虚假流量导致广告主今年损失约 65 亿美元. http://tech.163.com/17/0531/11/CLOUJVGU00097U7R.html.

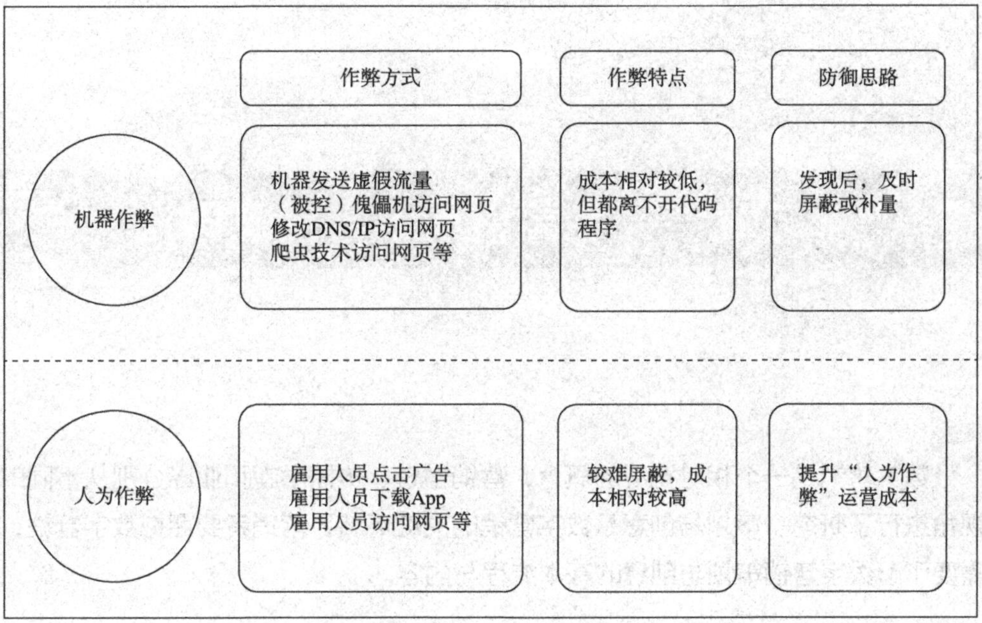

图 1–6 虚假流量的产生方式

资料来源：倍业科技. 一文了解程序化广告中虚假流量的矛与盾. http://zhuanlan.zhihu.com/p/530217552

宝洁在 2017 年第二季度，削减了 1 亿美元的数字广告投放，但对于其业绩却并没有产生影响。其首席财务官 Jon Moeller 在电话会议上声称：这些花费都是在机器人点击下产生的虚假流量，“进一步告诉我们削减掉的广告在很大程度上是无效的”。

虚假流量已经成为数字时代的毒瘤，越来越多的行业巨头开始对程序化广告的质量和透明度感到担忧。加之前述代理服务商的道德风险，使得营销者对数字营销的态度是“爱恨交加，左右犹疑”，“不做数字化转型恐在未来竞争中失利，加大投入做数字化营销又怕终无所报加大风险”的心态在不同程度上存在。

虚假流量和效果作假是数字行业的乱象，需要通过市场的竞争与洗礼，喧嚣过后，回归“真实”，才会获得长远的发展。但数字营销作为趋势，不可逆转。

第二章　数字营销策划与创意概述

数字营销是一个相对宽泛的概念，营销学者、传播学者和业界分别从不同的视角进行了研究。策划与创意是数字营销的关键环节，营销者要拥抱数字营销，需要了解数字营销策划与创意的基本流程与内容。

第一节　数字营销策划的内涵与特征

尽管学术界对数字营销还缺乏一个明确统一的定义，但相关研究都是围绕数字时代消费者的连接和沟通展开的。如何在数字世界连接消费者？为其创造价值及传播和传递价值，是数字营销的基本任务。

数字营销策划，则是为了完成数字营销目标而进行的智力创造活动。

一、数字营销的发展与含义

数字营销是一个相对宽泛的概念，营销领域学者和传播领域学者围绕着各自感兴趣的领域，对数字时代的营销现象进行了关注和研究。

（一）数字营销的发展

兰伯顿和斯蒂芬（Lamberton and Stephen，2017a，2017b，2017c，2017d，2017e）对 2000~2015 年的有关数字营销（包括数字营销、社交媒体营销和移动

营销三大领域）的研究文献做了梳理，认为数字营销的研究主要经历了四个阶段。

1. 第一阶段：2000~2004 年

2000 年被认为是数字营销历史的起点，关注数字互动营销的学术研究开始大量增加。《直效营销》（*Journal of Direct Marketing*）在 1998 年更名为《互动营销》（*Journal of Interactive Marketing*）。该杂志在 1999 年发表了一个重要观点：所有的营销都是或很快将会是互动营销。

数字营销主要在以下三个主题上展开研究：①作为个性化表达的网络，研究者把用户作为信息受众或者信息源，用户会利用互联网与其他用户产生联系。②作为搜索与决策支持工具的网络，互联网能帮助消费者更容易搜索，更优化选择。③关于互联网作为智能营销工具的研究，用以预测消费者偏好和消费者行为。

在实践层面，从业者与学术界一样，都将互联网视为具有巨大潜力的营销工具。从业者对学术界的研究有一些不同的看法。这种差异主要体现在对互联网数字化工具的作用、品牌社群的可行性等方面。

学者们认为互联网是一种用来获取消费者看法和促进销售的手段，但市场营销人员仍然对依靠数字化工具所收集的数据持怀疑态度（Jakobson，2005）。李维斯（Levi's）欧洲数字营销经理 Helene Velenge 认为他们公司的数字营销低支出约占 2005 年预算的 2%是由于“人们对数字媒体和渠道缺乏了解，因此不知道如何战略性、长期性地使用数字营销”（Jakobson，2005）。此外，学术研究认为消费者可能已经形成积极的品牌社区和在线口碑（world of mouth，WOM），但营销从业者似乎还没有强烈意识到这些研究能为他们的实践提供可靠的或长期可行的方法，他们认为还需要更深入的心理学研究。Velenge 认为，“在未来很长时间内，公司还是会把关注点放在消费者及其行为的洞察上，而不是在媒体、渠道和技术本身”（Lamberton and Stephen，2017a）。

虽然此阶段学术研究持续发展，但是大量的从业者对研究没有充分的了解，研究人员也没能帮助从业人员消除这种理解不足的情况。

2. 第二阶段：2005~2010 年

在这一阶段，互联网变得越来越普及，互联网普及率已经由 2000 年的约 40%上升至 2005 年的 50%多（Rainie，2010）。同时，互联网在线讨论和信息存储的作用扩大；UGC 在此期间变得越来越普遍。社交媒体从非主流向主流进化，越来越多社交网站开始纷纷成立并抢占市场，如 2002 年成立的 Friendster、2003 年成立的 Myspace、2004 年成立的 Facebook。其间，大小品牌开始使用社交网站如 Facebook、Twitter 等。

这一阶段的学术研究主要集中在如下方面：①在线口碑与营销，如网络论坛除了表达个人意见外，开始直接与营销实践相结合，有研究关于 UGC 的正负向和企业如何利用与管理在线论坛等。②信息与价值工具。研究者开始研究在互联网环境下各类参与者之间的联系，开展这些不同种类的联系及基于位置的研究。这个阶段研究的关键问题之一是谁在推动网络传播。网络联结的概念也被用于研究企业如何效用最大化。美国营销科学研究院（Marketing Science Institute，MSI）在 2006~2008 年把研究的重点放在“关联消费者”上。此外，研究者已经意识到消费者不仅是互相联系的，而且在互联网上会影响其他人。

本阶段的学术研究在某些方面响应了从业者在第一阶段中表达的需求。通过研究者的研究，从业者关心的一些话题已有更好的理解（如搜索/关键字广告）。在本阶段，从业者也与研究者一同寻找 UGC 与企业营销绩效相关的方法。但是仍然存在一定程度的脱节。学者认为社交媒体营销和 UGC 能够为公司创造收益，而从业者却不想相应地提高他们的数字营销预算。搜索引擎优化（search engine optimization，SEO）是营销从业人员比较青睐的首要任务。

3. 第三阶段：2011~2014 年

这一阶段最大的特征就是互联网全面进入社交媒体时代。

研究人员继续把在线口碑作为一个焦点话题，但研究开始把“典型”消费者放在最中心的位置，研究主题包括病毒式传播、顾客互动等。此阶段的研究关注大部分消费者，而不是简单地把关注点放在具有独特的网络位置、个体特征或知识的特殊亚群体上。此外，一些研究人员通过研究如何在营销中使用社交媒体中的 UGC，试图了解应该如何利用社交媒体中的消费者影响力。还有研究人员开始通过研究特定社交媒体平台（特别是 Facebook 和 Twitter）上的消费者行为来研究社交媒体本身的消费。

这一阶段的学术研究主要集中在以下方面：①个性表达的放大，消费者的表达可以放大或破坏营销行为。主要的研究议题包括在线分享的驱动因素，以及消费者如何使用社交媒体来实现自己的个人目标。②UGC 作为营销工具的研究，使用共生内容来设计排名系统，帮助用户做出最好的选择，UGC 是否影响公司股票回报率、交易量和异常风险方面的表现，还有研究消费者作为内容策划人的角色等。③基于社交媒体的智能营销。试图从心理学方面解释人们在社交媒体平台上的行为，如何将消费者的心理特征和需求作为营销绩效的决定因素。

在实践方面，数字营销在 2010 年就已经成为营销实践中非常重要的一部分。调研显示，当年 66%的高级管理人员对数字化营销“非常感兴趣”，70%的北美营销人员使用搜索引擎优化营销，与 2008 年相比增长了 56%（Beer and Burrows，2010）。

本阶段的学术研究增长迅猛，但社交媒体营销却没有得到极大的发展。在 2010 年前后，企业对社交媒体营销预期非常高，但效果不让人满意，在评分 1~7 的李克特量表调查中均值仅为 3.8。在实践中，越来越多的企业把社交媒体渠道作为收集市场情报的手段。UGC 可以被营销人员用作监听用户行为的一部分，企业仍然不知道如何把从社交媒体用户那里收集的数据转化为可行性手段（Schweidel et al.,2011），并根据分析结果制订激励方案（Grimes et al.,2013）。

移动营销在 2009 年就被提出，但从业者仍不清楚是否应该开发应用，或者如何投放广告，未出现相应的具体策略，有时候只能基于主观印象乱投一气（Sullivan，2010）。此外，2013 年电子邮件、移动营销、社交营销和跨渠道营销的机会越来越多，有 78%的营销人员表示跨渠道广告布局对业务重要或非常重要，但其中的 35%也认为这是最大的不确定性之一（Lamberton and Stephen，2017c）。

4. 第四阶段：2015 年至今

这个阶段进入数字营销研究的蓬勃时期，研究者们在数字营销领域的新思维、新分领域和新研究方法方面全面走向深入。

在这一阶段，研究者们重新审视消费者表达，继续研究消费者如何在网上个性化表达，及其对营销传播的效应，如“溢出效应”；还重新探讨了把互联网作为营销工具的理念，如“病毒营销”、“内容营销”、移动广告等。

学者们还对数据分析工具进行改进，搜索仍是重要的研究。Ansari 等（2000）尝试了开发能够预测消费者偏好的综合筛选机制。Du 等（2015）将包含消费者实际搜索词条信息的 Google 搜索趋势数据，与各种品牌支出和特征相关的营销组合数据结合起来考虑，认为这种新的数据组合降低了重复联合分析的高执行成本或回复率较低的问题。Schweidel 等（2011）开发了一个简单的预测在线数据变动对线下产出影响的衡量方法。研究发现，组合多个数据源可以获取更准确的消费者偏好信息，从而做出更优化的营销方案。

研究者们还拓展了一些新的研究领域和方向，如群体行为和新商业模式、消费数据和消费者隐私研究、多渠道和多任务行为、移动营销研究等。此外，研究者们通过对方法的改进，或利用更强的算法和分析工具，将前期的研究主题推向了新的研究纵深。

尽管数字营销的研究和实践已经走过二十多年的路程，但当前的研究，还呈现出碎片化、数据来源与研究主题过度集中、理论和实践有所脱节等问题。营销如何从“传统”到“数字”，还需学界和业界共同探索。

（二）数字营销的含义

如前所述，数字营销是一个相对宽泛的概念，相关的研究越来越多，但从可得文献中，少有关于明确概念的阐述。这和现阶段的研究成果多集中于研究论文的形式有关（论文多聚焦于某个特定的细分研究领域），在为数不多的数字营销著作中，如 Ryan 的《理解数字营销》（*Understanding Digital Marketing*）、科特勒的《营销革命 4.0：从传统到数字》、阳翼的《数字营销蓝皮书》也均没有对数字营销的概念进行界定。

英国《金融时报》财经词汇对数字营销的定义是：“数字营销是将产品或服务通过数字渠道送达消费者，其主要目的是通过各种形态的数字媒体提升品牌。”（英国《金融时报》，2018）数字营销是对网络营销的拓展，除去互联网外还包括通过手机（短信、彩信）、社交媒体营销、搜索引擎营销（search engine marketing，SEM）、展示广告及其他形式的数字媒体。

一般认为，数字营销就是用搜索引擎营销、网络和社交媒体广告及其他数字媒体与工具，吸引用户关注和参与，从而提升品牌和产品的知名度及美誉度，进而产生购买行为。

那么如何理解数字营销呢？

赛斯·高丁（Seth Godin）作为数字营销业界的先锋，提出了著名的数字营销悖论，他认为“数字营销不是营销”，提出了数字营销圈（the circles of marketing），见图 2-1。

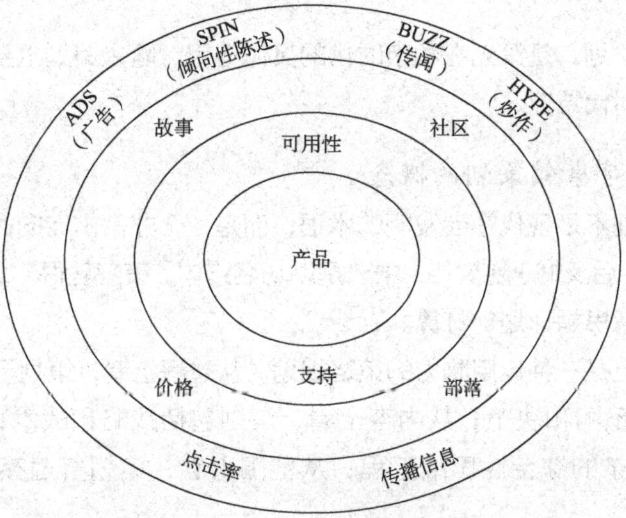

图 2-1　Seth Godin 的数字营销圈

数字营销圈由四个同心圆圈组成，最外圈就是“数字营销”，向内依次是内容与粉丝营销圈，即“内容即营销、社群即互动”；体验营销圈，即“体验即营销、服务即内容”；最核心的产品营销圈，即“原生即营销、产品即内容”。

王赛（2017）认为，围绕数字营销的各种讨论，中美间有着明显的不同，“中国近年的讨论主要聚焦于数字广告领域，如 DSP（demand-side platform，需求方平台）的投放、DMP（data-management platform，数据管理平台）的搭建，CMO（chief media officer，首席媒体官）负责的市场部似乎变成了一个营销广告代理公司（agency）的代言人。这与我在美国参与的数字峰会完全不同，我觉得这是对数字营销，甚至是营销本身的误读”。菲利普·科特勒对此的解读是，这种现象其实是 1 P 的营销管理类型，即促销与传播，营销管理从传统走向数字的过程中，技术、数据采集、营销思维要打通，而且必须在 CMO 层面打通，他比喻："未来的营销人员至少要有'2 M'能力，即 Madison 和 MIT 的双向能力，前者表示麦迪逊大街的创新创意，后者表示麻省理工的科技使用、数据处理能力。"（王赛，2017）

二、数字营销策划的概念和特征

数字营销策划，是策划在数字时代的具体运用，除去策划本身的特征外，还具备了明显的时代特征。

（一）数字营销策划的概念

策划一词并不是现代社会发明的术语，而是一个非常古老的概念，最早出现在《后汉书》。《后汉书·隗嚣传》中"是以功名终申，策画复得"之句，"策画"即"策划"，意思是计划、打算。

策划本质上是一种运用脑力的策略规划。从过程上看，策划是一个完整的过程，基本包括预测和决策；从内容上看，策划包括战略和战术；从性质上看，策划是一项复杂的综合性思维工程；从范围上看，策划普遍存在于人类行为之中。

传播领域的策划，以"广告策划"较为人熟知。它是对广告活动的整体计划，是为提出、实施及测定广告决策而进行的预先的研讨和规划。一个完整的广告策划，基本上包括策划者、策划对象、策划依据、策划方案和策划效果评估五大要素。

数字营销策划可以是整体层面的，也可以是单项层面的，前者是在同一营销目标下的一系列数字营销活动的系统性预测与决策，后者是单独地为完成一个或几个特定目标的数字营销活动而进行的策划。

鉴于数字营销概念不统一，本书中的数字营销策划涵盖范畴包括营销战略层面，但更侧重于传播与沟通设计。

在数字营销活动中，有两个重要的主体：营销者和消费者（客户），此外还有一方或多方参与者，如各种类型的服务商（数据方、MarTech 公司、数字媒体等），实现数据、内容和触点三个环节的连接、管理和优化。

数字营销策划活动主要包括数字营销调研（媒体监测、数字分析与市场研究）、定位战略、（营销传播）目标确立、信息策略和内容营销、创意策略、数字媒体策略、预算与效果评估等。

（二）数字营销策划的特征

一般而言，营销传播策划具有目标性、系统性、操作性、超前性等特征，数字营销策划概莫能外。由于数字时代的环境变化，数字营销策划具备了新的特征。这些新特征主要表现如下：以数据为依托、以新技术驱动、精准性、目标性、系统性、互动性、效果时滞短等。

1. 以数据为依托

数据营销策划与传统策划相比，更依赖于数据。尽管在传统时代的营销传播策划也需要数据支持，但与数字营销时代的数据获得、数据类型、数据量和数据分析技术不可同日而语。对数据利用的可能性，也比传统时代要高得多。

在数字时代，可以获得更多数据源，包括用户数据、各种活动数据、电子邮件订阅数、线上或线下数据库及客户服务信息等。例如，收集网站或 App 用户行为数据，可以通过 Cookie 来了解和记录用户触及的动作、点击的位置、按钮、点赞、评论、粉丝、访问的路径，可以识别并记录他的所有浏览行为，然后持续分析其浏览过的关键词和页面，分析出他的短期需求和长期兴趣；还可以通过分析朋友圈，非常清晰地获得对方的工作、爱好、教育背景等方面信息。这远远比传统时代通过线下调查和积累获得的数据更全面和真实。

策划者通过更大数量的数据（不仅仅是大数据），如形形色色的顾客行为数据、竞争者数据等，可以进行市场研究，进行消费者洞察与用户画像（user profiling），通过数据分析技术，分门别类贴标签。

不仅仅是市场研究和消费者洞察需要数据的支持，策略制定、信息与创意生产、传播渠道都是基于数据依托而进行的，后续相关章节会分别详细介绍。

2. 以新技术驱动

数字技术、以数字技术为核心的人工智能技术和各种营销分析/预测工具等，成为数字营销策划的驱动力。

数据采集、存储和计算，离不开各种新的数字技术，其中重要的一环是大数据技术，包括数据收集、数据存取、基础架构、数据处理、统计分析、数据挖掘、模型预测、结果呈现等。各种收集和处理数据的终端设备，同样是在新技术驱动下产生的，如数字电视、互联网及基于互联网的各种产品、移动终端，AR（augmented reality，增强现实）和 VR（virtual reality，虚拟现实）设备等。

人工智能技术是以数据为基础，以算法为核心，将过去的人教机器的策略变成机器自我学习，这依托于模拟人脑进行分析学习的人工神经网络，通过模仿人脑的机制来解释数据，如图像、声音和文本。人工智能可以应用于数字营销策划领域并极大地提高数字营销策划的质量，如精准用户定向、建设反作弊机制、跨屏营销应用、语音互动广告、虚拟现实广告等。

此外，在新技术基础上，催生了众多的数字 MarTech 公司，这些 MarTech 公司是进行数字营销策划的重要支撑。它们可以提供广告/促销、内容和体验、社交和关系、商业和销售、数据服务、营销管理等不同类型的服务。

3. 精准性

数字营销策划所依据的数据会极大地提高策划的精准性。因为获得的数据量相对传统策划时代要大得多，且数据质量更高（真实性和全效），加之更优化的分析技术，从而使得预测能力大大提高。

数字时代的数据背后映射的是一个个活生生的个体。我们根据获得的海量数据对用户进行画像。用户画像的实质是根据用户社会属性、生活习惯和消费行为等信息而抽象出的一个标签化的用户模型。由于数据的丰富性，可以根据以下多个维度来进行标签化。

用户固定特征：性别、年龄、地域、受教育程度、职业、星座等。

用户兴趣特征：兴趣爱好、常用 App 和网站、浏览/收藏/评论内容、品牌偏好、产品偏好。

用户社会特征：生活习惯、婚恋、社交/信息渠道偏好、宗教信仰、家庭成分。

用户消费特征：收入状况、购买力水平、商品种类和购买渠道喜好、购买频次。

用户动态特征：当下时间、需求、正在前往的地方、周边的商户、周围人群等。

根据社交媒体数据，我们甚至可以分析出某一个个体的社会关系和人际连接。

通过数字化连接，可以准确地进行个性化的信息传递，做到精准推荐。

4. 目标性——更指向销售效果

目标性是指进行数字营销策划时，应该首先要明确数字营销活动想要达到什么样的目的。这一点和传统时代的策划活动相差无几。

数字营销活动的目标，要服从并服务于企业的营销战略及相应的战略目标，如提高知名度、提升美誉度、拉动即期销售、改变某一特定群体的态度、应对品牌危机等。数字营销策划的目标明确，是保证数字营销活动顺利开展的前提和关键，策划所涉及的活动都应该围绕目标进行，一般情况下，数字营销目标往往又是衡量效果的重要依据。

数字时代的传播策划，往往更倾向于销售效果，一方面是因为数字营销生态系统已经成为一个闭环，将信息流（广告、促销等传播活动）、资金流（在线支付）、物流等无缝连接，呈现于消费者面前的，仅仅是屏幕端的点击按钮。促销系统和订单系统的转化功能，操作起来变得更为平滑和容易，所以营销者会更关注特定营销传播方案的销售效果。另一方面是因为数字时代的各系统间的数据通信传输更为便捷，效果的时滞更短。这个特性无疑会成为另外一种推力，加速了营销者对营销效果呈现速度的预期。

需要注意的是，销售效果不应该是数字营销活动的唯一目标，目标应视营销环境和营销战略而定。追求单一的销售效果，往往会陷入误区。

5. 系统性

数字营销策划是一项系统工程，策划工作应该着眼于整体，考虑各个营销传播组合间的联系以及相互间的匹配，从而获得协同效果。策划不同于点子，后者着眼于局部或特定的环节。

在系统性这一点上，数字营销策划与传统的传播策划并无区别。

6. 互动性

由于数字空间内消费者与营销者间的关系已经发生改变，数字营销策划时，所有的沟通策略均具有双向的交互特征，即互动性。

数字营销策划，应该由企业向消费者的单向信息传递，转变为双方之间的双向交互，应该让消费者参与营销中的每个环节，打通线上线下的沉浸式参与体验，才能加深他们对于品牌的情感印象，让品牌和用户之间形成更有效的互动沟通，将参与感渗透互动的每个环节中。

7. 效果时滞短

相比于传统营销传播策划，数字营销时代的策划效果的时滞更短，具有及时性的特点。这主要归因于以下三个方面。

一是消费者的购买决策，貌似变得更为快速。决策的快速，可能是因为搜集信息变得更为高效，属性评估由于评估（对比）工具也相比传统时代变得更为简单，与相关（影响）群体的交流也更为便捷（社群以及即时通信工具）。二是因为购买行为变得高效，促销/传播系统和订单系统，可以通过链接、点击、跳转等快速完成。三是效果监测和评估工具的改进，可以让营销者实时掌握营销传播效果的各个指标的变化，如点击率（click-through rate，CTR）、购买转化率等。

第二节　数字营销策划的“变”与“不变”

数字时代营销传播环境的变化，给营销行业和传播行业带来了巨大冲击。数字营销的“变”与“不变”，成为近年的热门话题。

营销领域的学者更多从理念和战略层面来解读数字时代营销的“变”与“不变”：科特勒在其《营销革命 4.0：从传统到数字》中，谈及数字时代营销的“变”，在于数字营销是“以价值观、连接、大数据、社区、新一代分析技术为基础来造就的，它是一次思维的变革”。而其“不变”之处则在于营销的本质未变：依然“在于创造卓越的客户价值，在客户价值的基础上兑现公司价值，无论在传统时代，还是在数字时代，这都是不会变化的”（王赛，2017）。

营销策划的“变”与“不变”，更多的是从广告行业的学者和业界的声音反映出来的。资深传媒专家吴孝明博士提出：数字营销“变的只是手段、技术、形式、资源等，而尊重用户、尊重创意、尊重内容是永远不会改变的”[①]。

在本节中，我们将结合上述两个领域的观点，更多以“营销传播服务”的视角，来探讨数字营销策划的“变”与“不变”。

一、何以致变

营销传播策划作为一种管理活动，其本质上是智力创造过程。其“变”之处，在于因环境而变，策划活动本身呈现出新的特点，即“因之而变”。

“何以致变”的因素，由数字技术的发展而引发，因数字营销主体的不同，考察的因素存在差异。数字营销主体可以是品牌方，品牌方作为营销者开展“自营”数字营销活动，也可以委托专业数字营销公司等第三方进行数字营销活动，或者两者结合。

从“自营”数字营销活动来看，导致新变化的因素主要如下：消费者的媒介接触新模式、数字时代的品牌（购买）决策的变化、数字媒体渠道的可得性和复杂性、营销传播服务商的新型化和复杂化等，详见第一章第一节，在此不再赘述。

从数字营销专业机构（数字营销服务商）的视角来看，除却上述因素，还要面对甲方（品牌方）的林林总总的新要求，主要表现在品牌方沟通的复杂性，以及品牌方对销售效果的更强烈的追求，此外，品牌方的“自营”数字营销活动，也压缩了其专业服务的生存空间。甲方不满足于通过 4 A 公司或数字营销公司来影响顾客，它们想直接和顾客发生关系，置身于他们的生活之中，掌握他们的数据、准确把握他们的需求、更有效地影响他们，从而实现销售。

对于数字营销服务机构而言，来自品牌方、数字媒体和数字渠道、消费者三方的新变化和新要求，成为推动数字营销策划求变的“三座大山”。

1. 品牌方的影响

首先是品牌方这座“大山”，品牌方对数字营销的认知程度不一，数字营销服

---

① https://www.sohu.com/a/121994063_451237.

务机构一方面需要向品牌方进行“科普”，向它们介绍数字营销的好处（或不进行数字营销的风险），另一方面往往又面临着品牌方对销售效果的“过度追求”。

2. 数字媒体和数字渠道的影响

从数字媒体来看，数字时代的媒体资源变化很快，但总体上呈现出“垄断化”和“碎片化”并存的局面。数字营销活动，特别是数字营销活动，永远都绕不开如何利用媒体渠道拉新的工作，即通过在媒体平台做广告或其他传播活动进行引流，来实现用户获取的目的。这些年互联网媒体的发展变迁，使媒体类产品迭代迅速。

互联网发展至今，经历了门户时代、搜索时代，到社交网络、视频网站、电商平台崛起，流量迅速提升，再到移动互联网兴起，头部 App 成为用户最主要信息的获取渠道。最早互联网的 1.0 时代，新浪、搜狐、网易三大巨头当时“称霸江湖”，后来天涯、西祠等论坛又火了几年，论坛时代算是互联网的 2.0 雏形，进而是博客，再后来出现基于社交媒体的各种自媒体资源。不管互联网如何演变，流量始终是最基础的概念，有了流量，才有用户，才有更深的转化。

流量霸主垄断的局面已经形成，优质流量被几家大的互联网公司所垄断；中小媒体平台的流量呈现出碎片化的特征，往往生存空间较小，真实用户访问量和活跃度大幅度下降。大平台的优质流量资源（广告位），往往自己售卖，不再走 DSP 这条线了。传统时代依靠媒体资源，拿折扣做广告的生存模式已经没有生存空间。

同样也是和流量相关，尽管电商渠道竞争格局激烈，但总体上流量同样也被大平台所垄断。2018 年，在所有的电商平台中，阿里巴巴平台是最主要的平台，其市场占比超电商整体市场份额的半壁江山。而京东作为综合的网上购物商城，2018 年京东电商行业市场份额占比为 16.3%，仅次于阿里巴巴（中商产业研究院，2019）。此外还有拼多多利用微信社交网络与“五环”外的流量红利，从侧翼包抄进入主战场；苏宁易购则线上、线下结合，使尽浑身解数留在核心竞争者的位置；网易严选、云集与小红书则采用利基策略，分别在精选电商、会员电商与社区电商等细分市场抢得一块阵地；唯品会与当当等昔日明星电商企业则逐渐势衰。

3. 消费者的影响

如第一章所述，数字时代的人们，媒介接触的时空特征开始模糊。在媒体分流的情况下，受众的注意力越来越碎片化。

消费者的品牌触点发生明显变化，这些触点主要如下：个体的碎片化广告接触、互联网主动搜索、网络社群、电子口碑等。“社群”属性意味着社会空间在网络中的再构造，网络社群中 KOL 和成员间的意见交互，成为重要的品牌触点并影响品牌决策。在品牌评估阶段，2/3 的触点涉及消费者驱动的营销活动，如互联网评论、来自朋友和家人的口碑推荐、店内互动和对过去的经历回忆。1/3 的触点涉及公司驱动的营销。

在品牌评估和购买决策过程中，呈现出明显的消费者驱动的特征。数字时代营销传播的主导权，已逐渐向客户群体转移。数字时代是消费者主导的营销时代，消费者与公众（包括受众）也会拥有更多的话语权。品牌与用户的权力发生了转移，消费者由传统传播时代的主动变为被动。

数字营销策划活动，必须考虑上述三大主体因技术而发生的变化因素，与传统营销策划和广告传播策划相比，数字营销策划可以更及时地做出适应性调整。

二、数字营销策划的“变”

数字营销策划的“变”，体现在策划过程中的适用性调整，主要体现在以下方面。

1. 市场研究和消费者洞察的变化

从市场研究和消费者洞察来看，研究对象与洞察对象没变，但技术、消费者行为的变化，使得研究基础、研究方法和洞察手段变了。

互联网和基于互联网的数字产品，使传统的市场研究和消费者洞察的方法得以拓展。策划者可以通过数字空间对消费者进行调查。例如，可以进行网上问卷调查，更便捷高效地获得调查数据；可以进行网上固定样本调查（详见第三章）；还可通过即时通信软件进行在线深度访谈，包括一对一的深度访谈或者多人组成的群组访谈；或者运用在线观察法、在线实验法进行市场研究。

利用以数字技术为基础的新型研究方法。数字时代消费者的媒介使用习惯因数字技术和数字产品而产生变化，他们在数字空间中的每个触点都可以被记录下来，从而形成海量数据。数字技术的发展，为收集这些数据提供了便利。策划者可以通过对网页浏览跟踪获取数据，也可以根据搜索日志进行数据挖掘，还可以利用基于 LBS（location based service，定位服务）技术获取数据（如打卡、签到、用户向各自 App 产品授权获得地理位置而形成的数据）。

随着移动终端使用的普及，基于 cookie 和 IP 的网站用户分析已经出现局限，通过跨屏追踪技术可以对访问者的唯一身份标识在不同设备间的访问行为进行排重和汇总，形成丰富立体的消费者数字画像。海量数据和新型研究方法，可以让策划者进行更深入的市场研究、更深刻精准的消费者洞察。例如，策划者可以利用社会网络分析法（social network analysis），对个体之间的接触、联络、关联，以及群体依附及聚会等方面的数据进行收集和研究，分析现实社会中的消费者关系网络在数字生活空间的拓扑结构，以及由此形成的信息流通的“人际路由”，从而分析这种“关系”在品牌等营销信息传播中的影响。

需要注意的是，现在社会上有一种流行的说法，认为在大数据时代，策划者获得的规模庞大的数据，等于全样本。这种观点有待商榷：首先，这些海量数据并非全数据，统计学方法依然重要；其次，大数据是非结构化的海量数据，只有进行分析才有价值。

2. 目标与效果评估的变化

同样地，数字营销目标没有变化，但数字营销目标的要求和形式有了新的变化。

数字营销策划的目标，服从并服务于企业营销目标和数字营销总体目标，实现顾客的触及、连通、转化与保留。特定数字营销活动策划的目标，根据数字营销的任务、情境而制定。

在当前的数字营销策划探索过程中，有基于数据和技术的新型数字营销组织，包括各种类型的 MarTech 公司，有从传统广告公司转型或新建立的数字广告公司。从它们的探索性实践和研究活动中，我们可以发现在数字营销目标和效果评估方面，有一些新的变化方向。

传统的营销传播活动，特别就广告活动而言，传播管理的本质是印象

（impression）管理：通过传播活动，谋求更多的曝光量，即到达受众的印象数，在此基础上，策划者寻求在受众头脑中树立何种印象，进而去影响他们的购买行为。在数字时代，仅仅强调印象是不够的，这主要源于受众的媒介接触和信息加工方面的变化。受众（或用户或潜在消费者）在丰富甚至泛滥的信息汪洋大海中，其注意力越来越碎片化，“推荐时代”的“信息茧房”效应使公众困于自己感兴趣的领域，更容易受到数字社群中意见领袖的影响。

因此在确定数字营销目标、界定媒介目标时，仅仅盯在印象上会面临很大的挑战。除了关注印象，更需要关注由印象带来的转化和购买。

数字营销策划在目标和效果评估上，更倾向于销售效果，主要是因为数字营销生态系统已经成为一个闭环，将信息流、资金流、物流无缝整合，使促销系统和订单系统可以通过数字媒体完整呈现于消费者面前。数字媒体和数字技术及各种营销工具的应用，使数字营销效果时滞更短，效果评估更为迅捷。

品效合一成为近几年数字营销策划者的热门词语。品效合一是指品牌广告、效果广告通过数字营销活动合二为一。品牌广告主要目标是树立产品品牌形象，突出品牌在消费者心目中确定的位置，提高品牌的市场占有率。效果广告其实是以销售为导向，注重广告活动所带来的销售效果。

从传统观点来看，品牌与效果兼顾并不是那么容易，品效合一是很难做到的。如果这一理想目标能够实现的话，恐怕要精准的数据、匹配的内容等诸多要素。

3. 信息策略的变化：个性化内容与创意匹配

个性化信息匹配是建立在大数据和智能化基础上的。在数据挖掘和数据分析的基础上，我们可以给数据背后所代表的消费者建立起千人千面的生动画像，根据其媒介使用记录和行为数据记录，去生产并匹配其感兴趣的内容。这样可以为消费者提供有价值的、相关的、一致的内容，从而吸引、获取和聚集匹配度高的目标人群，这也是内容营销的价值所在。

数字营销策划的信息策略，不再是一个方案针对一群人，而是个性化的信息匹配，其核心是内容“以用户为中心”。

实施内容营销战略，首先要明确一个问题：我们的内容营销策略，能否为用户带来价值？如果只是为了实现自己的营销传播目的，而硬推给消费者的信息，未必会给消费者带来价值，而更可能是一种打扰和骚扰。解决这个问题的核心方案是做好“平衡”，找到商业目标和用户价值之间的结合点。其次是结合顾客生命周期，确定内容与用户的衔接点及衔接强度，做到有价值、个性化、关联性和持续性。

数字营销创意，也有相应的变化。首先，技术承载创意，并使创意彰显化，如 AR、VR 技术，使创意场景化；其次，创意内容适用于多种媒介形式，能引发自发传播；最后，创意贯穿于各个环节之中，且创意原点不仅仅来自创意人员。

因此，数字时代的创意，从内容层面来讲，更突出和消费者的相关性；从媒介层面来讲，创意具有兼容性；从用户层面来讲，创意更具互动性；从技术层面来讲，创意更凸显场景化和智能化。

4. 数字媒介策划：数字化、融合化、移动化、社交化和智能化背景下的触点管理

数字媒介的一个明显变化是媒介边界日益模糊，出现了媒介融合后的态势。移动终端的普及，以及基于数字技术和移动终端的媒介产品，使得人们进入了“万物皆媒”的时代，消费者可以在任何时间、任何地点接收信息，同时也可作为媒介生产者参与其中。消费者从过去的渠道导向转变为以内容及兴趣为导向选择媒体，根据兴趣，人们通过社交媒体聚集，形成一个个网络社群。

从整合营销传播的视角而言，传统策划主要是通过各种营销传播工具，包括广告、公共关系、销售促进、直接营销、人员推销、事件体验、产品包装、客户服务等向目标受众传递商品和服务的信息。而广告策划则主要聚焦于通过各种广告媒体完成信息的传递，这些广告媒体从不同的视角可以进行不同的分类。传统广告活动的媒介策划活动主要有确定媒介战略、界定媒介目标（确定目标受众、信息分布目标及广告发布时间和频次），媒介的选择、组合和排期管理。

数字营销策划同样会有媒介策划的工作。有所不同的是，其更注重顾客触点管理。触点是品牌信息接触消费者的渠道（或场所）。和传统策划相类似，在信息传递过程中，这些不同的触点，覆盖范围不同，互动性和互动形式也有差异，成本也不尽相同。数字营销策划中的触点管理的任务，则是选择并组合相应的数字媒体渠道，并对触点的组合进行管理和优化。

这些触及顾客的数字媒体，从不同的视角，可以进行不同的分类。从广告主可以选择的数字媒体渠道来看，主要有新闻资讯平台、社交媒体、搜索引擎、即时通信软件、直复媒体、视频网站、直播平台、电商平台、网络游戏、户外数字媒体等。从顾客的触点接触来分，也有不同的分类方法和观点。秒针系统提出了顾客接触的触点环节有“客户体验、社交、搜索、程序化广告、直效营销、用户体验”6 个环节 52 个节点。

在数字媒介策划过程中，数据和技术起着支配性作用。通过对个体和群体特征的数据进行记录、收集和分析，匹配其感兴趣的内容，通过各数字渠道，完成智能化的传递。

5. 效果评估的及时性和管理动态化

数字营销本质是基于数据、内容和触点的数字连接，营销者和消费者作为两端，其间有复杂的生态系统。从营销者（或广告主）视角而言，往往只能看到数字营销的一头（预算）和一尾（效果）。中间的环节，囿于认知局限和技术门槛，加之营销技术和数字渠道高度细分，往往会形成某种意义上的“中部黑箱”。但对于数字营销效果这一层面而言，其时滞相较传统策划活动而言是非常短的，更具有及时性的特征。

营销者通过某数据平台和媒体平台，进行内容的匹配，其效果可以实时跟踪，进行动态评估。在此基础上，实现管理的动态化。

三、数字营销策划的“不变”

正如前文所言，无论数字营销策划的基础、内容与形式如何改变，营销的核心并不会改变，依然是“需求管理、利他和创造价值”（Kotler et al., 2016），“云计算、大数据和人工智能能够让分析更有效、更快速、更精准，但它们未必有战略的作用”，“大数据、深度学习、人工智能这些力量介入营销中，改变的是营销技术（marketing tech），不是营销战略”。“战略中心性、客户价值、与消费者进行交互，这些都是营销在企业战略中发展的最重要的主线”（王赛，2017）。

具体在数字营销策划方面，对用户洞察的探索不变、洞察人心的创意原点不变、品牌个性的洞察不变及用营销塑造品牌的精神不变。

尽管在数字时代，数据极其丰富，数据本身可以用来描述其背后个体的浏览记录、点击行为甚至购买行为，但是数据背后的人的动机、思考与行为依然值得关注和研究。数据的丰富为量化研究提供了便利，质化的研究方法同样不可或缺。创意的出发点依然是以人为本。利用数据和技术，始终是以“人”为中心，媒介环境越复杂，越需要回归到人本身。

业界有种声音说，“品牌的光环正在黯淡”，通过对产品和服务的包装及大规模的广告宣传来打造品牌、制造光环来吸引用户越来越难（Somnuz，2015）。然而，为客户创造价值是品牌价值的根基不会变。提炼品牌个性，塑造品牌精神，注重和消费者的相关性等基本原则也未改变。

第三节　数字营销策划的内容与原则

数字营销策划的内容是指数字营销策划活动涵盖的范围，在进行策划时，要掌握基本的原则，才能保证策划质量和数字营销效果。

一、数字营销策划的内容

在传统的营销传播策划中，特别是在有关广告策划的相关研究著作中，往往将策划内容和流程分开论述，其原因是在社会分工的情况下，广告代理制的存在使得广告策划成为广告公司专业性的工作。为了完成广告策划的内容，各部门和环节进行分工及配合，从而形成了广告公司视角下的操作程序和流程。本书中关于数字营销策划的内容，是基于营销者视角探讨数字营销策划本身需要完成的工作。不论是自营业务，还是他营业务（一般是第三方整合相应资源而完成），均需完成以下的模块。鉴于具体任务的不同以及相应资源整合程度的不同，故而不再探讨其具体工作流程。

数字营销策划的内容，主要有市场分析及消费者洞察（market analysis and consumer insight），确定数字营销传播目标（mission），开发信息策略、进行内容营销（message），媒体监测与媒体渠道选择（media），编制数字营销预算

（money），数字营销效果评估（measurement），动态维护与提升（maintenance and improve）。鉴于这几方面内容的英文首字母均以 M 开头，我们可以简要称之为 7 M。

（一）市场分析及消费者洞察

市场研究是策划与创意的前提与基础，数字时代的市场研究和传统时代相比，其研究对象和内容并无差别，同样是需要对市场和行业环境进行调查与研究，进行“三大分析”（本品、竞品和消费者研究），进而为后续的策划活动奠定基础。

有所不同的是，数字营销策划的市场研究是以大数据为基础的。数字营销策划的重要的基础环节就是借助于大数据的手段和资源开展科学、全面的数字营销环境分析。数字营销策划中的市场分析是指通过对数字的收集和分析，实现数据资产分析，这些数据包括企业内部已经积累的产品数据、产品过往消费者的反馈数据、竞争者数据、营销传播效果数据等。

此外，数字空间还存在大量产品消费者在社交媒体的讨论、发言数据，以及企业在互联网平台的主动推广引发的传播效果数据，专业媒体对企业或产品的新闻报道数据，显然，在开展数字营销初期通过对这些已有的数据资产进行充分挖掘利用，可以发现大量有价值的信息。

通过数据的收集，可以进行消费者画像。根据用户在互联网留下的种种数据，主动或被动地收集、记录与分析消费者社会属性、生活习惯、消费行为等主要信息，最后加工成一系列的标签。用户信息标签化是直观的解释，但它不等于用户画像。正如我们记录了用户的性别、籍贯、收入、兴趣等基本信息，是没多大意义的，有意义的事情是这些基本信息是如何影响消费决策，这才是用户画像的逻辑和意义。

如何使得用户画像变得有意义，需要策划者做消费者洞察。

消费者洞察是对消费者进行深入了解，并有意识地将这样的了解用于帮助消费者实现他们的需要（Stone et al.，2004）。富有远见和智慧的机构可以借助消费者洞察，更好地定位自己，从而满足顾客或者利益相关者的需求，在合乎道德和法律规范的基础上，获得盈利并控制预算。从某个视角来看，洞察是一种直觉。

洞察不是直接观察出来的事实，而是在事实的基础上，结合了个人的经验和分析得出的，洞察与同理心关系密切，以同理心分析现象，从而形成判断。

传统时代下的消费者洞察，往往采用定性研究的方法，如观察法、民族志法等。例如，在消费者生活的场景中去观察和理解行为，首先用投射技术（projective technique）和阶梯技术（laddering technique）的方式来建立架构，其次用模拟购物来验证商业假设。

数字营销时代的消费者洞察得以改变，使得“全景洞察”得以实现，这不仅仅因为数据量大，更重要的是数据之间的关联。消费者的每一个行为（购买商品、观看广告、浏览商店、上网冲浪、在社交媒体上互动），都有数不清的数据点。将众多数据源进行收集分析，可以获得更全面立体的消费者画像。例如，阿里巴巴的“全景洞察”，可以看到各个行业各个维度的数据，数据之间还能打通和连接，能够去发现事物背后的关联。可从各种角度切入，深入地研究消费者特征和行为，对现象背后的原因进行深度分析。

（二）确定数字营销传播目标

数字营销传播策划活动是在市场研究与分析的基础上，以确定目标受众和营销传播目标为开端。目标受众可以是现有消费者、潜在消费者，或者是影响者、决策者，还可以是其他利益相关者，如特定的个人、团体或公众。

营销传播目标是指营销者识别沟通对象，并确定以何种传播渠道，通过数字营销活动欲达到何种沟通程度或销售效果。

营销传播目标的确立，应该服从并服务于企业的营销战略与营销目标。在传统营销时代，营销传播目标往往不是重合的，促销与传播作为营销组合的策略之一，传播目标更多地表现为沟通程度。而在数字时代，营销传播一体化程度加深，营销传播目标则倾向于考量沟通程度和销售效果的结合。

确立营销传播目标，主要解决的问题是目标受众是谁，采用何种传播渠道，实施何种程度的信息力度，达到什么样的沟通程度和销售效果。

（三）开发信息策略、进行内容营销

确立营销传播目标后，应该开发相应的信息策略。信息策略决策主要解决三

个问题：说什么（信息）？怎么说（创意与表现）？由谁说（信源）？

传播信息策略的制定，需要符合市场营销策略的总体要求和既定的营销传播目标，围绕产品或服务的定位，确立营销传播的主题以及相应的文案内容。

传播主题是营销传播活动的中心思想和灵魂，它统率各个传播工具的运用。例如，相应的广告传播活动通过广告主题来呈现，广告主题统率广告作品的创意、文案、形象等要素，贯穿于广告之中，使广告的各个要素有机地组合成一则完整的广告作品。与此同时，公共关系传播设计或体验设计，同样的公关主题、活动主题也应该贯穿于其中。各个营销传播工具的使用要能够协调配合。

传播文案是指向受众传递的具体文字、图形、符号等信息，即解决向受众“说什么”的问题，在诸多营销传播工具中，一般多见于广告文案，由广告标题、正文、广告口号和随文组成，是广告内容的文字化表现，传播文案要准确地反映广告的主题思想。

创意与表现解决“怎么说”的问题，是指传播设计中采用什么样的诉求方式和表现向目标受众传递信息。从诉求方式来看，一般有感性诉求、理性诉求及情理结合的诉求方式。广告表现是创意的具体化，最终体现为完整的、可供发布的广告作品。在其他营销传播工具中的创意与表现，则可以理解为用户的品牌触点的各综合呈现。

“由谁说”是指传播设计中的信源设计。和传统广告传播中选用明星代言相类似，数字时代的传播设计，往往需要由有吸引力或受欢迎的信息源来传递信息，这样会获得更高的注意和回忆，通俗地讲，就是更容易获得“流量”。其本质其实是相通的，均是基于 KOL 的营销。

在数字营销策划过程中，可以选择头部 KOL，即顶级意见领袖，他们具有强大的吸引力和传播力，往往有海量的粉丝群体，使用头部 KOL，可以帮助品牌快速聚集粉丝，扩大消费者规模，活跃品牌、KOL 和粉丝间的社交互动，实现媒体传播效果的转化。还可以选择一些“非传统”或“非主流”KOL，他们拥有的认知率、粉丝数量、眼球吸引度甚至超越传统二线明星，抛出一个新闻能够引爆一个话题，但是其形象往往是个性、非主流的。也可以选择小众专业意见领袖，其倡导文化吸引的人群往往是特定人群，虽然其粉丝数量相对较少，但是与粉丝的互动深度、专业性和精神影响力都超越一般意见领袖。数量最多的一种 KOL 是由品牌的超级粉丝、专业达人组成的，他们单个的粉丝数量不多，但比普通人的影响力大，能够和消费者平等沟通，且往往黏合度较高。

内容营销是数字时代新近“火”起来的方式，但其实并不是“新”概念：早在 1996 年美国报纸编辑协会的新闻记者发布会上，John F. Oppedahl 就提出过内容营销。关于内容营销还没有一个统一的定义，但一般认为内容营销是创作和传播用户需要的有价值的内容，从而达到吸引用户、连接用户的目的（Pulizzi and Barrett，2009）。

英国 Jefferson 和 Tanton（2015）是内容营销领域的意见领袖，他们指出有价值的内容才是社会化媒体时代网络营销成功的关键，他们所提出的有价值内容的指导原则，很大程度上结合了传统广告信息策略和定位的基础知识。

数字营销视野 2-1　“我该说什么”——有价值内容的指导原则

指导内容营销的七项原则（一种完全不同的营销意识）。

不要认为你已经了解并掌握了销售与营销的沟通技巧。有价值的意思并不是让我们“看看自己有多么伟大”，而是要了解“如何才能发挥出我们的作用——我们有问题的答案”。在着手创建有价值的内容前，以下七项原则一定要牢记。

（1）把客户放在第一位。

（2）我们在提供帮助，而不是在销售。

（3）把掌握的知识免费传播出去。

（4）定位到利基市场。

（5）讲一个动听的故事。

（6）承认质量。

（7）用心去写。

（四）媒体监测与媒体渠道选择

数字媒体监测，是通过各种数字媒体和监听工具，以用户为中心，以数据为驱动，深刻参与企业营销洞察和决策、监测与评估的数字化营销体系。

媒体监测工具可以监测来自网络的新闻源和在社交媒体中对本机构、本品牌或竞争对手有关的言论，并评估这些言论对本品或竞品的影响。例如，美通社2009年推出的Social Media Metrics上线初始便可监测2 000多万个博客、500万篇论坛帖子及3万个网上新闻源，包括Twitter在内的社交网络和微博客，协助专业公关人员和市场营销人员监测、分析及决策①。媒体监测的工作是贯穿始终的，为市场研究、消费者洞察、媒介渠道的选择提供预测和决策所需的数据。

媒体渠道的选择是指具体通过什么样的数字媒体和媒体组合进行信息的传递及与顾客的连接。媒体选择需要结合营销传播目标、目标受众的媒介使用状况、数字媒体质量和预算等因素综合考虑。常见的媒体渠道有搜索引擎、社交媒体、电商平台、新闻资讯平台、视频网站、直播平台、即时通信软件、游戏和数字户外媒体等。

（五）编制数字营销预算

数字营销预算决策是决定公司在数字营销上投入多少资源，这是困扰营销者的重要决策之一。数字营销支出往往因行业和企业不同而呈现出差异，这主要是由行业整体营销水平和企业的战略方向方面的差异带来的。

企业可以用多种方法来编制自己的数字营销预算，如销售额百分比法、目标达成法、利润百分比法、销售单位法、竞争对抗法等。企业可以根据一种或几种方法的综合运用来确定自己的数字营销投入。

编制预算时，企业需要考量资金如何在不同营销传播工具（广告、公共关系、销售促进、事件体验、直接营销、客户服务等）上分配，还要考虑如何在不同数字媒体渠道间进行分配。

（六）数字营销效果评估

数字营销效果是企业的数字营销活动所带来的后果，它有广义和狭义之分。

广义的数字营销效果是指在传播过程中所引起的直接或间接变化的总和，它包括广告的经济效益、心理效益和社会效益。狭义的数字营销效果是指数字营销

---

① 美通社推出综合社交媒体监测工具. https://prnasia.com/lightnews/lightnews-1-35-68.shtml.

活动所获得的经济效益，促进产品销售的增加程度，也就是数字营销的销售效果。

数字营销活动是数字时代营销传播一体化的产物，其效果衡量往往会涉及流量获取（这关系到品牌曝光程度）、用户行为（如接触状况、态度、意愿等）、预期产出（如销售转化）等。营销者更着重于其销售效果。

数字营销活动往往是广告、直接营销兼其他营销传播工具（如公共关系）的集成，所以本书第十章主要围绕数字广告效果的评估而展开。

（七）动态维护与提升

动态维护与提升是指在数字营销策划过程中，需要注意动态性管理的原则。因为数字营销环境复杂多变，所以需要策划者进行实时的监听和效果动态评估活动，从而保持数字营销策划的灵活性。

上述 7 个“M”，其中市场分析及消费者洞察是前提，市场分析是基础，消费者洞察是起点。中间 5 个“M”，构成数字营销策划的关键流程，其中的各项活动并非严格按照时间先后依次开展发生的，现实的情况往往是通过媒介监听，更多地呈现出“交织”状态。最后一个“M”，严格说来，并非与 1~6 活动相并列的数字营销策划的内容和流程，更多的是策划理念和哲学。

为了便于理解和记忆，且强调“市场分析及消费者洞察”的基础作用，以及“动态管理”的哲学，我们将 7 M 戏称为 M_0，$M_{1\text{-}6}$，M^+。

二、数字营销策划的原则

数字营销策划是指导营销者如何开展数字营销活动的实践性理论，它不是形而上的“坐而论道”，只夸夸其谈不顾落地，也不是心血来潮的思想放飞，更不提倡怀揣“迭代思维”盲目试错。为了保证数字营销策划活动的指导性和操作性，在进行策划时，需要遵守一些基本的原则。

（一）利益相关者导向

利益相关者是能够影响组织目标实现的或者组织在目标实现过程中所能影响的团体或个人（Freeman and Medoff，1984）。利益相关者理论认为企业的生产与发展离不开各种利益相关者的参与，如投资者、管理人员、供应商、员工、顾客、政府部门等，企业应该有效地处理与各种利益相关者的关系，追求利益相关者的整体利益，而非仅仅某个主体的利益(Freeman and Medoff，1984；Mitchell et al.，1997；Wheeler and Sillanpa，1998)。

关系营销理论的发展，同样受到了利益相关者理论的影响：由早期的关注顾客，转而关注所有能够影响营销绩效的利益相关者。北美学派最早提出了关系营销的概念，即“关系营销是吸引、维持和增强客户关系”(Berry，1983)，并于后期受北欧关系营销学派的影响，对关系营销的概念进行了拓展。“关系营销是为了满足企业和相关利益者的目标而进行的识别、建立、维持、促进同消费者的关系，并在必要时终止关系的过程，这只有通过交换和承诺才能实现”(Berry and Yadav，1996)。

英国关系营销学者佩恩（Payne，1995）提出了关系营销的市场模型，指出企业必须处理好与六大市场的关系（图 2-2）。这六大市场如下：顾客市场（customer markets)、内部市场（internal markets)、推荐者市场（referral markets)、供应商和战略伙伴市场（supplier and alliance markets)、招聘市场（recruitment markets)、影响者市场（influence markets)。

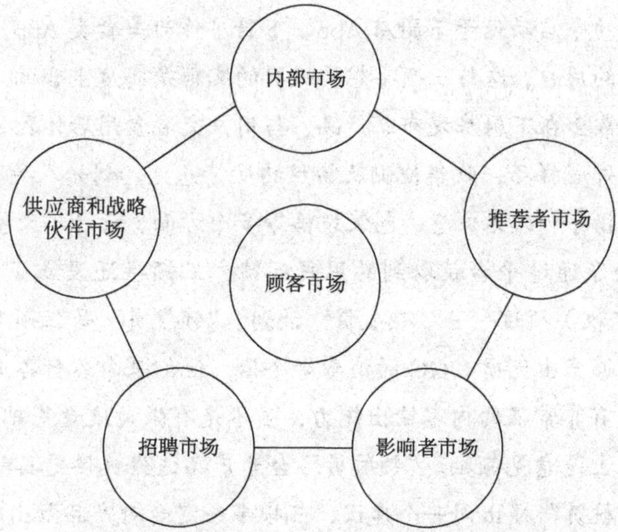

图 2-2　关系营销六大市场模型

数字时代处于一个实时连接互通的世界，在数字营销策划活动中，如果仅仅考虑一个利益相关者的利益，而忽略甚至以牺牲其他利益相关者的利益为代价，很有可能会对企业的营销活动带来反对甚至抵制的声音，从而形成不利的营销环境，影响企业营销目标的实现。数字营销策划需要以顾客市场为中心，兼顾其他利益相关者的利益。

利益相关者导向，不仅仅体现在数字营销的传播环节，还应该体现在商品服务的设计、生产、传播、传递等任一环节。

数字营销视野 2-2　　数字化时代下的用户价值共创

随着消费者地位的提升以及技术的发展，品牌越来越欢迎消费者及其他利益相关者参与品牌的价值创造，且参与的形式也更加丰富。在前端的研发阶段，用户价值共创可以体现在产品的迭代上；在后端的营销阶段，用户价值共创可以体现在用户内容的产出与传播上。

三顿半成立于 2015 年 9 月，至今已有六轮融资，仅用四年时间夺得天猫“双十一”咖啡类的榜首。三顿半的成功与跟用户之间长期以来的价值共创有不可分割的联系。三顿半的冷启动始于下厨房 App。下厨房作为美食类 App，积累了相当大一部分热爱食物的用户，这与三顿半想要吸引的客群是高度重合的。因此在成立之初，三顿半就经常会在下厨房发布新产品，与用户交流食用后体验，并给下厨房的重度用户和达人寄送样品，收集他们及粉丝的反馈意见。创始人吴骏从开箱感受、产品操作、说明指导、风味口感、包装规格等多个方面，设计了大量非常细节的用户调研问题。除了通过平台获取到的用户反馈，三顿半还设立了 IP（intellectual property，知识产权）项目——“领航员”计划。“领航员”是三顿半团队从各渠道精心选出的、能够产出优质 UGC 的消费者个体。他们来自各行各业，通常都自带一种文艺属性，有非常强的内容输出能力，虽不是有强大流量基础的 KOL，但在各自圈层也算得上是意见领袖。“领航员”会为产品迭代提供更具稳定性的反馈，只要几十个“领航员”提出同一个建议，三顿半一定会对产品做出改变。

三顿半通过与用户建立紧密联系，积极聆听反馈，与用户进行产品共创；以包装罐为主要媒介，进行传播内容共创；通过自建 IP 计划，在用户完成购买行为后还延长了互动链条。

科技的赋能为用户价值共创的形式提供了更多可能，如有不少品牌或产品“利用数万消费者数据，反向产品定制”。而这究竟真的是利用大数据赋能了产品生产，还是仅作为营销噱头，还有待商榷。未来还能以何种形式来实现真正意义上的用户价值共创值得探索。

资料来源：https://mp.weixin.qq.com/s/R-oT602N_NRybcTE6Kc2Pw.

（二）动态协同整合导向

整合营销传播（integrated marketing communication，IMC）由唐·舒尔茨于 1980 年提出，它的核心思想如下：以整合企业内外部所有资源为手段，再造企业的生产行为与市场行为，充分调动一切积极因素以实现企业统一的传播目标。1993 年，舒尔茨对整合营销传播的定义做了发展：“将所有与产品或服务有关的讯息来源加以管理的过程，使顾客以及潜在消费者接触整合的资讯，并且产生购买行为，维持消费忠诚度。”

汤姆·邓肯对整合营销传播理论的发展做出了巨大的贡献，他认为整合营销传播是为建立顾客关系而对品牌信息进行的规划、实施和监督的一系列流程。

整合营销传播既是一种理念，又是一个持续进行的流程。这些理念包括资讯的一致性、消费者导向、双向沟通、建立关系、重视利害关系、系统整合等。同时，整合营销传播流程没有任何起点和终点，因为品牌传播是持续的，那么整合营销传播活动也应该是持续的。企业应该不断地评估其品牌信息对消费者态度和行为的影响，持续修正营销传播机会以取得更好的效果，为其品牌信息的建立和传播提供正确的方向。

在数字营销策划过程中，需要遵循整合营销传播的理念。一方面，把各种营销传播工具如广告、促销、公关、直销、CI、包装、新闻媒体等涵盖到营销传播活动的范围之内；另一方面，根据需要综合使用各种数字媒体。此外，需要注重全程持续、双向交互的沟通设计。

（三）技术与创意相结合的原则

如前所述，数字营销是在新技术驱动下发展起来的，数据和基于数据技术的技术，极大地推动了数字营销的发展。数据可以助力核心受众的洞察，可以帮助我们对媒体进行监测、评估和投放，准确有效地完成消费者连接。人工智能、VR、AR 技术都在营销领域被广泛应用，并为品牌整合线上线下资源，增强品牌方和消费者的互动。

当然，仅仅有技术是不够的，技术必须与消费者需求结合起来，与创意相结合，才能形成良好的传播效果。

数据和技术甚至可以辅助发展创意方向：构思创意时，通过对大数据洞察，可验证用户洞察的有效性，使得传播方案和创意更容易被消费者所接受。

数据和技术还可以辅助并生成创意传播方案：数据专家通过电商消费者对商品和服务的评价内容，结合其他途径活动的大数据（如新闻报道中涉及的内容），进行传播信息的内容生产。联合利华为凌仕推出最新广告时，它自动从 10 万个画面中选取画面，然后自动为消费者制作个性化的广告短片在手机上播放。联合利华首席营销官 Keith Weed 说，“科技让广告内容更个性化”（牛顶风，2018）。

同样，数据和技术也可帮助策划者针对社交场景和社交热度进行创意的事前评估；而诸如 oCPA（optimized cost per action，优化版每行动成本）、LBS 及人工智能和 VR 等革新的技术能力与产品，则为社交创意搭建了舞台，通过实现千人千面的个性化沟通带来全新的创意表达方式，构建创造品牌与用户间紧密交流的渠道。

技术与创意的结合，并不是一件容易的事情。一方面，传播设计专家往往并非技术专家，而技术专家一般情况下又缺乏创意训练和创意思维。另一方面，更好地与广告创意结合，需要交叉领域的合作，也需要时间磨合与试错。

交叉学科的人才培养，会逐渐解决这一难题。

（四）经济性与道德性相结合的原则

企业的数字营销活动，其本质是一种商业行为，是为了达到其营销目标而开展的，因此在数字营销策划中坚持经济性原则为先导，是无可厚非的。

需要注意的是，企业的数字营销传播活动，是置身于社会环境的组织行为，特别是在数字传播的语境下，数字营销活动是一种富有社会责任的信息传递和价值传递。一方面，企业作为“世界公民”，本身负有相应的社会责任；另一方面，企业负有的社会责任和道德性，也会对其无形资产产生影响，如良好的社会形象和商誉。

因此，在进行数字营销策划的过程中，应该坚持经济性和道德性相结合的原则。

坚持道德性原则，要做到以下几点：首先，营销传播信息要真实，遵守相关法律法规，如互联网传播法律法规（《互联网新闻信息服务管理规定》《互联网等信息网络传播视听节目管理办法》《互联网直播服务管理规定》等）、《中华人民共和国广告法》和其他适用法律法规；其次，数字营销传播信息应该坚持正确的导向，如内容不涉及暴力、色情倾向或低级趣味等；最后，不得损害其他利益相关者的利益；等等。

数字营销视野 2-3　小米“Xiaomi Morocco”的世界杯借势营销

摩洛哥是中国品牌出海非洲不可忽视的一个重要市场，也是小米品牌众多的海外目标市场之一，早在2018年初小米就在海外社交媒体上建立了专门针对摩洛哥市场的主页。摩洛哥被誉为“足球很纯粹的国家”，当地足球文化氛围浓郁，世界杯期间全民对于足球热情高涨。在 2022 卡塔尔世界杯上摩洛哥队获得出线资格，多家分析机构预测摩洛哥队具有黑马潜质。因此，小米选择了摩洛哥市场在此次世界杯期间进行借势营销。

Xiaomi Morocco 的世界杯借势营销集中体现为两大系列活动，分别在世界杯比赛期间和赛事结束后进行。

2022 年世界杯比赛期间，Xiaomi Morocco 利用世界杯期间话题热度，在海外社媒平台上线了比分竞猜互动活动，吸引“米粉”及广大受众的参与，并以此提升受众在社媒主页的互动率。伴随着比分竞猜互动活动的上线，小米将相关产品与消费者的体验和期望紧密切合，抓住消费者观赛产品需求，借势推广 MiTV、TV box、TV Sticker 等 Aiot 系列产品，发起比分竞猜及限时促销折扣活动，并打出“这个世界杯，用 MiTV

观赛，更畅快”的宣传语，使受众对于产品的认知与热点事件保持了高度的关联性。

海外社媒也在活动进行中发挥了重要作用，高质量的策划、制作及推广确保了活动的最终效果。Xiaomi Morocco 于赛前发布比分竞猜帖文，帖文号召受众参与活动，宣布竞猜规则，并利用奖品推广小米生态链产品，传递出小米带给用户更好观赛体验的信息，也表达了小米 Stand For Morocco 的态度，与国民同在，激发全民热情。欢庆胜利的时刻也是品牌借势促销的好机会，Xiaomi Morocco 在摩洛哥国家队获胜后第一时间在社媒发布庆祝胜利帖文，并适时推出 MiTV 限时快闪折扣促销活动。

世界杯结束后，小米借助世界杯余温，延续摩洛哥足球话题，以 TikTok 为主阵地发起了足球街头挑战活动。通过本地头部足球 KOL 影响力，由 Styler Crew 发起街头挑战活动，寻找下一个足球明星。在活动视频拍摄中，软性植入了 Mi Box S 产品，作为奖品赠予挑战成功的用户，提高消费者对于视频的观感。同时，由 Styler Crew 展示花式掂球技巧，邀请用户参与花式足球内容创作，并在 TikTok 平台发布自己的花式秀球视频，这燃起了消费者的 UGC 创作热情，从而将本次借势营销做深做透，二次引爆社交媒体网络。

事实证明，在摩洛哥进行世界杯借势营销是一个正确选择。摩洛哥在 2022 年世界杯堪称一匹黑马，取得了晋级四强的出色表现，令人刮目相看。赛场之外，小米在摩洛哥的借势营销也同样取得了佳绩，收获颇丰。

资料来源：https://mp.weixin.qq.com/s/rfwEhaMKWXriUk2jLGvYTQ.

（五）稳定性与灵活性相结合的原则

数字营销策划中的稳定性原则是指当数字营销方案确定后，应该保持其相对的稳定性，特别是数字营销战略层面，如商品或服务的定位、品牌主张、广告与传播主题等。

灵活性原则是指应该在媒体监测的基础上，动态监测和管理数字营销活动。在策划工作中，应当考虑数字营销传播活动中的权变因素，根据情境有灵活调整的空间和余地。

第四节 数字营销创意概述

创意是科学和艺术的结合，数字技术的出现，使得创意更呈现出“科学+艺术+技术”三级综合角力的特征。

一、数字时代广告创意存在的必要性

数字媒体的出现改变着人们的触媒习惯和传统的媒体格局，同时，与媒体息息相关的广告产业也不可避免地受到了巨大的影响。在传统广告策划与创意的流程内，受制于媒体版面的控制，“对谁说”和“在哪儿说”一直困扰着广告人。

在数字营销时代，基于大数据的精准广告，通过数据库信息检索和受众定向将信息精准地传达给相应的目标受众，很好地解决了“对谁说”和“在哪儿说”的问题，但伴随而来的是对“说什么”的忽视。数字营销时代完成了对消费者的精准定位，但缺少了具有感染力的创意表现。在数字营销时代，广告创意仍然是一个至关重要的领域，且在表现上更加困难。

在数字技术支撑的背景之下，广告行业呈现出愈发激烈的竞争，随着广告人对数字技术的广泛运用，技术在广告中扮演着重要的角色。但作为人类重要的艺术文化产业，创意内容作为连接消费者的中介，在消费者购买、体验和态度形成过程中起着至关重要的作用。通过技术的手段精准定位消费者之后，需要通过创意内容实现与其进一步的沟通。广告业要谨防“魔弹论”的技术陷阱，在重视“对谁说”和“在哪儿说”的同时，将“说什么”放在同等重要的位置上。

面对无处不在的移动终端和个性化的消费者，广告创意在广告运动中不仅仅是重要的，而且是愈发困难的。作为大众消费品的广告正在进行私人定制化的转变，将特定的商业信息通过最佳的时间、最佳的渠道传递给最佳匹配的受众，精准传播成为当下广告界的风潮。在这种情景之下，最合适的内容显得更加重要，同时在技术背景下，也更加难以实现。

正如著名广告人大卫·奥格威所说：没有大创意，广告就会像夜晚航行的船只，无人知晓。数字营销时代需要广告创意，但伴随着环境的改变，创意在广告运动中的地位也发生了相应的改变。数据、技术替代了传统广告业中创意的位置，成为广告运动中的核心力量。广告创意也不再以独立的分支进行运作，而是与广告运动中的每一环高度融合，与技术、受众紧密地结合在一起，共同迎接数字营销时代的巨变。

二、受众、技术对数字营销创意的影响

在互联网时代，消费者有了新的变化，麦肯锡咨询公司针对 2007 版本的消费者决策流程进行了更新。麦肯锡认为，消费者从产生需要到完成购买、产生互信的流程是环状的，由“购买环”（purchase loop）和“品牌忠诚度环”（loyalty loop）两个小环内切组成，包括考虑（consider）、评估（evaluate）、购买（buy）、体验（experience）、互粉（advocate）和互信（bond）等关键阶段。伴随着市场的快速发展，消费者的行为模式发生了很大的变化，广告的创意也随之发生了很大的改变。

在最初的 AIDMA（attention-interest-desire-memory-action）模型下，从引发注意、产生兴趣、做出决定、留下记忆到进行购买，广告创意所关注的是产品的特点，属于以产品为核心的广告创意概念；在互联网影响下产生的 AISAS（attention-interest-search-action-share）模型之中，消费者一改往日被动接受商业广告信息的习惯，开始主动获取相关信息，与第一阶段不同的是，AISAS 模型强调消费者主动的信息搜集（search），和产生购买之后的信息分享（share），这一个阶段的广告创意，将重心从产品自身转移到了消费者身上，注重消费者的体验和感受；另外，属于数字时代的行为消费模型——SICAS 模型，即品牌-用户互相感知（sense），产生兴趣-形成互动（interest & interactive），用户与品牌-商家建立连接——交互沟通（connect & communication），行动——产生购买（action），体验——分享（share），消费信息的获得甚至不再是一个主动搜索的过程，而是关系匹配的过程，在数字营销环境之下，消费者成为主体，用户拥有绝对的主权，体验、分享成了消费者进行消费决策的开端，这个时代的广告创意注重消费者的参与互动性。伴随着消费者决策过程，从引起消费者注意、

注重消费者体验到现在的让消费者参与，广告创意成为数字营销时代广告主和消费者沟通的关键。

在互联网背景之下，消费者的决策过程更加短暂也更加复杂，消费者的行为呈现多维互动的过程，更多体现出了互动与体验的重要性，相应地在这一变化之下，广告创意呈现出了新的发展趋势。在互联网背景之下，消费者以“生活者”的身份参与数字营销的各个步骤，在数字营销时代的广告运动过程中，消费者成了广告创意的核心步骤，从引发兴趣到与消费者互动，直到创意的最终完成，消费者的身影无处不在，且单向沟通的创意内容已经不被消费者所接受，互动成了创意的核心，为消费者提供个性化的感受和体验是在进行广告创意时的第一要求。数字时代的营销创意，不仅需要关注商品自身的特点，也要强调在广告创意内容过程中，消费者的个体参与，积极调动受众感觉、思维、情感等多方面的体验，利用受众的多维度感受实现广告与受众之间的深度互动，实现广告作品由企业、消费者“双重作者”创作的目标。

数字营销时代在技术的支撑之下，得以实现快速的发展。在广告创作过程之中，技术的作用不容小觑。以大数据、H5 为代表的高新技术，给数字营销时代的广告创意插上了翅膀，使得广告创意突破了以往版面和表现形式的束缚，散发着更大的魅力。

在数字营销时代，技术正实现从“工具”到“创意内容”的角色转化，不同于以往技术的媒介属性，技术引领下的广告创意在固有的创意理念和消费者体验基础之上，对创意内容素材进行优化，从更为科学、更加精准的角度对广告投放效果进行反馈，并根据反馈内容，实现对创意的优化，通过对信息内容的加工，成为广告创意的来源和重要组成部分。另外，大数据等技术能够在短时间内迅速地采集相对应的受众资料，在对受众属性有了充分的了解之后，达成大库存创意素材的自动生成和精准投放目标。以淘宝为例，会根据用户的浏览记录推送不同的商业内容，相应的推送形式也会发生改变，迎合受众的观看需求，实现双方的共赢。

数字技术优化了消费者的视听体验，增强了广告创意的有效性。VR、AR 等技术丰富了广告创作的表现力，通过最新的技术打通受众的视觉、听觉、触觉等感官系统，为其提供一个相对真实的体验环境，同时也为广告创意带来更大的可能性，极大地提高与受众的沟通效率，及时高效的互动实现了消费者的情感共鸣。

单纯的技术并不能必然地保证理想社会形态的出现（郭庆光，2011）。技术造就了移动互联网的万物互联、物物相接，高新技术的发展为整个社会带来了发展的希望和曙光，同时层出不穷的新技术也成了广告主与消费者进行沟通的利器。数字营销时代的广告创意需要技术，但并非完全依赖技术，任何技术都是作为工具为创意服务。对于广告创意工作者来讲，洞悉消费者的内心，并在技术的基础上为广告增加感染力，创造出大创意才是最重要的。

新技术和受众为现代的广告产业带来无穷的潜力，创意人员要打破传统媒体创意的局限性，适应消费者的行为变化，并借助技术的优势，激荡出具有互联网风格的创意思维和作品。在当下这个数字营销时代，洞悉消费者、重视互动体验、了解利用新技术是广告创意的基本要求，广告创意作为广告运动过程中重要的一环，在数字营销时代仍然发挥着巨大的魅力。

三、数字时代广告创意理论的发展

自 20 世纪以来，现代广告发展迅猛，其中产生于广告实践运动的广告创意理论也在不断发展，形成了众多具备特色的创意流派（大体上可以分为艺术派、科学派）。在数字营销时代，各大流派的经典创意理论在环境的影响下，有了新的发展。

1. 艺术派广告创意观：ROI 理论的发展

艺术派广告创意理论，强调情感在广告创意中的作用，认为广告应该对目标受众的心灵产生冲击，产生认同感。威廉·伯恩巴克是艺术派广告创意理论的代表人物，他的 ROI 理论对后世产生了深厚的影响。他认为一个好的广告必须遵循以下三个原则：相关性（relevance）、原创性（originality）、震撼力（impact）。

伴随着数字技术的发展，ROI 理论的内涵发生了演变。媒体环境的变化、消费者行为习惯的改变及新技术带来的影响，使创意评价理论实现了“消费者导向”的改变，作为数字营销时代广告创意的主体，消费者被纳入了创意原则的考量范围，并衍生出了新的创意标准：SPT，即可搜索性（searchable）、可参与性

（participative）、可标签化（tag-able）。在数字营销时代，消费者拥有主动权和强大的信息搜索能力，广告创意要保证能够被搜索到。

在庞大的互联网数据库中，保持自身的注目力；互动是这个时代最明显的特征，优秀的数字营销创意需要为消费者提供参与创意的平台和渠道，提高消费者参与的可能性、相关性和趣味性，从而通过消费者实现创意传播的爆发；标签是专属于数字营销时代的话语，加标签意味着群体的归属和接纳，同时也代表着深度沟通、交流、分享的可能性，数字营销时代的创意内容需要有明显的标签属性，并通过独特的"标签文化"与消费者进行圈层性质的沟通与交流，实现二次传播和快速分享。

从 ROI 理论到 SPT 理论，在数字营销时代，传统的广告创意理论焕发出了新的生机，在注重消费者参与体验、适应技术改变的基础之上，以新的面貌为广告主、消费者提供服务。

2. 科学派广告创意观：USP 理论的发展

科学派广告创意理论强调广告需要原则和实效，罗瑟·瑞夫斯是科学派广告创意的旗手，他提出的 USP（unique selling proposition，独特的销售主张）是广告创意理论中非常重要的理论。罗瑟·瑞夫斯认为，广告要向消费者提供一个"独特的销售主张"，该主张是竞争者所没有或不能提出的，且具备很强的说服力。

随着市场环境的变化和竞争的激烈，品牌整合时代到来，USP 理论也向 UBP 有所偏向。UBP 即"独特的品牌主张"（unique brand proposal），是独特的销售主张在整合传播时代的概念延伸。UBP 认为，品牌要向消费者提供一个明确的品牌主张，该主张必须能显示与其他品牌的明显差异，且符合品牌各种关系利益人的利益。UBP 实现了产品到品牌时代的观念转变，强调品牌的差异和优势。

在数字营销时代，USP 理论在技术的背景之下，通过某种程度上的改进，仍然发挥着自身的优势，指导着品牌和企业的未来发展。数字营销传播的环境对 USP 理论提出了以下新要求。

利益承诺的升级：利益承诺不等于产品功能属性上的承诺，要完成产品-品牌理念的转换。产品功能属性上的承诺固然是一个明显的利益承诺，既可以看得见又可以摸得着，但除了产品功能属性上的承诺，情感价值上的承诺、精神价值属性上的承诺等都可以作为独特的利益承诺。

强化表达：针对动态的广告展示形式，在注重内容阐述、重点突出诉求点的基础上，借助技术载体来优化表现形式、加强内容感染力，实现“首先说得对，然后说得好”的传播目标。

打破散播，力求精准：在数字营销传播时代，产品同质化加剧，对于企业而言，很难挖掘到适合大众的独特卖点。相比于用一招满足所有受众，不如借助技术，针对不同的消费者提出的不同诉求点，实现精准的传播。

基 础 篇

环境分析是任何管理活动的起点，数字营销策划与创意概莫能外。

在基础篇中，将探讨市场研究的内容与方法，以及在此基础上的数据收集与分析工作。

第三章　市场研究的内容与方法

市场研究是策划与创意的前提与基础，本章聚焦于市场研究的基础内容和研究方法，探讨数字营销时代的营销环境分析、消费者研究和竞争研究等，在此基础上帮助营销者进行市场细分和定位。

第一节　市场研究的基本内容

数字营销的市场研究是以大数据为基础的。环境分析是任何管理活动的起点，通过对数字的收集和分析，实现数据资产分析、竞争者分析、媒介分析、目标消费者和创意内容分析。据此进行市场细分和定位。

一、基于大数据的数字营销环境分析

数字营销得以实现的重要条件就是大数据的采集、挖掘和分析应用。大数据曾被人们称为新的“石油”，看似多维多样的数据通过科学的分析解读，使得企业能够通过分析结果得到目标用户消费心理和行为特征数据、目标用户媒介接触数据、既有营销活动效果数据、既有品牌资产数据、竞争者数据等一系列有助于数字营销策划科学化、精准化的结构化数据，不但可以深入了解行业发展现状，还可以提高预测行业发展趋势的能力，将数据资源转化成为经济财富和品牌资产，因此，数字营销策划重要的基础环节就是借助大数据的手段和资源开展科学、全

面的数字营销环境分析。

（一）数据资产分析

在数字时代，任何企业都开始意识到数据资产的重要性，并开始有意识地收集、挖掘各方面数据。这些数据包括企业内部已经积累的产品数据、产品过往消费者反馈数据、竞争者数据、营销传播效果数据。此外，数字空间还存在大量产品消费者在社交媒体的讨论、发言数据，企业在互联网平台的主动推广引发的传播效果数据，专业媒体对企业或产品的新闻报道数据。显然，在开展数字营销初期，通过对这些已有的数据资产进行充分挖掘利用，可以发现大量有价值的信息。例如，搜集数字空间与企业、产品、品牌相关的评论，各类符号文本乃至相关的网络流行文化进行大数据的挖掘和分析，可以掌握用户对企业当前的品牌形象认知和产品体验、评价等数据，进而更好地了解目标消费者的心理需求和企业在消费者心中的定位和形象。通过对已有数据资产的挖掘分析，一方面可以准确识别开展下一阶段数字营销活动的机会和有效策划，另一方面可以结合当前行业发展现状对未来行业的发展趋势进行预测研判，为企业抓住未来发展机遇、实现企业长远发展打下坚实基础。

（二）竞争者分析

竞争者分析的目的是认清品牌或产品所处市场的格局，确定竞争对手的范围并分析竞争对手的长处和短处，从而为企业挖掘与完善自己的竞争优势提供方向。在传统营销实践中，竞争者分析主要停留在竞争者主动公布的企业和产品资料，以及企业依托于各种手段与途径搜集获取的竞争情报。这些数据、资料主要集中在竞争者的财务状况、产品特征、经营现状、人力资源现状等宏观概况，缺乏对竞争者的细致、深入分析和动态监测。在数字营销实践中大数据手段的应用改变了这一问题。企业现在可以通过数字空间的大数据对竞争者的产品信息和消费者体验进行深入分析、研判。一方面，企业可以依托于社会化媒体舆情监测，实时掌握消费者对竞争者产品和品牌的评价和感受；另一方面，企业可以通过数字空间的大数据分析竞争者一段时期以来开展的营销策略特点。通过这些结构化的数据分析，企业便可以及时掌握竞争者的营销战略、产品趋势、消费者需求变动，进而据此制定更具针对性、竞争力的数字营销战略，从而实现出奇制胜。

（三）媒介分析

数字技术的快速发展促进媒介环境的剧烈变化，传统的媒介格局和媒介环境也在发生显著变化：一方面，传统的报纸、电视、杂志、广播等大众媒体的主导地位不再，影响力和关注度大大下降，甚至面临生存困境；另一方面，在技术的推动下，微博、微信等新媒体日渐崛起，凭借其自身的便利性、互动性等优质体验极大地吸引了用户。

数字空间媒介环境的一个突出特点是媒介用户不断细分。传媒技术的变革驱动数字媒介走向多元化、分众化、垂直化、碎片化。技术的发展使媒介发展走向多元化道路，涌现出社交媒体、生活服务类媒体、电子商务类媒体等形式的媒介产品。传统媒体媒介环境下的营销推广活动，无非就是报纸、广播、电视、杂志等几种广告媒体投放平台。然而，数字空间的媒介投放显然不只这几种选择。单单就生活服务类平台来说就包括滴滴、哈啰等交通出行类平台，美团外卖、饿了么外卖等外卖类平台等。不同平台的用户的消费习惯、消费需求、媒介使用习惯、登录频率、活跃度都各不相同。显然，数字营销时代的媒介投放和组合迫切需要更加科学的媒介数据分析。媒介数据分析的目的首先是从类型丰富、功能多元的媒介中选取出与产品营销活动特征相符合的媒介平台进行媒介投放，其次是充分把握特定媒介平台的传播特点和传播机制，进而据此科学制定营销传播方案和创意内容表达形式，最后是实现与目标消费者媒介使用习惯相一致，实现消费者触点的全覆盖，精准触动消费者。

（四）目标消费者分析

进入数字时代，消费者的消费需求也在不断升级，更加多元化、个性化。一方面，随着经济社会的发展，新产品新消费层出不穷，消费者除了追求单纯的物质享受，也越来越注重精神层面、体验方面的消费，如旅游、娱乐、教育等方面；另一方面，数字技术的快速发展为产品的多样化、个性化、快速生产提供了可能，消费者在消费需求方面也呈现求新求异的特征。显然，伴随人类社会整体的发展进步，消费者也在发生着鲜明的变化：他们变得更加理性、更加注重产品或服务带来的体验，同时他们也希望与品牌、产品建立紧密关系以实现情感沟通。

与此同时，媒介环境的剧烈变革也给受众（用户）的媒介接触行为带来深刻变革。在数字技术的推动下，受众不再处于完全被动的地位，而是成为掌握媒介使用主动权的用户。这一角色的变化带来的不只是受众的传播地位变化，还对整个营销传播环境造成巨大影响。一方面，当受众成为掌握传播工具的用户，其发声表达的意识也在日益增强，越来越愿意在营销传播活动中发表意见；另一方面，新媒体的即时互动性使消费者的即时反馈成为可能，以往单向的传播已难以吸引消费者。因此，数字营销环境下的受众媒介接触行为将日益变得碎片化、多元化、互动化，注意力也被各种各样的媒介所分割。

显然，在开展市场研究的基础阶段要对目标消费者的消费心理、消费新行为和消费需求及所处的媒介环境加以分析研判，把握目标消费者媒介使用特点和媒介偏好。数字营销是真正实现以消费者为中心的营销方式和手段，消费者不仅仅是产品的使用者和消费者，还是品牌价值的创造者、产品设计者、消费体验的分享者。消费者角色的变化要求企业在开展数字营销过程中将消费者研究和分析放在更加突出的重要位置，因为这将是数字营销活动成功实施的基础条件和战略保障。

（五）创意内容分析

企业在开展数字营销策划之时的一项核心工作在于制作优质的创意内容以吸引目标消费者，打动目标消费者。在传统营销实践中，创意内容的制作和生产常常依赖于创意人员天马行空的想象力和一瞬间的灵感乍现，具有很大的不确定性，传播效果也难以测量。数字营销实践中的创意内容生产因大数据的帮助显得更有针对性和科学性。今后企业生产数字营销创意内容，首先，可以对积累的海量创意内容数据进行充分挖掘和分析，筛选出最能打动目标消费者、最能触动消费者二次传播的创意内容；其次，创意人员可以依据数据分析结果选择出最具有传播力和冲击力的创意内容方案；最后，与当下所要推广的产品和服务进行有机结合，制作生产出新的便于实现精准触达目标消费者、精准打动目标消费者的创意内容。

与以往创意内容生产流程不同，数字营销时代的创意内容制作将全面实现数字化，因而实现数字化内容生产的前提就是基于大数据的创意内容数据分析。这里的创意内容数据分析不仅包括狭义上的企业或创意内容生产部门的已有创意内容数据，还应包括数字空间所存在的各种与企业、品牌、产品相关的内容数据。例如，企业可以从用户对于产品或品牌乃至形象代言人的评价、讨论的文本数据中挖掘有意思的素材，将其进行二次加工和制作，进而实现与目标消费者的双向互动和情感沟通。又如，企业可通过舆情监测、网络爬虫等数据分析手段对一个时期内特定用户群体内的流行文化、热点话题进行实时分析，进而从中挖掘出适合于开展数字营销的创意内容，实现借势效应。

二、数字时代的市场细分策略

市场细分是指根据消费者需求的不同特征，将市场划分为若干有意义的消费者群体的过程。不同的细分市场之间，需求差别比较明显；而在每一个细分市场内部，需求差别就比较细微，基本倾向一致。

市场细分没有统一的标准。不同商品、不同环境需要用不同的标准或细分变量，如地理、人口等，这样才能科学合理地细分市场。对市场分割得越细，对市场的了解就越准确，但每个细分市场上的消费者数量就越少。因此消费市场的关键在于决定将市场细分到何种程度。另外还要考虑目标细分市场是否易于接近，媒体是否可以有效地影响到该目标群体，能不能制订出相应的方案，有没有充足的资金针对这个群体开展营销活动，有没有足够的铺货能力使产品迅速覆盖到所预定的地区。

市场细分的难度在于必须选取能够体现消费者分组需要的标准或依据，有效地解析这个市场，将市场细分开来。这些指标包括地理细分、人口统计细分等。这些标准可以单独使用，但在更多情况下是综合运用。

（一）地理细分

处于不同地理位置的消费者对同一产品往往表现出不同的爱好和要求，对价格、分销渠道、广告宣传表现出不同的反应。企业必须根据不同地区的不同需求来制订营销方案。因此，地理因素成为常见的市场细分标准。一般而言，地理标准包括国家和地区、地域，乃至城镇乡村，不同地理气候也可以作为划分指标。显然，一些生活用品（如空调、保暖衣物）会因地理气候的不同而产生巨大的消费差异。此外，经济发展程度、社会生活文明程度、饮食习惯、娱乐休闲等生活方式也都表现出随地理区域的变化而变化的现象。

通过选择和应用地理指标，可以将消费市场划分为不同层面。但是，地理指标的划分显然是依据相对稳定的外部宏观环境因素，很难做到对市场划分的精准、全面、有效。为此，可以考虑将地理特征与其他市场划分指标结合，形成以地理指标划分为基础的综合划分系统。例如，美国广告主已经把家庭住址信息与美国人口普查局的人口统计数据结合起来，并形成了一种名为“地理人口统计细分”的市场细分模式（黄升民，2013）。

（二）人口统计细分

除了地理细分外，还有一类在传统营销时代常用的市场细分方式，即人口统计细分。人口统计细分是指根据消费者的年龄、性别、婚姻状况、家庭状况、收入状况、职业、宗教信仰、民族（种族）、受教育背景等人口统计资料因素来细分市场。考虑到消费者对商品的爱好、需求和购买特点与消费者的人口统计特征关系密切，据此标准可以精准有效地区分出不同的消费者群体。此外，这些人口统计资料相较于其他与消费者相关联的变量更便于做定量分析，比较容易取得准确、全面的数据资料。

一般来说，在应用人口统计特征进行细分市场时，对以下几个指标较为关注。

1. 年龄

人在不同年龄会有不同的产品和服务消费需求。以食品为例，人们在小的时候喜欢吃的是各种美味、营养、易消化的儿童食品，到老年则是需要吃低糖低脂食物；人们的生活品位和审美取向也会随着年龄的增长而不断丰富变化。此外，除了生理意义上的年龄，人们还有心理年龄，这同样需要在市场细分时给予关注和重视。一方面，不同心理年龄的人消费需求和消费心理可能不大一样；另一方面，人的生理年龄和心理年龄并不完全同步，同一年龄层的人可以有不同的心理年龄以及完全不同的生活形态。

2. 性别

不同性别之间在生理、心理、社会属性等方面均存在一定的客观差异。因此，性别指标被广泛应用于市场细分之中，特别是在服装、美容、杂志等领域。显然，对于一些日常生活类产品或服务，如服装、鞋帽、化妆品、首饰等，都可以依据消费者性别进行更为精准有效的划分。需要指出的是，伴随社会经济的发展和人类文明的现代化，女性的社会地位、家庭地位、购买能力都在逐渐增加。显然，今后的营销策划活动对于女性消费和女性市场要给予更多的关注和重视，这一点在数字营销环境下尤为重要。大量数据证明，女性用户的互联网使用频次、时间、规模都远远高于男性。

3. 收入

客观来说，消费者的经济收入往往对消费者有着决定性的影响。借助收入指标进行市场细分在住房、化妆品、旅游、教育等行业非常适用和有效。消费者的经济收入情况可以从四个方面入手加以描述：可支配收入，储蓄收入和其他固定资产，信用状况，以及对消费、储蓄、借贷的态度。特别是在数字时代，超前消费和信用消费渐成潮流，消费者对此的消费态度和消费心理尤为值得重视。

一般来说，这些与消费者相关的指标通常需要综合起来才能精准有效地细分市场。例如，家具公司在按人口标准细分市场时，发现与家具销售关系最密切的人口因素还包括户主年龄、家庭人口和收入水平三项。将这三个变量具体分成若干等级，可得出若干差别明显的细分市场。公司可以据此估算每个细分市场的户数、日常购买额及其他厂家的竞争强度，将这些数据结合起来，便可以预测自己可能从每个细分市场上获得的利益。

（三）生活形态细分

生活形态是指一个人整体的生活方式，包括态度、信念、意见、期望、畏惧、动机、活动，甚至偏见等特质，也反映一个人对时间、经历及金钱支配方式的态度（黄升民，2013）。显然，消费者的生活形态涉及消费者如何生活、工作、娱乐，个人在社会生活方面所表现出的需求、兴趣、态度及参加的活动都可以用来描述一个人的生活形态。当消费者在人口统计特征和生活形态方面的特征相近时，他们的消费行为和消费态度（如购物、娱乐、媒介使用等）也会相应地比较接近。在制定与消费者沟通策略方面，生活形态同样是重要的参考因素。通过对特定消费市场中消费者的生活形态进行描述和分析，便可以据此为消费者量身定做沟通内容和媒介投放策略，实现精准互动。

（四）虚拟社区细分

在传统营销时代，消费者洞察以获得个体的典型特征作为群体的参照；而在互联网时代，数字生活空间中自然而然形成了无数个细分市场的格局。每一个上网的人会根据自身的爱好，主动把自己归属于不同的社区，形成志同道合的同道社区，同好会、圈群等提法都是指向这些不同的群体、社区的。而“90 后”“00后”这些所谓的“互联网原住民”，更是各种群体、社区的活跃分子。随着“90后”逐渐走向工作岗位、走向社会及“00 后”的日渐崛起，依据虚拟社区进行市场细分显得尤为重要。

总之，数字时代虚拟空间真正实现了进一步无限细分市场的可能性，如微博、微信等社交媒体，还有其他如知乎、豆瓣等各式各样的社区平台，都不再是传统的市场细分方式和指标。以虚拟社区为依据的市场细分不再受到年龄、地域的限制，也不再存在收入和教育背景的差别，唯一所依据的就是兴趣、爱好等形成虚拟社区的条件因素。借助于虚拟社区的市场细分，不再需要进行长期、烦琐的消费者调研，只需要结合自身产品特性选择相匹配的虚拟社区就可以实现精准投放、精准触达。

（五）消费场景细分

消费场景细分是指根据特定消费者在特定的场景中的消费需求和消费行为所进行的市场细分。场景是指一个具有人、环境、物开展关系互动的空间。人在社会生活中的学习、工作、生活、娱乐都可以看作由一个个具体的场景所组成。其中，人在大量场景中都可能产生消费需求和消费行为，而不同年龄、职业、地域的人群在相似的场景中就可能产生相似的消费需求和消费行为。因此，基于场景的市场细分日益受到人们的重视。例如，企业抓住上班族早上上班时间紧张、无法及时吃早饭的场景特点，推出早餐奶、早餐饼干等一系列简便、易于携带的上班族需要的食物。显然，消费场景细分是一种基于消费者在特定场景中的消费需要进而对产品进行特定功能定位的市场细分方式，充分体现了以消费者为中心的消费理念。在数字时代，得益于数字技术的发展，对消费者特定场景的地理位置信息、人口统计特征等消费者识别手段进一步精准，精准化定制和推送营销内容也成了可能。因此，数字营销环境中的消费场景细分将发挥更大作用。

三、市场定位

在营销策划活动中，产品和企业的定位策略决策是一个关键环节。产品定位是否合理，直接关系到营销活动的最终效果；而产品定位的内容，则决定着营销活动的诉求重点。一般认为，定位是指在对本产品和竞争产品进行深入分析，对消费者的需求进行准确判断的基础上，确定产品与众不同的优势及与此相联系的在消费者心目中的独特地位，并将它们传递给目标消费者的动态过程（黄升民，2013）。

定位战略的关键是要在消费者心中形成一种对特定品牌的印象。它要靠制定一种协调性战略，包括全部的市场因素组合来协调。常用的定位战略包括品质属性定位、使用（应用）定位、产品用户定位、产品等级定位和参照竞争对手定位（彼德和奥尔森，2000）。

第二节　数字时代的消费者研究

每个人都是自己生活的主体，同时也是商品消费活动的主体，也被称为消费者。“消费者”这一概念由于其在营销活动中所起的重要作用而受到企业、营销人员极大的重视。完成对消费者的分析，捕捉有效的消费者群体，更加全面和深入地了解消费者并与之保持正确的沟通，是市场保持良好运转的重要前提。一般来说，消费者研究主要需要解决以下问题。

（1）捕捉消费者或潜在消费者。

（2）了解消费者的意愿、需求等消费者决策特点。

（3）了解产品的消费者或使用者接触媒体的习惯、信息类型偏好，以便创造适当的信息接触机会，用适当的方式传递广告信息，达到广告的目标。

一、数字时代消费者的特点

伴随数字时代营销环境的一系列变革，消费者的消费行为和消费心理也在发生显著变化。这些变化与数字时代营销环境呈现的一些显著特征密不可分。

（一）消费者的消费决策依据多元化

在传统营销时代，人们在进行消费决策时往往会依据品牌做选择。品牌在大多数情况下就意味着口碑、代表着质量。然而在数字时代，品牌的重要性将逐步降低。

数字时代消费者可以通过各种途径获取现成的有关商品的用户评价或数据统计，从而更容易发现商品的真实品质，便不再把品牌作为衡量商品质量的唯一依据。显然，数字时代信息生产环境和消费者媒介接触行为的变化导致了消费者可以随时随地便捷地接触各类消费信息，消费决策的依据进而变得多元化。

首先，企业或特定产品部门纷纷建立相应的传播平台，借助数字媒体开展相较于以往大众媒体时代更为广泛的信息传播和消费者沟通。数字时代的一个突出变化是社交媒体的快速崛起，其凭借自身在沟通和社交方面的便利性、即时性等特点，广泛渗透消费者社会生活的方方面面。微博 2021 全年财经数据显示，截至 2021 年末，微博月活跃用户共 5.73 亿个，与 2020 年同期相比增长 10%，其中移动端占比达 94%；日活跃用户达到 2.49 亿个，较 2020 年同期增长 11%[①]。显然，面对具有这么庞大用户群体的社交媒体，企业必然会积极应用以更好地实现与消费者的沟通、互动。如今，许多企业的新品发布、营销活动都在积极利用

① 界面新闻. https://baijiahao.baidu.com/s?id=1726274843200311246&wfr=spider&for=pc.

微博、微信等社交媒体。一方面利用社交媒体展示产品信息、呈现产品特点；另一方面利用社交媒体与目标消费者实时互动、有效沟通。显然，通过这种企业的自我展示，消费者动动手指就可以掌握大量产品信息和企业信息，为消费决策提供更多决策支持。

其次，广大消费者越来越倾向于借助新出现的数字媒体平台对自身的消费体验发表看法、给出评价。在传统营销时代，消费者往往通过电话、杂志反映对商品的评价，而在数字营销时代，消费者会直接在微博或其他社交媒体上发表自己的看法，这种评价信息往往会被商业企业或数据服务公司收集，成为对这种商品评价的来源数据之一，被广泛传播。因此，数字时代的评价模式影响更加广泛，对潜在消费者有着更加直接的影响。这是因为，潜在消费者通过这些评价数据就能判定这些商品的品质，从而给这些商品打一个直接印象分，并最终反映到购买或不购买上。并且，评价数据可以被转载或广泛用于各种途径，使得这种评价数据传播变得越来越广，影响到的消费者越来越多，对企业产品销售的影响越来越大，有时甚至能够覆灭一个商品的生产。

最后，在数字时代，供应链外包更加广阔，很多企业都把供应链外包到具有一定基础设施的发展中国家，尽管一些产品品牌存在差异，但往往都在同一个国家或同样的工厂里生产和组装，质量相差不大。由于数字时代数据的广泛性，这样的结果将很快被消费者获悉，尽管不排除人们对某品牌有偏好，但大数据时代消费者对品牌的依赖性将大大降低。

（二）消费者的消费行为更加理性

在传统营销时代，消费者通过传统的大众广告媒体，如电视广告和报纸、杂志等纸媒广告来获取商品信息，而在大数据时代，当消费者对某种商品有需求时，他们首先会选择通过互联网来收集该商品的相关数据，了解该商品的信息，这与传统意义上的商品选择模式在本质上已经有了较大不同。消费者可以非常便捷地在相关网站上搜索到自己所需要的相关商品的数据信息，提高购物效率，降低购物选择成本。数字时代，数据无处不在，消费者更容易获得该类商品的市场行情，接触到更多有关该商品的数据信息，从而可以通过比较购买到理想的满足需求的商品。因此，可以预见在数字时代消费者的主动、理性消费行为在增加，盲目购物几乎不会再出现（李富，2014）。

（三）消费者的消费行为更加个性化

在工业化时代，产品实现大规模生产，但是信息传播的范围和速度都相当有限，导致消费者的消费比较大众化，很少有个性化消费。而在数字时代，由于数据传播的广泛和迅捷、通信的畅通和快捷、文化娱乐的繁荣、思想观念的跳跃，消费者往往更富有想象力，喜欢创新，对个性化消费提出了更高的要求。消费者选择商品已经不再仅仅考虑商品的使用价值，而更多考虑其体现的个性化特征，这已经成为数字时代许多消费者购买商品的首要标准。长期以来，我国企业大多只注重产品的质量、性能及企业的发展规模，这在传统工业时代是成功的保障，而数字时代却有所不同，个性化消费将对这种模式形成强烈的冲击。

伴随人类社会经济的发展和全球化的不断深入，全球范围内的文化交流和冲突不断涌现。随着人类文明的进步和多元文化的交流碰撞，全球社会呈现出文化多元发展的趋势。显然，伴随社会文化的多元发展，个体的个性发展进一步得到解放，个性化需求日益涌现。面临产品同质化和市场激烈竞争的企业也抓住消费者的这一心理行为特点，生产、研发满足各式各样消费者个性化需求的产品和服务，甚至逐渐走向定制化生产。

（四）消费者正逐渐转变为数字时代的“生活者”

数字时代的消费者既是产品和服务的消费者、体验者，又是信息的传播者、表达者，同时也是信息的接受者和评论者。显然，数字时代的消费者已经逐渐转变成为数字空间的生活者。“生活者”这一概念最早产生于 20 世纪 80 年代的日本。生活者表示消费者的生活不只限于购物或消费这些经济层面的需求和属性，还包括作为社会人的社会心理和政治属性。显然，“生活者”的概念要比“消费者”更加宽泛，消费者从经济学角度看就是产品或服务的购买者，而生活者所表达的是拥有自己的生活方式、兴趣和个性的人，他们中不仅有产品的消费者，还包括潜在消费者。

传统营销时代的消费者转变为数字时代的生活者，这意味着传统营销时代的营销策略正在逐渐失去效用，仅仅把消费者视为产品的购买者和经济学视角下的理性化的群体，已经难以充分把握消费者的消费心理及消费需求。这要求数字时代的营销从业者要把沟通对象视为一个个活生生的、有血有肉的人，一个个具有多重社会属性的生活者。只有这样，才能充分洞察他们的心理，把握他们的需求，进而选取精准有效的营销沟通策略，打动人心（陈刚等，2012）。

二、数字营销环境中的消费者行为分析

数字时代营销环境的一系列变化正在影响着消费者的消费需求、消费心理和消费行为。客观来看，消费者在数字营销环境中的消费决策过程和对消费信息的处理方式都在发生着显著的变化。

（一）数字时代消费者的决策过程

传统营销环境中的消费者决策过程是简单的线性模型，如有学者认为消费者的决策过程包括问题识别、信息收集、方案评价、购买决策和购后行为等阶段。其中，问题识别阶段，需要确认需求并将之与特定的产品或服务联系起来；信息收集阶段，将通过多种来源获得产品或服务信息，以提高决策理性；方案评价阶段，将根据产品或服务的属性、利益和价值组合，形成各种购买方案，并确认购买态度；购买决策阶段，将会在不同方案之间形成购买意图和偏好；购后行为阶段，将会评估购买获得的价值，并通过行动表达满意或不满意等。

显然，在传统的营销环境中的销售漏斗模型是单向的、线性的和固定不变的。消费者与企业之间缺乏互动和深度沟通，消费者的消费行为很可能在购买行为发生之后就停止了，其缺乏与企业建立深度连接和关系的维护。得益于数字技术的发展，数字营销的一个突出特征就是互动性。但是，在传统营销环境中的消费者决策模型难以解释数字时代的消费者决策过程。为此，麦肯锡公司的戴维・埃德尔和马克・辛格首先在 2007 年提出了消费者决策流程，希望借此解释进入互联网时代以后消费者决策过程的变化。这一模型对消费者与品牌之间的联系和互动关系做出了更细致的描述。他们的研究表明，如今的消费者不再系统地缩小品牌

选择范围，其决策流程包含了四个阶段：考虑、评估、购买，以及享受、推介和建立纽带，并由此形成一个循环的过程（图 3-1）。

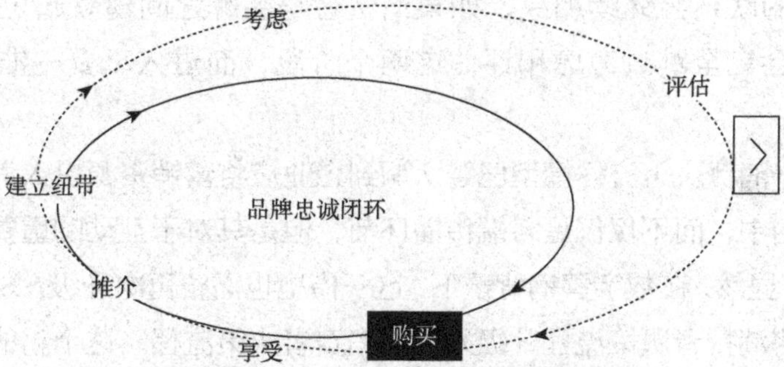

图 3-1　消费者决策流程（CDJ 模型）

1. 考虑阶段

在消费者做出购买决策之初，会想到一些最常提及的产品或品牌。根据漏斗模型，消费者在这一阶段想到的品牌最多。但是，如今的消费者常常从一开始就会减少要考虑的产品。传统营销时代的消费者会首先通过报纸等媒体获得所想要购买商品的品牌，并在其中随着获得信息的不断增加而逐步缩小选择范围，并最终确定自己购买的内容。但是消费者决策流程模型则认为由于新媒体的不断发展和媒体与消费者之间的作用强度日趋强化，现在的消费者会在最初形成购买愿望的时候就附有一定的品牌取向，而不会将所有品牌都列出。

2. 评估阶段

消费者先会从同事、评论家、零售商，以及相关品牌和竞争品牌那儿了解信息，他们最初考虑的品牌范围常常因此不断扩大。随着他们了解的信息增多以及选择的标准发生变化，他们一般会增加考虑一些品牌，同时剔除原先考虑的一些品牌。

3. 购买阶段

在互联网时代，越来越多的消费者会等到了店内看到真正的产品并进行实景体验后才做出购买决策。而且，他们会很容易因实际体验与之前收集信息不符而在店内打消购买的念头。

4. 享受、推介和建立纽带阶段

在购买产品后，消费者会与产品以及新的在线触点形成互动，于是他们与品牌之间的联系会继续加深。如果消费者与品牌之间建立起足够牢固的纽带，他们就会完全跳过考虑和评估这两个阶段，而进入享受—推介—购买的循环历程。

虽然这一消费决策流程模型已经认识到企业应将营销资源投入消费者所有的消费决策链当中，而不仅仅是终端传播环节，但是其对于互动的重要性依然缺乏清晰的描述。显然，在数字营销背景下，这一模型也需要再次升级。为此，2015 年麦肯锡公司将消费者决策流程升级为数字消费者决策流程。这个新的消费者决策流程认为，传统的消费者决策流程在数字化影响下将会加速传统的考虑及评估阶段，品牌不再是被动地对消费者的决策流程施加影响，而是能够在数字营销工具的帮助下主动重塑消费者的决策流程，压缩消费者考虑及评估阶段，让消费者基于品牌喜爱度决定再次购买（图 3-2）。

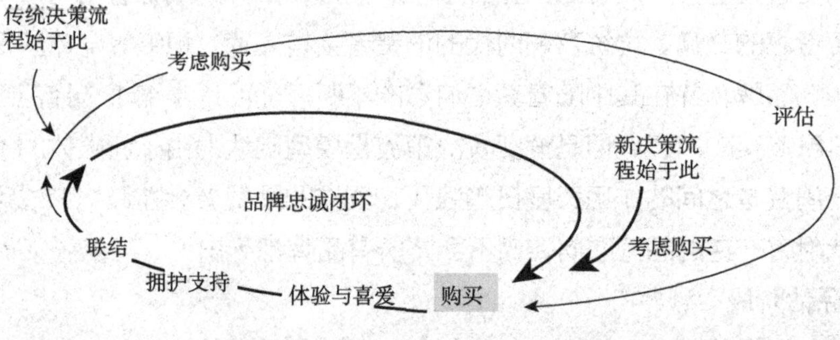

传统流程中，消费者在考虑购买和评估阶段会占用很长时间（下一步进入忠诚闭环，或重启考虑购买和评估的流程，且可能导致购买其他品牌）

新流程中，消费者压缩考虑购买进程，缩短甚至略过评估阶段（他们快速购买），从而将消费者带入忠诚闭环并留住他们

图 3-2　数字时代消费者决策流程修正前后的比较

资料来源：Edelman D C，Singer M. 2015. Competing on customer journeys：you have to create new value at every step[J]. Harvard Business Review，11：88-100

不难发现，数字消费者参与流程更准确地反映了数字营销中的消费者决策过程。消费者从初步了解阶段到考虑购买阶段，然后从考虑购买阶段到支持喜

爱阶段。在数字营销环境中，消费者会穿越决策过程中的每一个阶段，在众多的网络互动触点搜索，了解不同方案的区别，然后评估方案。在数字消费者参与流程中，消费者决策过程不再是以往传统营销中线性的，而是迭代的。在每一次进入和移动的过程中，消费者逐渐建立起对品牌的认知，直到最后他们做出购买决策。此时就会开启一个次级循环，一个新客户变为忠诚客户，消费者会通过社交媒体分享消费体验以及对品牌的观点，向他人开启口碑传播（曹虎等，2017）。显然，与传统营销中的消费者决策模型相比，数字消费者决策模型更加强调关注消费者决策过程的每一个阶段，并与他们保持密切互动，进而希望积累口碑和消费者的关系资本，实现从短期销售收益转移到与消费者建立可持续的、互惠共赢的稳定关系。

（二）数字时代消费者信息处理方式

传统营销活动中一般认为 AIDMA 模型是描述消费者在消费过程中处理信息的重要模型。AIDMA 模型是指消费者在消费决策过程中的信息处理过程，包括注意商品、产生兴趣、产生购买愿望、留下记忆，最后做出购买行动。然而，这一诞生于大众媒体时代和单向度传播环境下的经典概括在面临营销环境和媒介环境的显著变化的数字时代时，已难以对数字营销时代的消费者信息处理过程做出精准、合理的解释和描述。因此，一些企业和学者针对数字营销背景下消费者和媒介环境的变化提出了数字时代消费者的信息处理方式。

2005 年，日本广告市场出现了与以往不同的形态：四大传统广告媒体形式的投入金额与前一年相比出现微小的下降，与此同时，网络广告的投入却暴涨了 54.8%。这个变化标志着互联网对生活和产业的影响力已经初具规模。在这个背景下，日本电通广告集团率先修改了传统的 AIDMA 模型，提出了 AISAS 模型，用以解释新媒体环境带来的营销新趋势，即注意、兴趣、搜集、行动和分享。

对比 AIDMA 和 AISAS 模型中添加的两个来自互联网的典型行为模式——搜索及分享。这正是数字时代初期消费者行为变化的主要因素：首先，搜索引擎技术赋予人们使用信息的权利，人们可以通过网络主动、精准地获取自己想要的信息。于是，消费者在进行购买决策的过程中，常常会通过互联网搜索产品信息，并与相关产品进行对比，再决定其购买行为。CNNIC（China Internet Network Information Center，中国互联网络信息中心）历次调查数据显示："对商品、服务等的信息检索始终是网民对互联网的主要用途之一。"其次，BBS（bulletin board system，网络论坛）、博客、SNS 等技术平台的普及，还赋予了人们发布信息的权利，于是，消费者在进行消费的过程中，还可以作为发布信息的主体，与更多的消费者分享信息，为其他消费者的决策提供依据。

伴随移动互联网的快速发展，传统互联网时代的 AISAS 行为模型逐渐失效。为此，北京大学刘德寰老师根据移动互联网时代人们生活形态的改变（尤其是用户的主动性增强）提出移动互联网时代的改进模型 ISMAS 来定义由移动互联网带来的消费新趋势。刘德寰认为数字营销正在从 AISAS 模型向具有去媒体性质的 ISMAS 转变。

ISMAS 模型包括以下五个阶段：兴趣、搜索、口碑、行动和分享。相对于前文所述以企业和媒介为中心的 AIDMA 模型，ISMAS 模型是真正以消费者为中心的消费者行为模式。ISMAS 模型告诉我们，在去媒体的环境中，消费者的行为模式不再是先被吸引注意力，然后再去做其他的事情，对于移动互联网下习惯了主动使用媒体的消费者，兴趣成了一切的核心。ISMAS 模型是从消费者的兴趣开始，而不是像前文所述 AIDMA 模型和 AISAS 模型那样从注意开始，这充分体现了移动互联网背景下消费者在营销和消费过程中主体地位正日益凸显。在移动互联时代，消费者消费信息获取行为大多数情况下是充满主观能动性的基于自身需求与兴趣的活动，而不能再一概归为被企业和媒介吸引注意力的结果。移动互联网思维与技术对知识生产与传播方式的改造，催生了丰富的信息，在浩如烟海且仍持续增长的信息源中，想要获取消费者的注意变得非常困难。只有消费者自己的兴趣才有可能真正开启消费者购买决策过程。

ISMAS 模型保留了 AISAS 模型中的搜索和分享要素，并且增加了口碑要素，这表明消费者的消费分享行为在消费者信息处理过程中的作用未被削弱，而是得到了进一步的加强和重视。按照 ISMAS 模型的逻辑，消费者主动进行消费信息获取（搜索）之后，要根据所获取的消费信息对该产品的口碑效应进行检验，检验通过后才能进入下一阶段的购买行为，消费者购买后的消费体验分享又进一步印证或修正了该产品的口碑。

随着数字技术的进一步发展，用户（数字空间的消费者）接触、获取信息的方式，以及与品牌和商家产生交互、购买行为的方式，用户之间体验分享的方式，都在发生全面而深刻的改变。而基于用户关系网络，用户与好友、用户与企业相互连通的自由对话成了新的传播营销生态。

所有这些改变，都意味着基于数字营销初期认知的消费者信息处理模型已经跟不上数字营销变革发展的步伐。为此，2011 年日本电通在 AISAS 模型的基础上提出了消费行为 SIPS 模型（图 3-3）。SIPS 模型分为共鸣、确认、参与和共享扩散四个阶段。不难看出，SIPS 模型具有典型的数字时代特征，充分体现了用户（消费者）在新媒介环境下的主动参与和关系网络互动特征，把用户在数字空间的人际关系互动和信息的社会网络扩散进行了进一步的凸显和强调。该模型的建立也标志着消费者行为研究进入数字时代。

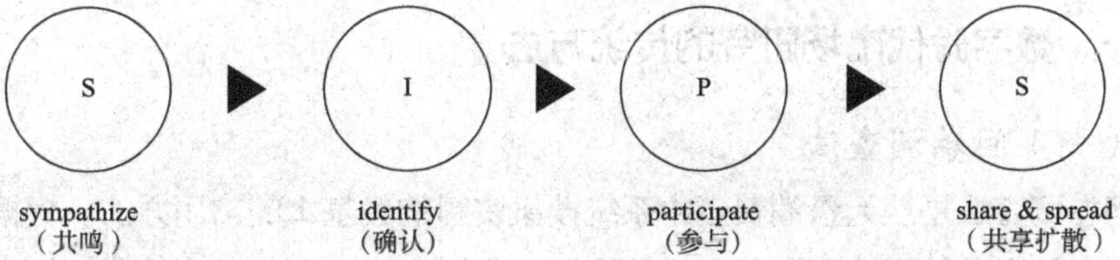

图 3-3　SIPS 模型

进入数字营销时代，DCCI（Data Center of the China Internet，中国互联网数据中心）则通过技术手段对用户的长期、连续、实时监测发现，用户的消费行为模型正在由 AISAS 模型转变为 SICAS 模型。SICAS 模型是一种全景模型，用户行为、消费轨迹在这样一个生态里是多维互动过程，而非单向性地递进。此时，消费信息的获得甚至不再是一个主动搜索的过程，而是关系匹配—兴趣耦合—应需而来的过程。传播的含义甚至也在发生改变，不是企业广而告之想要告诉别人的信息，而是企业在响应、唤起那些人们已经蕴含在内心、表达在口头、体现在指尖的需要。

SICAS 模型对连接与互动高度重视，用连接与互动要素代替了搜索要素，强调了消费者消费信息在获取过程中的多维互动关系。消费者感知到自己对某特定产品的兴趣之后，为了获取相关消费信息，与企业及相关组织建立连接进行互动，同时与具有产品相关消费信息或相关消费经验的个体及组织建立连接进行互动。这种以特定消费信息获取为目的的连接与互动，可能跨越多条信息传播路径并在多点之间来回切换，以实现消费信息的全面有效获取。可见这种基于移动互联思维与技术的连接和互动改变了消费者行为的传统线性模式。SICAS 模型对分享要素做了保留，这是因为每一个消费者能够全面有效获取消费信息的前提条件之一，是要基于其他消费者对消费体验的分享，因此个体的消费体验分享是这个模式得以成立的重要条件。

第三节　数字时代的市场研究方法

一、数字时代市场研究的传统方法

（一）问卷调查法

问卷调查法是从大量消费者中系统搜集资料的最基本的常用方法。根据传递调查信息的媒介的不同可以分为人员访问、电话调查、邮寄调查等。根据样本的采集方式，可以分为全面普查和抽样调查。根据调查地点的变化，可以分为入户调查、街头拦截调查、固定地点集体调查等。客观来说，每种调查方法都有优点也有局限。以下介绍几种方法。

人员访问（personal interviews）可以运用复杂的问卷和产品展示，适合于从消费者中搜集大量信息，同时它可在相对短的时间内完成。然而，人员访问费用较高且存在偏差。

电话调查（telephone surveys）的优点是完成迅速、提供良好的样本控制（谁回答问题），费用不算太高。运用电话调查也可搜集大量信息，但询问的问题必须相对简单，同时还可能存在访问中引入的偏差。

邮寄调查（mail surveys）花的时间最长，所问问题一般比较简短。这种方法可用来搜集中等复杂程度的数据，其优点是费用偏低，访问者偏见或偏误能在大多程度上得到消除。

网络调查（internet surveys）由于具有低成本、迅速、便捷的特性在数字时代越来越普及，并且日益丰富多样。但这种方法的主要问题在于网络使用者在收入、教育、种族、性别等人口统计变量方面存在某种偏向。随着网络用户在目标人群中比重的增加，这一问题的显著性将逐渐弱化。

（二）实验法

在消费者研究中，实验法通常是指在通过改变变量（如产品品牌、价格、包装色彩和广告诉求方式等）的条件下，分析消费者态度或行为的变化情况。根据实验地点不同，可以分为实验室实验法和实地实验法两类。其中，在实验室环境中，外在的影响因素可以很好地得到控制，从而可以确定自变量是导致因变量变化的原因，因而具有很好的内部效度。在实地实验中，一些偶然的外界因素会对实验结果产生影响。但实地实验非常重要，它的结果更具有外部效度，即可推广到真实世界中。实验法常用于市场测试研究。例如，新产品、新包装或价格变动等，在进行正式推广前，先在小范围进行消费者反应实验，并收集消费者的评价和意见，作为市场决策的依据。

（三）深度访谈法

深度访谈可以涉及一个访问者和一个被访者，也可以涉及一个访问者和 8~15 人构成的被访小组。后一种情形被称为焦点小组访谈，前一种情形则被称为个人深度访谈或一对一访谈。深度访谈通常被视为定性研究。在个人深度访谈中，调查者并不依照问卷的次序和询问设定的一系列问题。相反，所问的问题相当宽泛和自由，访问者视应答者的反应做进一步的询问和探究。虽然如此，调查必须遵循一条原则，即访问者不应有意识地影响被访者的问答。换言之，不能给被访者任何压力或暗示，要使被访者轻松、自由地回答各种问题。

个人深度访谈适用于以下 6 种情境：①要求对个体行为、态度或需求进行深入探究；②讨论的主题可能具有高度私人性或保密性；③讨论的主题涉及情感或具有某种使人感到尴尬的性质；④存在强烈的被社会认可的规范，群体的压力会使讨论对个体反应产生影响；⑤要求对某些复杂行为或决策模式有非常详尽的了解；⑥与专业人士访谈或谈论被访者的工作。

焦点小组访谈主要适用于以下情境：①激发产品创意时做的顾客需求调研；②新产品想法或概念探究；③产品定位研究；④广告和传播策略研究；⑤消费者参照域的背景研究；⑥问卷设计初期了解消费者常用词汇与话语研究；⑦态度和行为的决定。

规范的焦点小组访谈一般需要 8~12 名被访者。一般来说，小组成员构成应反映特定细分市场的特性。被访者根据特定的抽样规则被挑选出来，并在有录音、录像等设备的场所接受访问。讨论由一名主持人或协调人组织，协调人一般在 1~3 个小时的谈论过程中试图发展如下 3 个清晰的阶段：①与小组成员建立起融洽关系，构建起小组互动规则、设定访谈目标；②在相关领域激发热烈的讨论；③试图总结小组的各种反应，以决定小组成员在基本观点上的一致程度。

一般来说，在分析讨论会上的记录内容之后，协调人或另外某个人应对每一节的讨论准备一份小结（霍金斯和马瑟斯博，2014）。

（四）二手资料分析法

二手资料是指那些不是为直接研究而是为其他目的而收集的资料和数据（Hair et al.，2009）。二手资料有两种类型：内部资料和外部资料。内部资料是指公司的财务账目、营销报告、顾客信息等，顾客信息是顾客为营销活动之外的用途而提供的。无论如何，这种类型的数据，如果适当存储和分类，能够成为支持涉及顾客关系管理的无价之宝。外部资料是指外部机构收集的数据，如政府、商业协会、期刊等，还有一些通过标准化的市场研究服务收集的数据。

传统营销时代的二手资料主要功能是为收集一手资料提供历史背景信息，并能进行纵向趋势分析。换句话说，二手资料被认为是一手资料的附录，起补充作用。然而随着对大数据应用和智能化营销的强调，以及来自在线数据库的信息可用性不断增加，二手数据在市场研究过程中越来越受到重视。

二、数字时代市场研究方法的新发展

消费者与企业、品牌在数字空间互动过程中的每个“触点”（如微博、微信、网站等）都留有海量数据，收集、挖掘这些海量数据建立营销数据库是进行营销管理的重要环节，毕竟营销数据库是制定有效营销战略的基础。数字技术的发展，进一步为收集市场数据提供了便利条件。一方面，数字技术丰富了消费者调研方法，拓展了传统调查方法的应用空间；另一方面，用户在数字空间里留下了大量行为数据和观点数据，对这些行为数据挖掘分析，可以极大提高营销的精准度和效率。

（一）传统研究方法在数字空间的创新发展

随着数字技术的不断发展和完善，很多传统消费者研究方法在数字时代得以延伸发展。在数字空间开展消费者研究具有方便快捷、成本低廉、表现形式丰富、适用于敏感问题等优点。既可以进行定量调查研究，也可以进行定性调查研究。主要有以下几种常见类型。

1. 网上问卷调查

网上问卷调查是传统问卷调查的延伸。主要操作流程如下：首先，需要把设计好的调查问卷放在网站或网页上；其次，按照拟调查的消费者名单给他们发送邮件或网页弹窗，也可以在相应的公共论坛中留言，留下调查问卷的链接地址，并说明该调查的性质，邀请目标消费者参与调查。消费者只要通过链接点击便可进入调查问卷页面，作答结果将被自动录入专项数据库。采用网上问卷调查必须注意保证统计的效度，需要采取一定措施避免调查者重复作答（如同一地址只能作答一次）

2. 网上固定样本调查

网上固定样本调查是一种将数字技术与传统调查相结合的研究方法。首先，研究者需要通过招募方式建立一个有代表性的消费者固定样本库。样本是不是网民均可，对不是网民的消费者样本赠送移动终端和提供上网的条件。其次，对他们进行定期的网上调查（利用网站调查或电子邮件调查等方式）。这种方式的网络调查具有较好的代表性，而且快速、稳定、可靠，利用多媒体技术还可以增加参与调查的趣味性。但是建立固定样本所需初始成本比较高。

3. 在线深度访谈

在线深度访谈是传统深度访谈在数字时代的新发展。同样包括一对一的深度访谈或者多人组成的群组访谈，但不是面对面的交流方式，而是通过即时通信软件或社交媒体与被访者交流，分为实时在线访谈和非实时在线访谈两种。实时在线访谈是指访问员和被访者同时借助社交媒体进入某个虚拟社区并参与实时讨论，相互间的交流讯息是即时互通的。而非实时在线访谈不需要访问员和被访者同时进入讨论，可以自主选择时间去回应研究者或其他参加者的问题，并且可以提出问题供他人再作评论。实时在线访谈具有反馈迅速和互动性强等特点，但是问答者之间的针对性和关联性较差，且容易偏离主题。非实时在线访谈可以克服各地时差问题和参与者因数字媒介使用技能差异而产生的即时交流困难问题，这种方法的缺陷也恰源于此，缺乏非语言信息的支持，用户更倾向于掩饰自己真实的想法。

4. 在线观察

在线观察主要关注用户在数字空间的话语表达和人际互动中所展现出的社会关系，如用于观察消费者在社交媒体、虚拟社区的言论或是在数字空间与其他用户之间的互动情况等。通过对用户的网络语言文本、网络表情包等开展分析，企业可以判断用户的价值观、立场、态度、情绪和行为趋向。例如，企业可以通过谷歌 Groups 功能，观察用户对本公司的态度取向和评价内容，以及时处理负面信息。此外，企业还可以在网络上开辟固定的虚拟社区供用户交流，如微博、微信企业号，以此收集、观察更多用户对自身企业的态度、意见数据。

5. 在线实验法

在线实验法主要是指将传统实验法应用于数字空间出现的营销手段和工具。在线实验法实施的主要过程如下：将挑选出来的调研对象随机分成两组或多组，给予每组不同的刺激因素，通过问卷调查的形式测量调查对象的反应，从而判断组与组之间是否存在差别。如果能确保实验的可控性，那么组与组之间的差别就可以归因于该刺激因素。在线实验法可被用来测试备选网页、广告和促销活动等。例如，企业可以将两个不同的广告方案发给两组数量相等的消费者，同时附上产品销售网页链接，通过来自不同广告的点击率统计可以判断出哪个广告效果更好。

（二）以数字技术为基础的用户研究方法

1. 网页浏览追踪法

网页浏览追踪法主要分为视线追踪（eye tracking）和点击追踪（click tracking）两类。

视线追踪是指追踪消费者的视线，以了解他们浏览网页时所关注的信息、路径。研究发现消费者一般以“F”形路线快速浏览网页，浏览顺序依次是页面左上部分、标题、页面左边。该研究结果揭示了网页的最佳展示位置以及最具价值的网页板块。

点击追踪可以记录消费者在页面的点击位置、下拉幅度和停留时间等情况。利用实时点击数据分析可以改善页面信息结构、优化链接和广告位置、增加网站吸引力、测试并改良页面内容和流程。一项研究显示，消费者在订阅 Newsletter 或下载免费白皮书后，过一段时间消费者行为转换率会增加。这说明有价值的信息增加了网站的吸引力和消费者的信任感。因此不妨将注册订阅框和载框置于潜在消费者最容易看到的地方，即页面的左上部。

2. 搜索日志挖掘法

搜索日志中记录的信息包括消费者的 ID、搜索的时间和内容、点击的网页地址、网页地址在搜索结果中的排名、点击的顺序等。通过搜索引擎日志挖掘可以进行以下消费者分析。

首先，通过消费者搜索时主动键入的关键词，可以准确地分析出消费者的潜在需求。其次，由于数字时代消费者具有可寻址性特征，即通过地址或手机号码可以锁定消费者，因而通过来自同一地址或号码的持续性信息检索需求，可以描摹出该消费者的兴趣偏好、购物倾向、使用习惯等详细信息，使营销信息的推送更精准。再次，通过对某一时段或地区搜索的热词分析可以预测出相应需求。例如，某一段时间来自某地搜寻婴幼儿相关产品的信息请求特别多，可以推断出未来该地区母婴产品市场前景非常乐观。最后，通过消费者关键词的使用规律分析，如关键词长度、替换词之间的关联性等情况优化网页的关键词设置，确保其涵盖在消费者预设词库内。

3. 基于LBS技术的用户研究

随着移动互联网时代的到来，LBS技术的广泛应用已成为可能并开始成为数字化营销的基础工具之一。

一般来说，LBS技术应用主要呈现出以下三种形态：首先是平台化演进，如LBS+生活服务、LBS+电子商务等，基于地理位置的一站式生活解决方案是目前的主要发展领域；其次是基础化，将LBS的基础功能拆散，普遍应用于所有移动互联网领域，以定位和地理信息为突破点，提升移动互联网应用的场景感、沉浸感，如LBS游戏、LBS+影视娱乐等；最后是专业化，以智能交通为主的车用LBS领域（如共享单车），以行业应用为主的LBS服务，如物流、医疗、消防、市政等政企领域。

在上述各种应用平台上将汇聚形成动态的消费者行为数据库，主要包括消费者的消费地图数据、行动规律数据和社会关系网络数据等。通过对签到和搜索行为数据研究，可以分析出消费者的消费需求、兴趣爱好、品牌偏好、生活习惯和社会关系等信息，为推送精准营销信息提供参考。通过消费者签到频次和评论可以轻易地识别出忠实消费者及消费意见领袖，同时，消费者评论和体验分享也为消费满意度研究提供了依据。

4. 社会网络分析法

社会网络分析法是一种由数学和图论等方法发展而来的社会学定量研究方法。社会网络是指社会行动者和他们之间的关系的集合，也可以说是点（社会行动者）和线（行动者之间的关系）的集合。社会网络分析法就是对行为者之间的关系进行量化分析的研究方法（斯科特，2016）。

社会网络分析重点关注个体之间的接触、联络、关联，以及群体依附和聚会等方面的关系数据。这类数据把个体与个体联系起来，因而不能还原为单个个体本身的属性，即关系不是个体的属性，而是社会群体系统的属性。

数字时代社交媒体的广泛应用与渗透，实现了信息与人的节点合一，使数字空间的用户关系具有了可追溯和可视化特征。因而，可以运用上述社会网络分析法研究现实社会中的消费者关系网络在数字生活空间的拓扑结构，以及由此形成的信息流通的“人际路由”，并可量化研究“关系”在品牌等营销信息传播中的影响，探讨营销信息传播中 KOL 的影响及其作用机制。

第四章　数据收集与分析

在数字营销时代，数据的重要性毋庸置疑，正如《经济学人》杂志所说：“世上最有价值的资源不再是石油，而是数据。”企业营销需要哪些维度的数据？如何深度运算？从数据中获得什么价值？如何将散落在“孤岛”的多方数据连接起来？如何将数据整合至市场营销乃至商业行为的全链条？数字媒体监测与数据分析使这些问题的答案开始清晰。

本章主要介绍数字媒体监测的新功能和新特点，以及社会化媒体监测分析、搜索分析、内容分析、用户画像分析四项数字媒体监测渠道和工具，希望能帮助营销人员认识数字媒体监测这一领域。

第一节　数字媒体监测与数据分析

随着现代市场的发展，买方市场的格局已基本形成，面对层出不穷的细分市场和产品选择余地，个性化的需求成为消费者新的营销特征。在激烈竞争的市场环境下，不少企业纷纷步入“微利时代”，企业面临的问题不仅仅是生产问题，而是如何更精准地定位并服务自己的用户群体，如何更明晰地掌控自己的营销效果与营销流程。对于企业而言，用户的信息有哪些？用户喜欢什么样的产品？用户接触产品的渠道是什么？用户二次消费的频率如何？什么样的营销方式最容易触动用户？……

同时，网络信息技术及大数据的发展为企业营销赋能越来越具有现实意义。一方面，用户数据量的增加已经实现了从量变到质变的转换。这些数据包含大量由互联网技术带来的接近实际行为的记录，用户所使用的各种终端就相当于一个“监听”仪器，随时随地将其所有的真实行为及真实信息一一记录下来；这些数据也包含了大量来自用户主动发布的信息以及用户的关系数据。另一方面，数据挖掘技术使得通过这种接近“普查”调研方式获得的数据的处理模型越来越丰富，企业可以精准识别与用户或产品最相关的信息。这一切都为企业开展大数据精准营销提供了“物质基础”（黄升民和刘珊，2012）。

而随着社交媒体的发展，很多著名的传统媒体监测公司，如Cision、Factiva及美通社，都为广告主制订了追踪社交媒体对话的方案。很多创业公司也开始在社交媒体监测这一新的领域掘金，如Radian6、Techrigy的SM2平台、Crimson、Visible Technologies和Sysomos。在国内，以秒针、友盟、AdMaster、TalkingData等为代表的第三方数字监测平台也逐渐在营销领域中扮演越来越重要的角色，为企业提供全方位的数字媒体监测服务。那么，到底什么是数字媒体监测？它在企业营销中扮演着什么样的角色？与传统的媒体监测相比，又具有哪些新的特征？

一、数字媒体监测

数字媒体监测是指通过数字媒体监测工具对企业营销活动主体所处的营销环境进行全方位的监测，为企业营销人员开展营销决策和用户管理提供数字化支持的营销体系。

它是数字营销的起点，是以用户为中心、以数据为驱动，贯穿于企业营销洞察与决策、监测与评估、数据化管理的全流程。

1. 数字媒体监测的功能

1）洞察与决策

营销策略洞察。通过用户画像描摹用户数字人格特征，通过人群细分和定位制定人群策略；洞察用户核心需求，精益品类策略，针对性优化品牌策略；桥接舆情热点与独特卖点，对内容策略进行指导优化。

预算分配工具。通过打破媒介壁垒，可视化呈现全网广告投放趋势变化，为营销人员决策提供依据；结合历史数据、行业平均表现，科学指导预算规划及投放策略；不再局限于某个特定的渠道或媒介，而是跨媒体全渠道统一预算分配，有效提升投资回报率。

2）监测与评估

广告监测。全域营销活动智能监测，精准评估广告和效用；虚假、异常流量在线预警，呈现广告真实可信的触达；监测数据实时更新，一键生成定制化多维度分析报表。

内容监测。全面掌控品牌声量与互动；洞察全域内容传播特征，衡量内容热度与广告表现，精细化衡量运营效益。

转化评估。数字媒体监测能够实时统计多场景多渠道的访客行为，量化广告结果；打通广告资源，结合全域广告监测数据，精细评估各渠道转化表现。

3）为数据化营销管理提供决策支持

通过对全域数据的监测，获取对营销决策有意义的信息，如广告效果、品牌反馈、竞争信息等，以数据为驱动，激活并精细化管理数据资产；整合线上、线下产供销等多方终端、多来源数据，打通数据孤岛，提升数据化营销管理水平。

2. 数字媒体监测的新特征

广告监测、舆情研究等媒体监测已有较为深远的历史，相比传统的媒体监测，数字媒体监测具有一系列新的特征。

1）以用户为中心

在现代营销中，只有清晰地识别用户身份以及用户感兴趣的事情，才能真正地了解和接近用户。随着互联网和移动设备的普及，用户留下的痕迹越来越完整，企业不必再简单分析点击量（click）、衡量广告曝光效果次数及计算网页浏览量（page view，PV），而是可以得到过去营销人员不曾拥有的新数据类型，包含用户行为、目的和亲密关系的数据类型。

Facebook 在这方面一直专注于“以人为本的营销”解决方案，即通过机器学习能力还原一个又一个真实的用户画像，数据不再是冷冰冰的数字，而是对应着背后真实的人。例如，根据用户每天使用的信息流，通过不同人即时滑动的不同内容，关注、点击、分享等行为去判断用户兴趣是什么，同时据此挖掘除社交之外的商业价值。新型的数字媒体监测手段能够深度挖掘整合用户属性数据（人口统计学数据）、行为数据（搜索行为、网页浏览行为、网上交易行为等）、社交数据（人脉、圈子、兴趣等）和即时数据（地理位置信息等），还原真实完整的用户，提升用户价值分析精度，通过人群标签使营销更加精准化、个性化和智能化。

2）以数据为驱动

一个以数据为驱动的组织会通过及时获取、处理和使用数据来创造效益，不断迭代并开发新产品，并在数据中探索新的商业前景。在数字营销时代，以数据为驱动已经成为很多企业营销决策的首要依据，而营销人员对于数据的依赖性已经越来越高（朱小虎，2014）。

同时，数字分析和数字媒体监测的工具越来越丰富，操作的门槛也越来越低，就目前来说，数据可视化（包括但不限于图形和表格）在数据运用中发挥着积极的作用——使人们更加直观地读懂数据，方便做出决策。而不少监测工具还能根据业务方的不同分析指标，支持对查询结果进行处理，或与其他数据（如业务数据库中的数据）进行整合，以便产出进一步的分析结果或报告，提供个性化和智能化的数据解决方案，满足分析师针对不同业务更为复杂及深入的数据查询、分析和洞察等需求①。

3）实时动态参与

企业要与用户建立紧密的沟通，就必须通过数据实时监测并洞察其真实的需求。在数字媒体监测流程中，企业可以根据实时的行业数据和即时的营销效果数据制定营销策略，并且可以 7×24 小时实时监听不同媒体的投放效果并获得用户的实时反馈，对每一次的点击、传播、评价行为进行分析和归因，与每一位用户进行互动，并根据追踪效果实时调整营销策略。

4）覆盖营销全流程

数字媒体监测已覆盖到市场营销的全部流程中，深入参与营销洞察与决策、

① 诸葛官网. http://zhugeio.com/page/business/tool.

品牌宣传与口碑管理、营销效果评估、用户关系管理等不同阶段，为营销活动的各个阶段提供精准分析，帮助营销人员从战略到执行进行系统管理，实现成本精算，达成营销目标，形成企业闭环营销优势（图 4–1）。

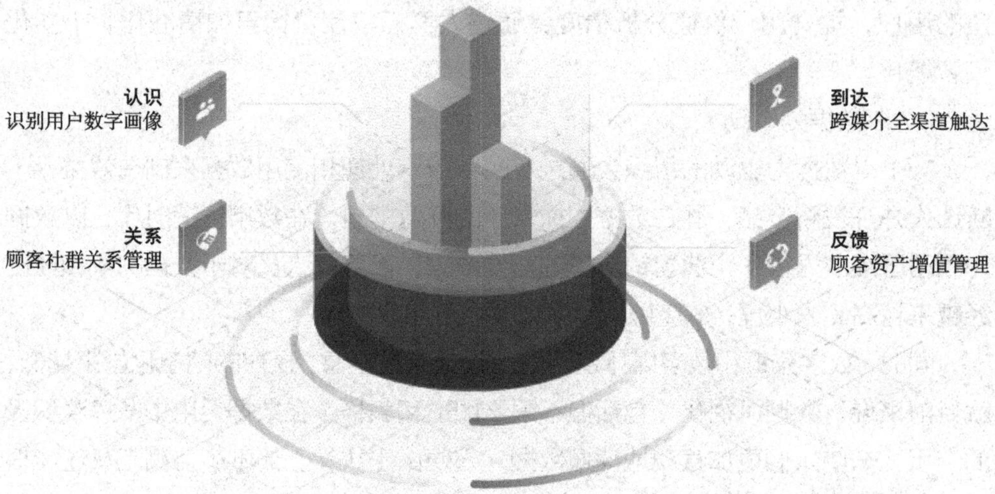

图 4–1　数字化营销流程

3. 数字媒体的类型

自 20 世纪 90 年代中期以来，新的媒介平台、营销工具、终端设备、数据分析手段不断涌现，数字媒体领域发生了巨大的变革，其中应用于企业市场营销的数字媒体主要分为以下三种类型。

第一种媒体类型是付费媒体，常见的以付费搜索广告（如 Google AdWords、百度搜索广告）、展示广告（如网页 Banner 广告）或者电商广告的形式出现，近年来随着技术的发展与营销商业模式的拓展，以原生信息流广告、视频植入广告、App 开屏和插屏广告、小程序广告等为代表的新型广告形式也逐渐普及。与其他的数字媒体类型相比，付费媒体是比较成熟的媒体类型，通过完善的用户细分、定位和效果衡量体系，为广告主提供实时广告流程监测与评估。

第二种媒体类型是自有媒体，这是由企业所拥有或控制的数字媒体平台，如品牌官方网站、公司博客、向订阅用户进行电子邮件营销等自有媒体资源，它们为企业提供用户体验反馈、实时网站分析、网站优化测试等多项服务。

第三种媒体类型是以社会化媒体为代表的免费媒体（赢得媒体），主要依靠营销人员运营促使用户自发传播形成“口碑营销”。这类数字媒体通常会提供简单的免费分析工具，但其监听维度和服务都有所不足。而其付费版本及大量的第三方独立数字媒体监测平台，则能够提供包括内容创建与发布、消费者画像与定位、品牌与社交情绪地图、社群发现与管理、广告效果追踪等多项行业解决方案服务，满足广告主不同营销场景的需求。

与传统网络营销相比，新型数字营销不再单纯以媒介形式和媒体类型为区隔，而是逐步打通工具之间的界限，充分发挥营销组合中不同媒介类型及渠道的作用，以此获取丰富多元的数据源。其中第一件事情就是连接——ID的连接、各个数据源的连接及场景的连接；第二件事是数据的整合，这需要建立起完整的流程；最后通过洞察，发现一些你不知道的事情，找到用户真正需要的是什么[1]。

4. 数字媒体监测的指标

数字媒体监测依赖于特定的数字指标，在数字营销工具越来越丰富的同时，用于分析营销项目和活动效果的有效数据指标也越来越多元。

对于数字分析的指标，我们大致把它分成两种，第一种我们称为原子指标（primitive metrics）或原指标，第二种我们称为计算指标（calculated metrics）。

原子指标是指用户行为直接产生的那些数据，如展示（impression）、点击量、访问量、购买（purchase）、消费的金额（sale）。这些数据是实实在在的，不可分的。有一个可以直接区别原子指标的方法，那就是它们都可以直接求和。

① 流程化的数据管理是大数据商业价值实现的根本. https://lmtw.com/mzw/content/detail/id/148530/keyword_id/-1.

原子指标有着默认的维度——时间。

计算指标是指那些通过原子指标计算而得到的指标。计算指标不可以直接求和。计算指标包含了各种转化率（conversion rate）和各种平均指标。转化率指标，如点击率、邮件打开率（open rate）、跳出率（bounce rate）、投资回报率、单位广告收入（return on advertising spend，ROAS）。平均指标，如每点击成本（cost per click，CPC）、每千次展示成本（cost per mile，CPM）、客单金额（average order value）、平均广告排名（avg. pos.）、平均访问时长（avg. time on site）、平均单次访问页面数（pageview per session）（Ma，2018）。

我们有必要去了解这些指标术语的含义、对应的营销目标、收集渠道、重要程度等。

1）可衡量营销目标的组成

在对具体的监听指标进行分析之前，我们需要明白，数字营销中有很多可用的指标，我们首先需要对营销目标进行设定和衡量，进而选择适合的重要指标进行分析，用来衡量项目成功的指标应该是预期行为的体现。例如，如果项目目标是吸引用户注意力，那么网页曝光次数、访问量、影响力这些指标就比较重要，而如果项目目标是销售额（gross merchandise volume，GMV），那么加购数、下单数、下单金额、转化率等指标则比较重要。可衡量目标的组成部分有以下这些。

行为——这是目标设定最重要的组成部分。现阶段的目标是获取新用户还是想促进老用户的留存，或者是想提升用户付费率。

变化量——确定行动变化数量的大小或程度非常关键。这可以通过一个原始数据（如预计 App 下载量会增加 5 000 次）或者百分数（如新用户访问比例会提升 10%）体现出来。

达成时间——每个目标都需要有时间限制。无论是一年、一个月、一天甚至是以分钟为粒度，专业人士应该确定这个项目或活动需要持续多长时间。

在确定了营销目标后，我们的监听目标也会清晰起来并有所侧重。

2）常用自有和免费社交指标

社交指标是我们比较熟悉的指标，常用的社交指标分为“自有”社交指标和“免费”社交指标两组。

“自有”社交指标，与现有社交渠道相关联（微博账户、Facebook 页面、Twitter 账户等）。常见的指标如下。

粉丝用户——关注品牌账户的用户人数。

曝光次数——用户浏览或有机会浏览发布内容的次数。

访问量——Facebook 将访问量分为自然访问量、付费访问量和病毒访问量。自然访问量是指在新闻摘要、自动收录机及网页上看到某个新闻的访客的数量。付费访问量是指看过广告和赞助内容的特殊访客的数量。病毒访问量是指看过朋友发表的关于某个页面的内容的特殊访客的数量。

点击和点击率——点击是指用户点击发布或分享的链接的次数；点击率是指点击次数除以有点击机会的用户的次数，一般以百分数表示。

赞——在消息框中点击“赞”这个按钮的数量。

评论——对某个消息做出评论的次数。

分享/转发——用户将你发布的内容发布在他们自己页面或其他社交媒体的次数。

需要注意的是，不同社交媒体对这些指标设定的名称或含义可能会有所不同，在使用不同社交媒体管理工具时需要对其具体含义进行明确。

“免费”社交指标，在开发通信程序时，专家设计它们的初衷是可以在自有社交渠道范围外进行沟通，当品牌营销人员在社交媒体中发布信息时，他们希望这些信息得以传播，以下数据指标通常用来评估免费交流。

情绪——用户对某个品牌或产品所具有的积极的、消极的或者中立的（以及处于其间渐变的情绪）态度，营销人员可以通过该指标监听品牌形象的变化。

信息共鸣——了解一条信息的用户反馈结果。

热度——衡量一段时间内的对话量对了解某个信息的反馈至关重要，对于理解某个品牌对社会化媒体的可见度也非常重要。

3）网络数据指标

Google Analytics、WebTrends、Baidu 统计等是常用的网络监听工具，以下指标是使用较为频繁的指标。

访问量——用户访问页面的次数。

独立访客——独立访客（unique visitor，UV）的数量。

唯一页面浏览次数——页面受到来自同一个用户在同一次访问中的访问次数。

跳出率——只访问了入口页面（如网站首页）就离开的访问量与所产生总访问量的百分比。跳出率计算公式：跳出率=访问一个页面后离开网站的次数/总访问次数。

每次访问页数——访客在一次访问中访问的页面数目。明确在一次访问中访客浏览了多少页面以及哪些页面内容与访客产生共鸣至关重要。

流量来源——了解流量来源有利于将社会化渠道的内容与网站相匹配。

转化量——访客在网页上采取行动的次数或者是在页面上的购买行为，它可以清晰地展示项目存在的价值。

4）付费搜索指标与自然搜索指标

付费搜索是指网络上所有将广告与特定关键词搜索请求相捆绑的广告。付费搜索指标应与想要改变的访客行为相匹配。

曝光次数——当付费搜索广告出现在搜索引擎结果页面时就完成了一次曝光。

点击量——衡量用户点击广告并访问预定登录页面的次数。

点击率——一个广告获得的点击数除以展现量，一般用百分比表示。

CPC——广告主为用户一次点击付出的平均费用。

曝光份额——广告曝光的次数除以它有机会曝光的总次数。

平均点击收入——基于一个广告每次点击产生的收入。

平均广告排名——衡量广告在搜索引擎结果页面的排列位置，一般来说，排名位置越靠前，获得用户注意力的机会就越大。

自然搜索结果是指在搜索结果页面出现的列表，这些列表与具体的关键词相关联并且不为广告商服务。自然搜索指标的优点是，即使用户没有采取任何行动，通过使用搜索分析工具，企业也可以知道人们在搜什么。以下是常用的自然搜索指标。

已知和未知的关键词——你知道有多少关键词能促使人们访问你的页面？有多少关键词是你不知道的呢？你是否有机会基于那些未知的关键词对页面内容进行优化？很有可能你不知道的关键词对你的竞争者来说也是未知的。

已知和未知的品牌关键词——营销者需要了解有关他们品牌的哪些关键词的

使用频率最高。

总访问量——在理想的情况下，你在网络分析平台上衡量你的网站的总访问量，但是这个指标同时也可能出现在自然搜索中。

已知关键词的总转化量——如果你基于用户所使用的已知关键词对网页内容进行了合理的优化，那么很有可能看到转化率的提升。在这种情况下，转化量可能是具体金额、下载量、订阅邮件等。

平均搜索排名——基于已知和未知的品牌及非品牌的关键词在搜索结果页面的排名位置非常重要。许多潜在的营销机会或许正隐藏其中。

二、数据分析

我们了解了数字媒体监测的功能、特点、新旧媒介渠道和数字媒体监测的常用指标，这些监测指标最终都通过数据的形式展现出来，那么如何判断数据指标的优劣？如何对收集到的数据进行分析？

第一，好的数据指标具有比较性。通过比较不同时间段、用户群体、竞争产品之间的表现，你可以更好地洞察产品或营销活动的实际走向，如“本周的用户转化率比上周高”显然比“转化率为 2%”更能对营销决策提供帮助。

第二，好的数据指标简单易懂。如果人们不能很容易记住或讨论某指标，那么通过它展开沟通或做出决策将会十分困难。

第三，好的数据指标是一个比率。数据比率的可操作性强，是行动的向导，举个例子，在开车过程中，里程这一指标只传达了距离信息，而速度（距离/小时）才真正具有可操作性。因为可以根据速度判断当前的行驶状态以及是否需要调整速度以保证按时到达。数据比率是天生的比较性指标，如将开车的当前速度与最近一小时的平均速度进行比较时，就可以知道是在加速还是减速。通过日数据和月数据、同比与环比的比较，你会得知该数据当前处于什么样的阶段。

第四，好的数据指标会改变行为。随着指标的变化，你是否会采取相应的举措，如本周的“用户转化率同比下滑 20%”，接下来你该怎么办（克罗尔和尤科维奇，2015）？

介绍一种数字分析的工具，即转化漏斗（funnel），又称转化通道，是将目标达成的过程看成一个个漏斗，分析其中的转化过程。例如，转化率优化中的转化漏斗存在多个转化的过程，从一次展现转化为一次点击，从一次点击到一次访问，Freemium 服务中从一次访问到一个注册①，从一个注册到付费②，每个转化过程都存在一个转化率（图 4-2）。通过耐心排查，我们会发现发生显著变化的那个指标，找到每个转化过程的成因，并针对性地提出解决策略（Ma,2018）。

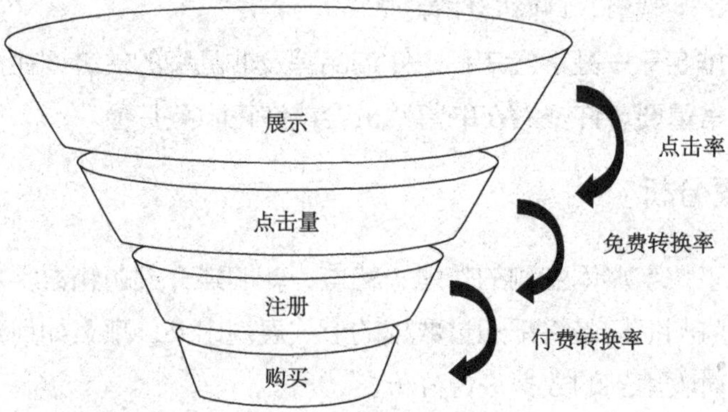

图 4-2 转化漏斗示意图

数字营销视野 4-1 善用数字分析的小技巧

如果你还不知道如何合理收集、恰当运用数据，现提供如下几个小技巧。

1. 汇编统计数据

没有完整准确的数据，即便是经验老到的营销人员也不可能制订出有效的传播方案。取得数据最好的方法就是充分挖掘各种渠道。例如，可以从企业官网、社交网络、博客、广告、邮件促销信息中收集、编辑、分析这些资料。

2. 聘请数据专家

能够善用数据的公司往往都有专人负责收集、储存及实时更新数据。想要把公司数据转化成利润，聘请数据专家是个聪明的选择，而第三方数字媒体监测平

① FCR：free conversion rate，免费转换率。

② PCR：paid conversion rate，付费转换率。

台对于有资金实力的企业来说也是不错的选择。

3. 共同分享并且解读数据

公司内部信息分享是数据战略成功的关键。通过跨部门信息的分享以及和各部门管理人员一起回顾、理解、洞察分析数据，以多种方式来运用数据，如告知组织消费者的购买偏好，或者能将任务与营销渠道和触点匹配，帮助企业做出更好决策并获得竞争优势。

4. 全盘分析数据

有些时候，“指标”对于掌握消费趋势和消费行为来说并不是那么准确。例如，某家网站的数据表示，这家网站的某些特征在访问者中并不受欢迎。但是，通过更进一步的分析却发现，来自某一特定地区的访问者恰好喜欢该网站的这些特征，该网站的业绩在这一特定区域甚至还有所提升。当营销人员回顾“指标”的时候，应该考虑到这些可能的差异，以全面的眼光来看待收集到的数据。

资料来源：美通. 2015. 重新审视品牌传播策略，这三大环节公关人不可忽视！[J]. 公关世界，(11)：40-42.

第二节　数字媒体监测的类型和工具

数字时代的品牌触点是形形色色的，数据来源也是千奇百怪的。一方面可以是自有的基础数据，如自有电商平台店铺、线下店铺，再加上直播带货、公众号投放等；另一方面还可以来自网络全域，如各种社会化媒体（微博、微信、抖音等娱乐 App、Facebook、YouTube、Twitter、Instagram、TikTok 等）、搜索引擎和其他网络内容等。持续数据监测与分析，是支持数字化营销的重要基石。

一、社会化媒体监测分析

社会化媒体网络促使人们完成了从被动接收数据到主动产生并分享数据的一个重大革命，也带来了真正的数据爆炸。据统计，以社交媒体行为数据为主的非结构化数据已经占到了人类数据总量的 75%，达到 600 EB，其中平均每个人贡献的数据超过 100 GB（桑基韬等，2014）。

社会化媒体应用的核心是信息服务，在信息内容和用户数量都爆炸式增长的今天，通过用户分析进行个性化信息服务，是高效地对接用户和内容、解决信息过载问题的有效途径。由于不同的社会化媒体应用关注不同类型的服务，同一个用户会同时参与不同社交网络。Global Web Index 2015 的统计发现，在调查的 50 个社交媒体网站中，每个人平均拥有 5.54 个账号，并定期活跃在 2.82 个网络上。参与多个社交媒体的用户的网络足迹是其在不同社交媒体平台行为数据的聚合，彼此关联共同反映用户的属性兴趣。进行社会化媒体监测就是整合用户分散在不同社交媒体的行为数据，从而准确、全面地理解用户（项连城等，2016），同时能够帮助企业洞察、分析、追踪、评估网络口碑及企业社交媒体舆情，进而调整营销策略。

社会化媒体监测工具的出现使得营销者获得了传统媒体监测工具所无法企及的数据，也改变了公司监听媒体的方式，赋予沟通环节更多的力量。

情绪——在网络监听盛行之前，营销工作者唯一需要衡量的品牌印象的指标是离线调查，现在可以通过情绪指标来衡量品牌对每个利益承担者的价值。

关键信息渗透——因为社会化媒体监测几乎实时发生，所以营销工作者可以立即知道信息是否与关键利益者产生共鸣。

关键影响者——社会化媒体监测工具让营销工作者更清楚由谁控制品牌印象。

对话地点——通过社会化媒体监测工具，可以同时看到地理位置和渠道。

目前市场上有很多社会化媒体监测工具，如 Sysomos、Radian6、Visible Technologies 等，而国内也有大量提供社会化媒体监测服务的工具，如 Alphainfo 硕智库、慧科的 WiseSocial 等。我们可以通过 WiseSocial 提供的服务来了解社会化媒体监测工具在企业营销中扮演的重要角色。

1. 深度的品牌及消费者洞察

深度的消费者画像与行为洞察，深度的品牌口碑、品牌认知、市场环境洞察。五大常规分析模型：KOL 评估、品牌分析、竞品对比、事件传播、活动效果。

2. 全方位的 KOL 价值表现评估

数万个 KOL 榜单持续更新，专供投放使用；影响力及互动性评估，转评赞/

阅读/粉丝等属性一目了然；品牌提及分析，查看过往的品牌合作情况，判断 KOL 商业价值；KOL 代言人洞察报告，深入分析品牌匹配度。

3. 实时的品牌口碑表现对比分析

活动期间品牌声量及口碑对比分析；品牌及竞品在 KOL 榜单中的投放分析；长期品牌声量及口碑监测。

4. 全面的危机公关管理

实时网络舆情监测、及时追踪负面信息，基于情感文本分析，挖掘潜在危机，快速应对。

5. 全过程的营销效果追踪评估

投放前的 KOL 榜单选择，精准定位高质量投放渠道；投放前的 KOL 历史表现检查，确保投放效果；投放中的活动帖实时追踪分析，及时优化调整；投放后的结案分析报告，完整呈现活动效果。

二、搜索分析

社会化媒体监测善于开发数据，而搜索分析可以帮助营销人员轻而易举地获取最好的数据。调查显示，当网民找寻自己需要的资讯时，超过 78.2%的人会通过搜索引擎来查找。尽管这一数字相较于之前的 90%有明显的下降，但用户搜索有更强的主动性，对用户搜索数据进行分析，对于理解用户意图，进行精准匹配，有重要商业价值[①]。

搜索分析是基于用户的真实的搜索查询，通过简单的关键字搜索，使用户主动获取相应的信息检索。因此，它包括用户搜索的相关、及时、明确的信息。搜索关键词揭示了用户感兴趣的话题，通过数据挖掘揭示用户搜索的内容并进行仔细分析，可以制定内容策略和计划，如可以将关键词、话题、广告文案中包含的短语，甚至登录页面进行任意组合。我们在数字媒体监测指标部分已经了解了付费搜索指标与自然搜索指标的相关内容，这里简单了解下搜索广告的类型。

付费搜索广告（搜索引擎营销），是指通过设定搜索关键词，将广告链接到商家

① 第 50 次《中国互联网络发展状况统计报告》. http://www.cnnic.cn/n4/2022/0914/c88-10226.html.

网站或品牌内容上，从而满足营销需求。常用的竞价排名就是基于付费广告的基础。

自然搜索信息（搜索引擎优化），是指关键词在没有开展付费广告的基础上自然地被用户搜索到，这是营销者面临的难题之一，营销者需要在品牌营销内容中设定最相关的关键词，也要将搜索引擎算法使用的关键变量包含在内，如链接建设，并考虑本地搜索优化。

在营销实践中，营销人员通过搜索分析能够得到一些重要的信息，并对营销决策提供支持。

通过用户行为了解热点趋势。用户的搜索具有季节性和阶段性，人们的搜索内容随着时间而发生变化。例如，电商搜索中"羽绒服"的关键词在冬季比夏季搜索率更高；在世界杯期间，与赛事相关的关键词会迎来爆发；"创造 101"节目热播期间，"杨超越"等娱乐明星的关键词会进入微博热搜排行榜。营销人员通过搜索工具免费获得搜索数据，了解用户关注热点，可以据此合理分配营销资源、选择媒介进行内容发布。

支持新产品/市场发行。在不同的市场中，用户的搜索行为可以揭示不同领域里产品和类别属性的主要不同，帮助营销人员了解最吸引人的个体产品属性以及用户最关注的利益点。例如，在华为 P30 发行阶段，"华为 P30 手机价格""华为 P30 发布会""拍月亮"等就出现在 360 搜索的关键词搜索框中，这对于营销人员针对性地开展品牌营销、调整发行计划提供了有力支持。

帮助营销人员进行品牌审计。品牌审计能够发掘用户如何搜索品牌、使用哪些关键词、对于品牌的态度和想法，以及在数字渠道中如何与品牌产生互动，从而帮助营销人员在广告活动、策略制定等方面做出决策。

通过使用关键词工具，你可以知道用户最常使用的与品牌相关联的关键词和话题，基于提供的术语，产生最多的流量。专注于你的信息、网站内容、链接建设和外部发布内容开发的关键词，你会获得最大化网站流量、转化率和用户参与活动的机会。

Google 趋势、YouTube 趋势、百度指数[①]（图 4-3）、淘宝关键词分析工具

---

① 百度指数是以百度海量网民行为数据为基础的数据分享平台，可以研究关键词搜索趋势、洞察网民需求变化、监测媒体舆情趋势、定位数字消费者特征、分析市场特点。

等免费工具可以帮助你通过搜索数据获取见解，如谷歌提供了大量的工具，能够通过人们搜索的内容帮助评估和分析用户行为。有时候付费工具能够提供更完善的功能。

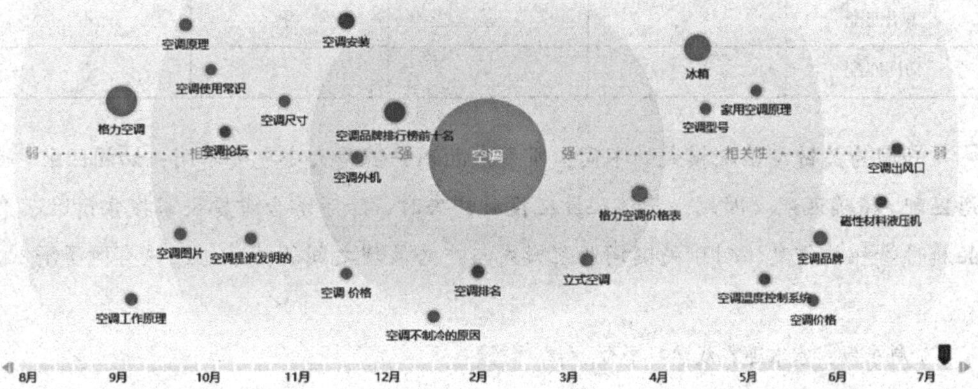

图 4-3　百度指数界面

数字营销视野 4-2　　关键词广告与流量

关键词广告（adwords）也称为“关键词检索”，简单来说，就是当用户利用某一关键词进行检索时，在检索结果页面会出现与该关键词相关的广告内容。由于关键词广告是在特定关键词的检索时才出现在搜索结果页面的显著位置，故其针对性非常强，是性价比较高的网络推广方式。

当用户发起搜索时，根据不同的匹配模式可能展现不同的关键词广告，匹配模式会影响关键词广告展现机会的大小。

精确匹配：当用户搜索词与关键词完全相同时才会展现广告。

短语匹配：当用户搜索词与关键词相同，或者完全包含关键词时展现广告。

切词匹配：当用户搜索词（或者其省略、颠倒形式）与关键词相同，或搜索词完全包含关键词时展现广告。

例如，当设置的关键词是“进口牛奶”时，不同的匹配类型会出现不同的展示结果（表 4-1）。

表 4-1　不同匹配类型对展示结果的影响

购买类型	牛奶	进口牛奶	原装进口牛奶	原装牛奶进口新西兰
精确匹配	×	√	×	×
短语匹配	×	√	√	×
切词匹配	×	√	√	√

而因为关键词匹配模式的不同，所带来的用户流量大小也会不同：切词匹配>短语匹配>精确匹配。因此，营销人员在投放广告时，除了综合考虑买家搜索情况、产品属性等相关信息，对于关键词匹配模式与广告展现之间的关系也应该有所了解。

资料来源：京准通在线学习平台.

三、内容分析

传统网络平台及新兴的社交和移动平台带来了前所未有的数据与内容爆炸，这些内容数据形式多样，如数字图片、视频、各平台发布的文本、原版报道等，这些隐藏在数字化内容背后的价值需要进行深入挖掘和分析。

内容分析并不新鲜，它最初源于 20 世纪 30 年代，在大量信息中确定关键的属性和模式，如常用的关键词和传播内容最重要的结构。由于数字、社交化和移动及内容创造的快速增长，营销人员更加需要进行内容分析来为他们的内容营销和传播带来好处，以及判断是否能够满足目标用户的需求和期望。

对于营销人员来说，用户的内容需求是什么？应该建构什么样的内容？用户接收内容的偏好如何？喜欢什么类型的内容？什么形式的传播最有效？下面几种方式或许可以帮助你了解内容分析的方法。

1. 内容审计

传统的营销人员认为应更多以产品或品牌为中心，在与消费者沟通的过程中更多谈论自己的产品、服务、促销活动等信息，而数字营销时代的用户更希望看到共同的价值交换，他们通过喜欢、分享、赞、转发、评论等反馈按钮甚至直接参与内容生产的方式表达自己的意见，参与品牌营销活动的全过程。

内容审计是指对某个品牌、产品或者服务的全部内容进行分析。通过了解其内容类型，如这是什么类型的内容，是文本、音频、视频、图像还是文档，内容的生产者和维护者是谁，内容的话题是什么，讲述了什么故事，内容中哪些关键词与品牌密切相关，或者反映了消费者什么样的偏好和消费趋势，以及通过了解和分析相关用户对话及他们分享的内容，可以确定对目标用户最有效的话题和关键词。通过内容审计，能够更好地揭示用户心理和习惯。

我们可以使用之前提到过的社会化媒体监测的技巧和工具来进行查询、收集。例如，ComRatings 旗下的 BrandQ 品牌魔方工具，通过对汽车垂直网站的用户发帖内容进行监听，对用户发帖的内容进行语义分析，然后分别计算出用户对 SUV（sport utility vehicle，运动型多用途汽车）操控、动力、空间、内饰、舒适性、外观、性价比和油耗八个方面的满意度（图 4-4、表 4-2）。了解这些隐藏在用户内容数据背后的“密码”，对于品牌开展竞争对手分析、制定营销策略、优化产品具有积极的指导意义。

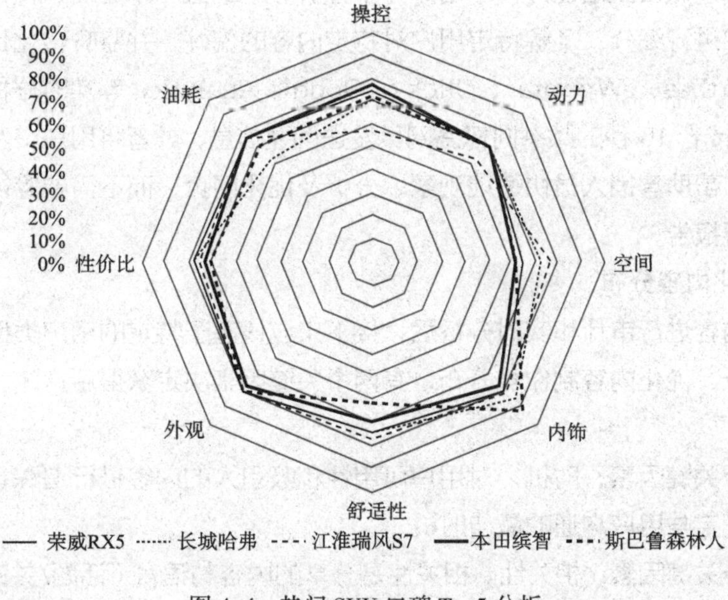

图 4-4 热门 SUV 口碑 Top5 分析

表 4-2 热门 SUV 细节口碑分析

一级指标	空间满意度				操控满意度					外观满意度				油耗满意度	
二级指标	储物空间	后备箱空间	后排空间	前排空间	变速器	底盘表现	马力/功率	悬挂表现	转向表现	车身类型	设计风格	外观颜色	整体尺寸	高速油耗	市区内油耗

一级指标	内饰满意度				动力满意度				舒适性满意度				性价比满意度			
二级指标	内饰材料	内饰颜色	设计风格	做工	马力/功率	起步/起速	提速能力	最大扭矩	避震效果	静音效果	空调效果	座椅舒适性	二手残值	购车贷款	优惠促销	整车价格/性价比

2. 实时分析

实时分析，即对用户行为和信息进行实时监测。访客的详细信息是什么？他正在浏览哪个 URL（uniform resource locator，统一资源定位器）？每个人浏览的内容信息是什么？是否在浏览最近提升到页面明显位置的促销内容？他们在每个网页上正在发生的实时活动是什么？是在浏览内容、回复还是在观看视频？

实时分析工具能够快速地回答这些问题，通过埋点、追踪个性化脚本语言和 Flash 动画、点击流路径分析、用户停留分析、下载监测和追踪、转化分析等功能，对用户进行细分，了解特定用户对特定内容的偏好，并监听转化目标的运作情况。Chartbeat、Woopra 、Clicky、Google Analytics 等实时分析工具能够以每 10 秒或者 15 秒的频率向标签网页发送回显信息，或者将用户交互数据下载到界面中，帮助营销人员快速地观察、分析及优化网页，而不需要等待延误的传统网站分析报告。

3. 优化内容分布

在对内容进行审计和实时分析后，接下来应该基于特定的用户类型对其进行优化和细分，优化内容制作与分布，有两个关键因素决定获得用户注意力的内容是否有效。

第一个关键因素，时机。对用户可用性和吸引人的内容进行追踪、监测和预测，从而确定与用户沟通的最佳时机。

第二个关键因素，相关性。相关性是分享的内容与语言（话题/关键词）与目标用户的历史资料或兴趣偏好之间的匹配程度。

AttentionScore 是一个为 SocialFlow 发布和追踪每条内容进行评分的工具，它提供的数字技术能展现你的内容吸引用户注意力的能力，也能帮助你了解在什么时间，哪些类型和主题的内容最能与用户产生共鸣。

例如，随着消费升级趋势出现，小红书等以内容为驱动的电商平台开始兴起。小红书的推荐机制里，小红书达人撰写的种草笔记根据算法会被匹配到搜索相关话题或者关注品牌的用户，因此达人种草笔记的内容如何被小红书精准提炼非常重要，在笔记的开头和结尾设置关键词，能够帮助系统更加精准地提取关键词；清晰优质的原创图片能够激发用户的兴趣，为图片添加标签也能帮助用户更好检索；什么类型的标题点击率更高，什么内容的笔记打开次数最高、浏览时间最长及点赞、收藏、评论数最多，这些都可以通过对比观察的方法进行测试和优化。

四、用户画像分析

用户分析作为用户调研基本方法，在市场研究中由来已久，纵览成功的营销案例，它们服务的目标用户通常都非常清晰，特征明显，而基于大数据挖掘技术的用户画像工具为企业精准识别用户提供了更多可能。

用户画像，又名用户标签（user labeling）、用户建模（user modeling），一般指通过一连串的用户属性，给用户一个简短而有用的描述。基于计算机辅助方式做用户画像，在覆盖面、准确性、效果方面都比线下调研要好很多，同时节约大量人力成本，一定程度上体现了数据挖掘、人工智能技术的价值所在。

其实早于大数据分析与深度学习概念出现之前，用户画像已经成为商业智能、信息系统领域的重要研究方向。早期用户画像的研究工作，集中在利用数据库、Web 2.0 技术记录的用户相关数字化踪迹，如用户行为日志、页面点击历史、商品交易记录、用户反馈数据等，而随着社会化媒体的兴起，用以作为模型输入的用户相关数据引入了丰富的社交数据。一般而言，社交数据包括以下方面：用户自身的人口统计学信息、用户产生内容、社交互动行为、社交网络结构这四大类可用数据。伴随着社交大数据，用户画像技术从简单的人口统计学属性（如年龄、性别、婚姻状况和职业等）、行为习惯、购买偏好的推断，扩展到了地点、兴趣（如政治、技术、音乐和运动等）、个性、流动模型、网络社交关系、情感倾向等多个维度（郭光明，2017）。

大数据信息系统中收集了用户主动或者被动留下的大量行为数据，同时也收集了与用户行为相关的海量情境信息，如社交媒体上的舆情信息、自然环境信息（天气、空气、温度等）、生产经济信息［GDP（gross domestic product，国内生产总值）、生产价格指数、CPI（consumer price index，消费者价格指数）、证券］等数据。在大数据时代的用户分析应用中，越来越多的情景信息能够提供丰富的用户行为细节，更细致更全面地刻画行为发生的背景，有效地辅助用户行为建模（图 4-5）。例如，当一个用户与小孩在一起时，他可能会倾向于看动画片；当与爱人在一起时，他可能会倾向于看浪漫电影。将情境大数据因素纳入模型构建，能够细致地刻画出用户行为的场景，间接反映出产生用户行为的原因，显著提升行为预测的效果（吴书等，2016），并为个性化推荐、精准营销、商业决策分析做出基本的数据支撑（项连城等，2016）。

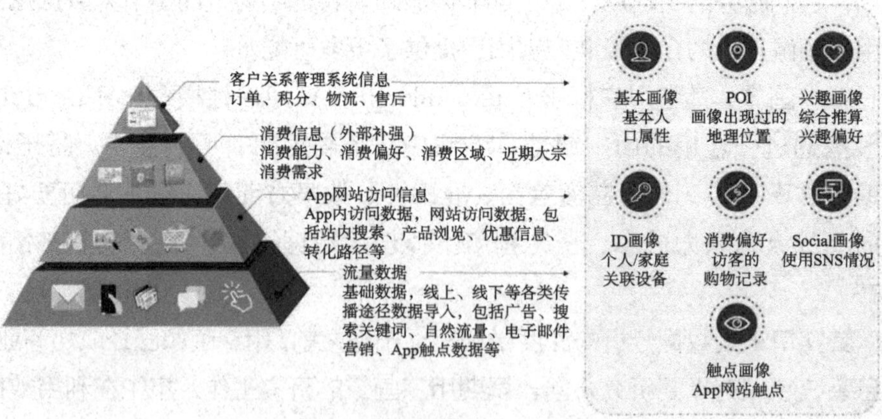

图 4-5　用户行为采集金字塔模型

POI：point of interest，兴趣点

我们依然可以采用传统的受众分析“audience”首字母模型来反映对数字用

户进行描述的流程。

分析（analysis）——谁是用户？

了解（understanding）——用户对品牌的了解程度和态度如何？

人口统计资料（demographics）——用户的年纪、性别、受教育程度、居住地点、消费水平等。

兴趣（interest）——用户感兴趣的事物、活动、产品、品牌是什么？

环境（environment）——用户访问网络的哪些页面？

需求（needs）——用户对产品、服务或品牌有什么需求？

个性化（customization）——为了增加用户的利益，品牌应该强调哪些特殊的需求或利益点？

数字营销视野 4-3　　淘宝“千人千面”

1. 公域流量千人千面的背景

随着电商线上用户红利的逐渐衰退，流量获取的难度越来越大，在这种背景下，营销人员就要想办法提升转化率，淘宝平台也是如此。淘宝万能公式：成交金额=访客数×转化率×客单价。千人千面、个性化其实就是把消费者最有可能成交的商品优先推荐给消费者。这样做最大的好处是能够充分利用每一个流量，最大限度地提高流量效率。

2. 千人千面影响公域流量的主要渠道方式

目前我们常见的受千人千面影响的渠道类型主要是系统推荐千人千面：手机淘宝首页（猜你喜欢、必买清单、有好货）；搜索千人千面（综合排序会受到千人千面因素的影响）；会场千人千面（会场资源在大多数情况下楼层排布会千人千面），因此千人千面流量对整体店铺流量的影响越来越明显。

3. 千人千面流量是如何进行推荐及针对性提升的策略方法

淘宝千人千面推荐的根本逻辑是相关性，即访客人群与店铺关系强度及与宝贝的关系强度，根据访客和店铺之间的强度关系进行个性化推荐，具体相关关系可以从以下方面来理解。

相关性 1：发生过营销关系的人群（个性化强关系）。

对于和店铺或者商品直接发生过营销关系的人群，如产生购买、加购、收藏的店铺和产品，淘宝端都会默认为是较强相关性人群。特别是一些复购率比较高的类目，在千人千面渠道都会优先推送给用户，如猜你喜欢、搜索优先排序、会场千人千面排序。这里体现特别明显的是搜索端的推荐，个性化关系非常明显。

相关性 2：根据用户的营销关系路径推荐同类商品和店铺。

用户有时候会发现在搜索过什么样的商品、浏览过什么样的商品、收藏加购过什么样的商品之后，在手机淘宝首页甚至是其他的浏览器、App 上也能看到类似的品类，这就是淘宝记录用户的浏览痕迹进行针对性的推荐，把同类品类中的优质商品推荐给用户，提升用户的购买率。

相关性 3：根据消费者访客画像进行个性化推荐。

消费者的历史购物记录经过一段时间后，每个访客都会形成一个人群画像，如“90 后”妈妈、中等收入、处女座、喜欢旅行等，淘宝系统会通过分析用户的人群标签画像，然后再去分析淘宝上的这些店铺和人群的标签画像，有哪些店铺标签是符合这些特征的，把最匹配的店铺商品优先推荐给同类消费者。如果店铺人群画像足够精准，那么推荐来的访客转化率也就比较高，否则匹配的人群不够精准，千人千面带来的转化率就会比较低。

相关性 4：根据大概率进行相关性判断匹配。

每个访客经过一段时间的浏览、加购、收藏、购买等行为后都会形成自己的标签画像，但如果是一个新注册的用户，这个买家除了具备一些基本的人群属性外，购物行为和购物偏好方面是空缺的，这时候搜索引擎会根据概率来进行匹配。系统会根据你的搜索意图，来推荐给你同类商品中购买可能性最大的类型产品。

资料来源：搜狐. 千人千面视角下的流量优化套路何去何从？http://www.sohu.com/a/146336151_422931.

流　程　篇

本篇共六章，主要介绍数字营销策划与创意的流程。

这些流程如下：确立数字营销目标、数字营销信息策划与内容营销、数字营销创意策略、数字营销媒体策略、数字营销预算和数字营销效果评估。

第五章　确立数字营销目标

确立数字营销目标是数字营销策划活动的第一步。然而，什么是数字营销目标？如何确立？学界尚无研究数字营销目标的文献，业界领先者也大多是见招拆招，在实践中摸索着前行。

本章，我们就一起根据营销和传播领域的理论总结，学习和探讨数字营销目标的含义、类型和确立过程。

第一节　数字营销目标的含义与类型

数字营销目标的复杂之处，源于数字营销是营销传播一体化的产物，它既承载了营销管理的职能，又倚重于传播活动，但又不是两者简单的叠加。因此，研究数字营销目标，要结合营销目标和传播目标，同时还要考量数字营销的特殊性，勾勒出数字营销活动的边界。

一、数字营销目标的含义

数字营销目标是营销者通过数字营销活动想要达到的目的，其实质是营销主体欲在特定的时间对特定的利益相关者完成的触及、连通、转化和行动的程度，从而完成数字营销所承载的顾客连接、顾客转化和顾客保留的功能。

数字营销目标包括两个主要的要素：目标人群和期望达到的目的。在特定的数字营销活动中，也可能有活动主题的要素。

例如，2014 年“金鼠标数字营销大赛”获奖案例“滴滴专车今天坐好一点”将其营销目标描述为：“此次品牌的整合营销传播，以‘全力以赴的你，今天坐好一点’触动都市目标人群的情感软肋，挖掘‘今天坐好一点’身后的社会大背景，制造具有社会营销力的整合营销传播。”而可口可乐“快乐昵称瓶”——“畅爽夏日，分享快乐”数字营销活动，则将其营销目标描述为：“鼓励消费者在夏天时多次购买可口可乐并与别人一起分享；促进销售，实现销售业务增长 10%的目标；持续促进消费者对可口可乐品牌的热爱，目标增长 2%。”

为了更好地理解数字营销目标的内涵，需要理解营销目标与数字营销目标、整合营销传播目标和数字营销目标、数字营销目标与数字广告目标间的联系。

（一）营销目标与数字营销目标

1. 营销目标

营销目标是指企业在分析营销现状并预测未来的机会和威胁的基础上确定的，在计划期内所要达到的目标，是营销计划的核心部分，对营销策略和行动方案的拟定具有指导作用。营销目标一般是可以量化的有时间限制的具体目标。

大多数情况下，企业或业务单位追求的是一系列目标的组合，如盈利能力、销售额增长、市场份额提高、风险控制、创新和声誉等（科特勒和凯勒，2016）。一般包括财务目标和市场营销目标两类。其中财务目标由利润额、销售额、投资收益率等指标组成。市场营销目标由销售额、市场占有率、分销网覆盖面、客户/行业渗透情况、价格水平等指标组成。

企业制定营销目标时，应该注意以下几个原则。

（1）营销目标可以是多个目标的组合，这些目标应该按照重要性进行排序。

（2）目标应该尽可能地可以被量化。例如，“增加市场占有率”，不如表述为“两年内市场占有率提高 28%”。

（3）营销目标应是可实现的，即可及性。不能达到的目标不是好目标。

（4）各个目标间要保持一致性。例如，要求同一时期既要销售额最大化，又要利润最大化，这两个目标往往是不兼容的。又如，短期利润最大化和长期业务增长，现有市场的深耕渗透和新市场开发，往往也是值得权衡的。

2. 数字营销目标

数字营销目标要服从、服务于营销目标。这意味着两个方面：第一，从战略优先级上看，营销目标应该是高于数字营销目标的，数字营销战略应该服从于企业的整体营销战略。第二，从范围上看，一般情况下，数字营销活动的范围，并不能完全涵盖企业营销活动的范围。

在当前的数字化转型阶段，这一点表现得尤为明显。通过我们对数十位数字营销领域从业者的调查发现，绝大多数业界专家同意“当前数字营销呈现出碎片化的特征”这一观点。这也意味着数字营销并不能涵盖企业营销的全部。一方面和当前特定的转型时期有关，另一方面也和行业特征、企业具体状况相关。例如，对互联网企业而言，它们的数字营销在其整体营销计划中的重要性，要远远高于制造业。

（二）整合营销传播目标与数字营销目标

1. 整合营销传播目标

前文已述，整合营销传播的思想提出已久，这一观念也逐渐被更多的人接受。但整合营销传播的目标和意图，并未很明确地被归纳统一并被公认。

Dev 和 Schultz（2015）对整合营销传播的研究进行了一次内容分析，分析目前文献并没有很好地回答整合营销传播的意图和目标。国内学者也研究发现，中外流行的整合营销传播定义对其目标的认识存在重大差异（卫军英，2006）。

随着传播环境的变迁，整合营销传播目标在不断演进，在不同时期呈现了以下不同的目标取向。

20 世纪七八十年代的整合营销传播目标是用“一种形象、一种声音”来“塑造统一品牌形象”。

20 世纪 90 年代的整合营销传播目标发展为建设品牌关系。主要提出者邓肯（Tom Duncan）和莫里亚蒂（Sandra Moriarty）认识到，早期整合营销传播以塑造统一品牌形象为目标，其本质是一种交易导向，意识到顾客忠诚度、顾客终身价值的重要性，他们明显是吸收了同期关系营销理论的研究成果。

21 世纪以来，邓肯等学者借鉴品牌资产、关系资本、社会资本等理论，进一步认识到品牌关系的终极目标是品牌资产，因此他们提出品牌整合营销传播目标：提升品牌资产。

桂世河（2017）对上述脉络进行了梳理，勾勒出了整合营销传播目标的三维图（图 5-1）。他认为从整合对象的范围来说，有面向消费者的整合营销传播目标，有面向利益相关者导向范围的整合营销传播目标；从整合的渠道范围来说，早期整合营销传播目标重视广告、公关、人员推销等传播工具的整合增效，当认识到 4P 以及所有触点都是传播渠道之后，形成基于所有触点的整合营销传播目标。信息社会经过 70 年的深化发展，促使传播即共创的特征日渐凸显，所以传播既是一种生产力，又是一种生产关系。在所有触点上与利益相关者进行共创价值，是一种命运共同体的观念，应该成为未来的整合营销传播目标（桂世河和汤梅，2019）。

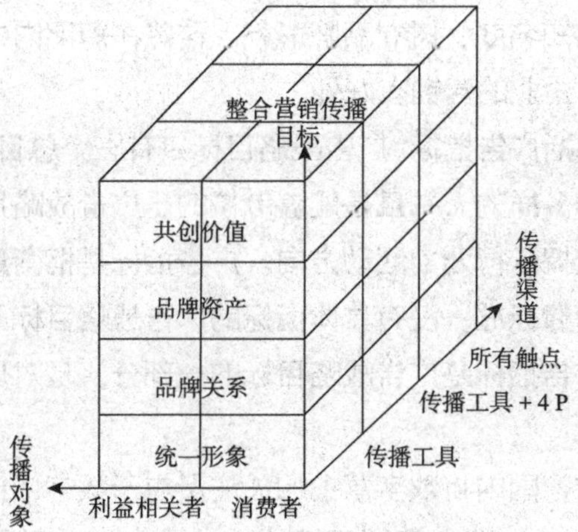

图 5-1　整合营销传播目标的三维图

2. 数字营销目标

从整合营销传播的不断演进的目标来看，数字营销目标貌似与其更加接近。究其原因，是整合营销传播理论提出者本身就是广告传播领域的学者，后经传播学者不断地吸收市场营销理论的新近发展，结合其本身对传播活动的精通与深耕，更加能够适应数字时代的传播环境的巨变。

然而，数字营销目标与整合营销传播目标并非完全重合。例如，整合营销传播目标更多的还是聚焦于传播领域，尽管结合了各个时期市场营销观念和理论的发展，其理论与观点还是基本在传播学边界内，对于市场营销所承担的更多的功能和目标并未囊括（从学科边界而言，这具备合理性）。整合营销传播的目标，还是更多地反映传播目标，对财务目标和市场目标未有明显涉及。

（三）数字营销目标与数字广告目标

广告目标是指广告运动所要达到的预期目的，确定广告目标是广告计划中至关重要的起步性环节，是为整个广告活动定性的一个环节。

在一般认识下，广告仅仅是影响营销的多种因素中的一种，广告可促成销售目标的实现，但广告本身并不能直接达到销售目的，只是促进销售的一种重要手段。广告对于销售的影响是长期的。广告不仅可促成营销目标的实现，还可以通过信息传播提高产品知名度、树立品牌形象。这些在短期内或许并不能立即反映在营销指标上，但对企业的营销有好处。

广告战略目标包括广告指标。广告战略目标只有一个总目标或几个主要目标，广告指标可以是多种多样的，并且是能够考核的。广告战略目标是指广告活动所要达到的目的，着重揭示行为、活动方向。广告指标是指衡量广告活动效果的数量、质量等方面的计量标准。没有具体指标的广告战略目标虽有指导性，但流于空泛，不便操作。广告指标是广告战略目标的一部分，是对广告战略目标的具体化和数量化。

相当长的时间内，国内将数字营销的关注聚焦于数字广告领域。因此相应的数字广告目标，往往成为数字营销目标的代名词。一方面和阶段性认知有关，另一方面则是因为数字广告比传统广告更注意销售转化和销售效果，更受广告主青睐。

然而，由于数字广告并不能涵盖数字营销的边界，仅仅从数字广告目标来界定数字营销目标是有局限性的。

数字营销是营销传播一体化的产物，它是通过数字媒体和设备进行顾客的触及、连通、交互转化、保留。因此，数字营销目标应该涵盖企业营销活动的数字化渠道中的营销和传播目标。

二、数字营销目标的类型

数字营销目标的类型，不同的视角下有不同的分法，这里尝试更贴近数字营销实践的两种分法。

（一）从数字营销功能来分

鉴于数字营销承担了顾客的触及、连通、转化和保留的功能，可以将相应的目标分为如下方面：顾客触及（触达）目标、顾客连通目标、顾客转化目标和顾客保留目标。

（二）从数字营销目标层次来分

可以将数字营销目标分为总目标和分目标。

这种分法，主要针对目前数字营销活动呈现出碎片化的特征。一个公司的数字营销总目标的描述，可以是较长一个特定时期，如一年内通过数字营销实现的总体目标（年销售增长 6%）。为了达到这一目标，则需要制订若干个具体数字营销活动方案。每一个具体活动方案要达到的目标，则为分目标，如数字营销活动1，实现销售增长 180 万元。

（三）从对用户产生的作用来分

从这一视角，可以将数字营销目标分为消费者认知层面、态度层面和行为层面的数字营销目标。

消费者认知层面的数字营销目标有知名度和认知度，相应的媒介指标可以通过到达率、点击率、页面浏览量/独立访客等流量指标等来考量。

消费者态度层面的数字营销目标有美誉度（考察消费者信任/好感/受欢迎等）、满意度、忠诚度、购买意愿等。净推荐值（net promoter score，NPS）是一种计量某个客户将会向其他人推荐某个企业或服务可能性的指数，它可以反映客户满意度和忠诚度，还可以直接反映企业在客户内心的认可程度和购买意愿。净推荐值日益受到营销者特别是网络营销者的重视。

消费者行为层面的数字营销目标有互动参与、试用率、购买行动率、重复购买率、品牌推荐率（包括转发、推荐等）。

第二节　数字营销目标的制定

数字营销目标应该符合 SMART 原则，制定过程中应该综合考虑营销目标、企业状况、预算等多种因素的影响。

一、数字营销目标的 SMART 原则

目标管理的 SMART 原则，同样适应于数字营销目标。SMART 原则是彼得·德鲁克在 1954 年提出来的，旨在提倡管理者在对员工实施绩效考核时提供考核目标和考核标准，使考核更加科学化、规范化，更能保证考核的公正、公开与公平。SMART 原则是指如下几个方面。

（1）绩效指标必须是具体的（specific）。数字营销目标应该是具体的，而非笼统的描述。

（2）绩效指标必须是可以衡量的（measurable）。数字营销目标应该是可以用数字衡量的，而非泛泛而谈。

（3）绩效指标必须是可以达到的（attainable）。一个可望而不可即的目标，不是一个好目标；目标如果达不到，则不会产生激励效果。

（4）绩效指标要与其他目标具有一定的相关性（relevant）。数字营销目标应该考虑企业营销目标的总体要求，各项数字营销活动的目标，应该要协调和有关联性。

（5）绩效指标必须具有明确的截止期限（time-bound）。数字营销目标是特定时间内数字营销活动所要达成的目的。

二、制定数字营销目标的步骤

（一）分析影响数字营销目标的因素

影响数字营销目标的因素有很多，一般而言主要有以下因素。

1. 企业经营战略与营销目标

如果考虑公司的定价和促销水平，看其采用的是渗透战略还是撇脂战略、快速战略还是缓慢战略，这样形成四种组合。根据不同的战略组合，数字营销采用相应的目标。如果是缓慢战略，数字营销应有长期目标，采用持久的营销传播手段宣传企业和产品形象。快速战略，意味着比较高的促销水平，数字营销战略目标可采用短期目标和多种形式宣传产品特点、好处，注重短期即可实现性。

2. 商品供求状况及生命周期阶段

供不应求，应把目标定在巩固企业与品牌形象；供过于求，应针对产品滞销的主要原因来确定数字营销目标；供求平衡，把目标定在产品的促销上。

3. 营销传播基础和竞品状况

考虑当前产品/服务的认知度、广告回响率、品牌知名度等情况，参照市场竞争者的状况（战略、策略和具体行动方案），结合营销目标的要求，制定相应的数字营销目标。

（二）制定具体的数字营销目标

如本章第一节所述，数字营销目标有很多，大致有如下几个方面。

（1）扩大产品的市场占有率。

（2）扩大产品的销售量，延长产品的生命周期。

（3）维持原有利润水平。

（4）支持人员推销。

（5）树立品牌形象和企业形象。

（6）扭转品牌形象和企业形象（如在品牌危机背景下防止品牌形象恶化）。

（7）扩大销售区域，开辟新市场或吸引新客户。

（8）增进与经销商关系。

（9）提供优质服务。

（10）消除消费者疑虑。

（11）沟通感情，提高社会对企业的信任度。

（12）调动员工积极性，增强员工自豪感和责任心。

（13）维护企业长期利益。

（14）挽回流失顾客等。

营销者应该综合考虑营销目标和当前营销传播环境的权变因素，制定相应的数字营销目标。

（三）投资回报率：数字营销目标的终极考量

数字营销策划者，应该分析哪些数字营销活动值得投入。在进行策划过程中，特别是在目标制定和预算分配上（结合效果事前和事中评估），应该考虑数字营销活动的投资回报率。因此，有声音认为投资回报率应该是数字营销的终极目标（格林伯格和凯茨，2016）。

持投资回报率是数字营销终极目标观点的人认为，投资回报率是所有营销人员、管理者和股东都能够理解的语言，新的数字化范式要求我们，透过带有投资回报率有色镜片的数字化眼镜看待市场营销。

策划者应该从一开始就将投资回报率的估计直接融入数字营销活动中。例如，如果一项活动涉及收集 Facebook（或微博、微信朋友圈）的点赞，那么就应该估计每增加一个点赞所增加的价值。品牌过去的 Facebook 活动、第三方活动或利用其他渠道开展活动的数据也许能够预测一个 Facebook 点赞或流量转化成一个单位销量的概率。通过这一概率，我们可以计算出获得顾客的顾客生涯价值，用此价值除以顾客获取成本，则能够计算出该项数字营销活动的部分投资回报率值。

投资回报率的计算，在涉及多渠道交叉现象时，变得有些复杂，需要利用特定的模型进行统计分析才能进行衡量。在数字营销现实中，往往不是单一数字渠道在起作用，用户的行为一般是多种渠道交互影响的结果。例如，某品牌在新浪微博中看到相关信息，还在不同的视频播放平台上接触到了其投放的广告，此外还在豆瓣等社交媒体中试图寻找中立的评价，还在某电商平台上，仔细阅读了其他客户评论。我们很难分辨用户这些交叉的渠道，到底在一项客户购买行动中，分别发挥了多大的作用。在这种情况下，投资回报率的计算，则需要在积累大量数据的基础上，对用户行为进行量化分析，适配出能够描述顾客行为的精准模型，换言之，也可以将一个品牌的整个数字营销生态系统模型化，计算并呈现出每个特定渠道的贡献，即每种渠道的投资回报率数值。

然而，对于投资回报率方法也有不少批评的声音，他们认为传统的投资回报率的度量，无法解释许多数字化战略中固有的各种复杂和未知的变量。我们通过对数字营销业界进行访谈，发现不少从业者认为，简单情况下的单项活动，投资回报率的衡量是有效的，对于复杂情形，把投资回报率作为数字营销的终极目标过于复杂，不具备经济性。投资回报率是说得通的，但也有其适用性问题。当企业的产品设计或服务传递损害消费者权益、消费者通过数字传播手段维权并造成广泛社会影响时，从数字营销目标看，直接目标应该是影响态度层面的目标。而投资回报率就不好衡量了，因为这是长效指标。每一次投资回报率的衡量应该都是由对象和时间范围界定的。例如，引发社会讨论的企业负面数字传播事件应该计算的成本，是针对该事件做的公关工作，可以针对某个周期内的某个指标做投资回报率核算，如半年内的销量。本书认为每一次投资回报率的核算，都需要有对营销活动前的指标评估，在此基础上再评估投资回报率。这个过程中除了营销活动，还受很多变量因素影响，所以一定是一个复杂的体系和工具才能真的评估投资回报率，本书认为这个复杂程度可能不亚于股市估值。

第六章　数字营销信息策划与内容营销

在数字时代，关于消费者、品牌、竞争者及其他营销活动的各种环境因素，均可以记录并呈现于数字空间。数字营销策划工作者可以利用相关数字技术，对涉及本品营销绩效的各种数据进行监测和分析，从而为数字营销策划活动提供决策依据。

第一节　媒体监测与内容分析

一、媒体监测

媒体监测包括传统媒体监测和社会化媒体监测，传统媒体可以提供很多社交媒体没有的出版物，权威而丰富，而社会化媒体监测得更多的是网络和社交媒体上的内容，方便快捷。在数字营销时代，社会化媒体监测领域也发生了重大的变化，工具变得越来越多、越来越健全，但是也要重视权威的传播媒体监测，这两种媒体监测都不可忽视。通过媒体监测获取的营销活动信息、媒体趋势、数据指导等，对于公司的产品规划、公司的策略等方面都有较高的价值，更有助于进行数字营销传播信息的策划。

二、内容分析

在数字营销时代，内容为王没有过时，而是愈加重要。日益激烈的竞争，会促使企业和品牌更加关注内容是否能够满足广大消费者的需求和期望，从而在数字营销策划中引入了内容分析。数字、社交化和移动化的增长及内容创造的快速增长，营销人员更加需要通过内容分析为他们的内容营销和散布带来好处（Hemann and Burbary，2014），所以，内容分析为内容营销开展起着重要的指导作用。

1. 内容分析的审计

内容分析的审计也就是内容审计，包括对品牌、产品、服务全部内容的详细分析及后续分析。内容审计的目标是首先了解存在内容是什么，其次需要确定内容的类型是什么模式，通过数据统计了解消费者的习惯和需求，最后精准地制定营销内容。

2. 内容实时分析工具

数字营销时代，尤其注重内容营销工具的使用。国外常用的实时分析工具包括 Google Analytics、Omnilture SiteCatalyst、Woopra、Clicky、Chartbeat 和 Web Trends 等，国内的数字营销实时分析工具也较多，如各种云数据平台、百度指数、微信指数、清博指数等。这些内容实时分析工具可以了解最热门的内容，对于品牌选择什么样的内容能够做出最初的导航和指引。

了解内容之后，要对内容进行整合优化和细分，这时要根据目标受众的特点，按照使用和分享内容的意愿程度不同，来构建合理的内容，从而吸引目标受众的注意力，促进内容营销效果的转化。对于内容优化工具的使用，SocialFlow 是一个独特的技术平台，它能够对内容的实时互动进行分析，通过 SocialFlow 中数据的收集和分析能够衡量受众对特定内容的注意力。

内容分析之后，即可对数字营销中的信息传播进行具体的策划，包括主题策划、文案策划、视觉呈现策划等。

第二节　数字营销信息传播主题策划

一、主题策划

主题是数字营销信息传播的中心思想和灵魂，是营销活动为达到某项目的所要说明和传播的最基本观念，它统领了营销活动的创意、文案、形象等要素，像一根线一样将营销活动串联起来，能够发挥各营销组合的作用。营销主题能让人们在接触营销信息之后就知道其中要告诉受众的是什么，要求他们做什么，能够与消费者之间产生共鸣，进而取得营销的成功。主题是由营销目标、信息个性和消费心理构成的。营销目标是企业和产品在发展过程中为达到销售目的而确立下来的，这是营销主题的出发点。营销主题为营销目标服务，如果营销主题没有围绕营销目标展开，营销主题就会无的放矢、无疾而终，不能达到应有的营销效果。信息个性是指在营销中所宣传的产品信息、企业理念和与其他同品类产品的不同之处，这一方面要着力突出自己产品的特点和优势。信息个性是确立营销主题的基础和依据，如果营销主题缺少信息个性，那么整个营销活动就会失去特色，更不会有好的营销效果。在策划营销主题时，还要将消费者的心理因素考虑进主题当中，要契合消费者的心理需求。以上是进行主题策划要注意的三点，是主题策划的根据，是一个好的营销主题策划必须具备的三要素。

在数字营销传播时代，更应注重主题的策划。主题策划对于数字营销信息传播的影响是巨大的，没有主题策划，营销的各要素就不能有一个主题思想，各渠道的营销组合就不能发挥最大的作用。例如，天猫的“双十一”活动，其营销活动都围绕着“双十一购物狂欢节”展开，整点红包雨、抢购物津贴、商品预付定金翻倍、群买返、“双十一”店主或明星直播、“双十一”晚会等活动，都不同程度地契合购物狂欢节的主题，最终目标都是为了增加商品销售额。

二、主题策划的原则

1. 创新原则

在数字营销时代，一定要注重信息传播主题的创新。在这个信息泛滥的年代，每天会有大量的信息充斥在人们的生活中，只有创新的主题才能让人耳目一新，才能让人眼前一亮，才能吸引更多的注意力。创新是主题策划的灵魂，主题策划的关键在于创新，没有创新的主题策划，就会缺乏思想、缺乏灵魂，主题就会失去生命性，也不能在竞争中凸显出来。在数字营销传播中做得非常出色的品牌如小米、淘宝、网易云音乐等，在每次的营销活动中都会使用创新的主题。小米的米粉节虽然每年都叫作米粉节，但是每年的主题都不一样，2016 年第一次将米粉节由一天上升为一周，主题叫作“米粉节狂欢周”，2017 年的主题是“不只是 5 折”，2018 年的主题是“一起狂欢 8”。小米对于主题的创新别出心裁，可以说是用尽心思。

2. 借势原则

所谓借势，就是借用别人的优势为自用，历史上最典型的例子就是古代三国时孔明的“草船借箭”典故，数字营销时代更要懂得“巧借东风为我用”。借势有借大势、借优势、借形势之分，借势的最大特点是借助外物的优势，也就是站在巨人肩上做事。

借大势。人们往往讲大势所趋，就是指客观事物的发展是阻挡不了的，国家的战略发展是大势，企业的战略发展也属于大势。例如，“一带一路”的倡议提出来以后，很多企业或者产品，就开始借助“一带一路”营销自己。

借优势。借优势一方面要掌握本产品的优势，另一方面要了解竞争对手的优势，知己知彼，百战不殆，知己只知其一，知彼就知其二了。网易云音乐就非常善于利用自己评论区的优势。2017 年 3 月 20 日，网易云音乐包下了杭州市地铁 1 号线的车厢以及江陵路地铁站，它发起了一个营销活动，名字是“看见音乐的力量”。这个活动迅速引爆了社交网络，当应用上的 UGC 被搬进了车厢和地铁站，每个踏进车厢的旅客很快就会看到这些字句，他们都有可能被这些文字戳中。在更广阔的社交媒体上，被戳中的人们开始了一轮又一轮的转发。当找准了靶，网易欣喜地发现自己的手中握有大量的箭——用户自发制造的UGC。相较于其他音乐播放平台，网易的乐评一直是它的核心竞争力。在此前的一次站内用户调研中，超过一半的用户表示他们能在评论里找到慰藉和共鸣，所以，网易云音乐在杭州地铁展开的这一次情感营销，产生了强大的营销效果，不仅增强了用户的忠诚度，同时也为品牌赢得了巨大的口碑。

借形势。也就是借势营销，根据时间节点和热点事件进行主题策划。数字营销传播时代新事物、新技术更迭变化快，会更加看重时效性和快捷性。营销人员要时刻保持敏感度，策划出和热点相契合的主题。数字营销视野 2-3 中的小米利用世界杯这一全球焦点事件，结合自身特点与优势，打造了一次出彩的借势营销。

3. 明确原则

数字营销策划的主题一定是明确的，也就是主题能够让人一眼看懂，不能不知所云，即使主题想要达到引人思考和耐人寻味的目标，也不要过于生涩难懂，否则不明确的主题会让消费者摸不着头脑，不利于信息的传播。具有明确的营销主题是营销能够成功的关键，在纷繁的信息中提取出产品的核心精髓和卖点并非易事，为了能够吸引消费者并让消费者理解和记住营销内容，简单而明确的营销主题在其中发挥着重要的作用。农夫山泉近几年品牌的主题是“我们不生产水，我们只是大自然的搬运工”，它的营销活动都是围绕这一主题展开的，几条视频广告都从不同的角度聚焦这一主题和诉求。从过去的“农夫山泉有点甜”到“大自然的搬运工”，农夫山泉通过广告主题的变化，也为我们塑造更加鲜明的品牌形象。

4. 独特原则

数字营销时代的主题策划还要秉承独特的原则。当前，同一品类的产品非常多，产品大同小异，要想在竞争中凸显出来，一定要有独特的营销主题，减少模仿和照搬照抄，也就是要实现主体的差异化，人云亦云的营销主题不会在消费者心中留下深刻的印象，在产品日渐同质化的趋势之下，只有独特的有差异的营销主题才能吸引人的注意力，开拓出属于自己的一片天地。可口可乐和百事可乐可以说是强劲对手，但是它们的营销主题基本上都是差别开来的。2015 年夏天，“你是我最重要的决定”“阳光总在风雨后”“我和我最后的倔强”“我愿意为你”等几十首流行歌曲的歌词，被印在可口可乐的瓶身上，引来无数粉丝纷纷抢购。这是可口可乐以“台词瓶”为主题的营销活动。百事可乐毫不逊色，它马上开展了“百事挑赞”的活动，相比可口可乐的清新风，百事可乐把“情怀”牌打到了极致——百事可乐以“百事挑赞”为主题，分别在电影、音乐、科技、创业、设计和运动六个领域，为消费者解读背后的挑战故事与挑战精神。一个是“小清新小温暖”，一个是“欧美风情怀大片”，它们用自己独特的主题展开了激烈的角逐。两个同品类的产品如果总是互相模仿，还有什么新意可言。而可口可乐和百事可乐能够互相对立又共同成长，就在于两家公司公平竞争的同时，能够保持自己的营销主题独特性。

5. 文化趋势原则

当今社会，有很多文化走向，如潮文化、二次元文化、说唱文化、佛系文化等。品牌在进行数字营销策划时一定要顺应这些流行文化趋势，紧跟时代潮流。尤其是一些针对年轻人的品牌，更应重视文化走向，营销主题只有符合流行的文化趋势，营销效果才可能明显，年轻消费者才可能买账。自从小猪佩奇在青年人群体中火起来以后，一股“社会人”的文化潮流应运而生，小猪佩奇的周边在年轻人中火了起来，小猪佩奇手表、T 恤等都大卖。很多品牌也都开始借这一文化趋势进行营销。一时间，小猪佩奇和各品牌标志组合的平面广告遍布网络。

三、主题策划的步骤

1. 前期市场环境调查与分析

在对营销活动的主题进行策划之前，首先要进行市场环境调查，了解当前行业内的营销主题现状，避免雷同，同时要了解当前的环境现状、市场的机会与挑战，结合企业当前目标、定位、优势，结合时间节点和热点确定主题方向。这一步对营销主题的确定至关重要，数字营销环境日新月异，一定要对市场和技术环境有充分的了解并实时把握住环境的变化才能进行主题策划。否则，主题的确立也就没有了根据，这样主题确定的方向和正确性则会受到质疑。

2. 结合营销目标明确主题目标

这一步，是强调通过这样的主题，想达到什么样的目的，是想要进行品牌传播还是产品销售抑或形成口碑，还是三者兼有，这就需要营销人员根据企业的阶段性营销目标进行设定，从而策划出符合企业当前发展的能够产生最大效益的营销主题。

3. 根据主题策划的原则，进行主题策划

根据主题策划的创新原则、借势原则、明确原则、独特原则进行团队协作，主题策划的提案，需要营销团队内部大胆创意创新，进行头脑、思维的博弈，最终确立出最优的数字营销策划的主题。

第三节　数字营销信息传播文案策划

一、文案策划

营销信息传播中的文案是指通过营销语言、形象和某些因素，对既定的营销主题、营销创意进行的具体表现，文案狭义上来讲是指营销活动中的文字表现。文案是营销作品和营销活动的外衣，多数受众对于营销活动的了解都是从文案开始的，文案是营销活动传播的文字载体，是传播给消费者和受众的语言符号。文案可以传达企业和产品想要表达的信息、理念和服务，精彩的文案对于产品和营销活动来说起着至关重要的作用。江小白就是因为文案而出名，社交网络上不时就会出现江小白的刷屏文案，文案对于品牌的重要性不言自明。广告圈流行这样一句话“有一款酒，它的广告比产品还出名，它的文案比酒更受年轻人欢迎，它就是江小白，文案别人永远学不会”。虽然文案比江小白的产品还出名，但是消费者无形当中也是给江小白在进行口碑传播，江小白这一品牌被越来越多的消费者所认同。

二、文案策划的原则

1. 创意原则

文案必须具有创意，文案如果没有创意，就不能吸引消费者，肤浅和直白的文案不能表现出企业和产品的特性，文案的创意性在某种程度上来说决定着营销策划的成败。可以说创意是文案的灵魂，没有创意的文案也不能称之为文案，一个没有创意文案的营销策划更容易走向失败。

国内知名的广告人、群玉山品牌营销咨询有限公司联合创始人马晓波曾带领的胜加集团，被评为亚太区最佳独立广告机构。马晓波作品获奖无数，多次被评为年度创意人、年度广告人物。马晓波的文案，已成为国内广告圈的标杆。他擅长撰写各类体裁的文案：给方太写宋词、给 B 站写歌词、给快手写长文案等，其中在 2018 年，他为 Timberland 推出的品牌文案《未完成》，文案富有创意，飒酷且具有穿透力。

忘了从什么时候起
人们叫我踢不烂
而不是 Timberland

从那阵风开始
当我被那阵风轻吻
被月光、星光、阳光浸染
被一颗石头挑衅
然后用溪流抚平伤痕

当我开始听到花开的声音
当我不小心闯对路又认真地迷过路
当我经历过离别又曾被人等待
当我需要、被需要
我知道已和一开始
那双崭新的「Timberland」完全不同

在时光里 我变旧、变皱

用伤痕覆盖伤痕

每天等太阳升起我又是全新的

我走的时候叫 Timberland

回来时才叫踢不烂

但踢不烂的故事

还远远未完成

类似以上文案，不计其数，个个充满创意、生动有趣。

2. 简洁原则

文案策划还有很重要的一点是要注意简洁，不要长篇大论，同时切忌用很生僻的字，多用问句、动词、感叹词，语言要有起伏、韵律，文风要流畅，少用“因为、所以、不仅、而且”等虚词。文案创意中有一个重要原则，即“kiss”原则，“kiss”是“keep it simple stupid（力求简单直白）”的缩写，其涵义是指广告文案需简单明了、纯真质朴，才能让人过目不忘、印象深刻。如果过于追求情节化，则会造成广告信息模糊，令人不知所云。此外，除非有特别的原因要在正文中使用严肃、庄重的字，通常应该使用顾客在日常交谈中使用的通俗语言写文案。

3. 真实原则

文案要讲究真实性，不能是虚假信息的宣传，避免唱高调，正文要讲事实，不要装腔作势、夸大其词。不要用最高级的形容词和陈词滥调；切忌空洞地说教，要告诉消费者一些非常实在、具体的数字。另外，文案还要赋予亲切感，注入真实的感情，以朋友的口气去写文章，娓娓道来，字里行间透露出真诚和关心。真实的文案能够和消费者之间建立一种信任，虚假的文案即使能够让消费者想进一步了解你的产品，将来也会因为了解到真实的情况而产生负面效果，这对于营销和产品的发展来说都是不利的。

4. 吸引原则

文案还要吸引消费者，要么和消费者切身利益相关，要么生动有趣。文案中使用消费者的经验之谈更能吸引人，比起毫无根据的话，受众更易于相信消费者的现身说法。名人的佐证和代言也能吸引更多的消费者，名人的知名度越高，对消费者的吸引力也就越强。同时，向消费者提供有用的咨询、服务或者将某一事件、活动结合起来写也会更具有吸引力。此外为了让文案更生动，可以用一些类比、谐音、双关等手法，用一些网络用语也会更显生动。

5. 情感原则

文案要能够抓住人的痛点，让消费者产生共鸣或者移情效应。充满感情的文案，能够直击消费者的内心。营销的本质就是与消费者沟通，而文案内容是激发消费者购买行为的一颗情感炸弹，文案对情感的营造能够有力刺激购买行为。

再以 Timberland 为例，在《哪有穿不烂的鞋，只有踢不烂的你》创意版本中，马晓波写了以下内容。

哪有一双穿不坏的鞋啊
不管它看上去有多牢固
就像有个无话不说的人
某一天，突然就无话可说
或者有个人，想跟你一直走下去
后来她有事，先走一步
有个人跟你说了他的梦想
你信了，他醒了
唱哭你一整场青春的歌手
唱不出你新的故事
还他一张票吧，再无亏欠
追随了多年的背影
遮住了风雨，也挡住了风景
给他一个拥抱吧
无须留恋，可能所谓成长
就是有几段路，只能一个人走
走着走着，鞋就穿坏了

穿坏了，换一双新的

哪有穿不坏的鞋，只有踢不烂的你

这些文案，在数字营销时代，很快就会在互联网上引起转发和扩散，并会在微信和微博上形成话题讨论，能够明显达到预期的营销效果。

第四节　数字营销信息传播视觉呈现策划

一、视觉呈现策划

视觉识别系统是企业为表现企业理念和行为进行传播的可感知的要素，表现为静态的、具体化的识别符号（孟韬和毕克贵，2016）。表现在数字营销信息传播中即数字营销的视觉呈现，也就是展示在受众和消费者眼前的品牌名称、标志、广告信息、宣传标语、口号、图案图形、吉祥物等。企业的营销信息传播一定要有视觉呈现，因为只有通过视觉呈现，企业的营销信息才能被消费者和受众所识别，企业产品信息和企业形象才能在消费者心中形成立体的印象。视觉呈现可以让数字营销活动引人注目、易于识记、使企业的营销理念和特色为消费者所认同。视觉呈现的表现方式多种多样，可以通过产品本身的包装、造型、款式风格来表现，可以通过广告的标语、表现形式来体现，也可以通过策划的主题色、主题视频等多种方式表现出来。

二、视觉呈现策划的原则

1. 独特原则

视觉呈现策划的首要原则是独特性。因为视觉呈现是消费者一眼就能看到的东西，通常眼睛会比思维更快，所以视觉呈现更显重要。而独特的视觉呈现会让人印象深刻，更会增加对产品的印象和好感。那么在数字营销信息策划中，就要求在视觉呈现的独特性上下功夫，这是视觉呈现产生冲击力的首要标准。如果没有独特的视觉呈现，企业和产品很可能就会不被人注意，独特的视觉呈现会让人眼前一亮，消费者有更进一步的接触以至产生购买行为的概率也就更大。苹果、华为、三星这些品牌，都具有自己独特的品牌视觉呈现，自身的辨识度非常高，这三者之间在手机上各个方面的视觉呈现，不会让人产生歧义，不会让消费者产生认错产品的情况。

2. 针对原则

视觉呈现要求对不同的目标受众进行不同的策划，即进行针对性的视觉设计。产品是针对年轻人的，即采用有活力、充满阳光的视觉呈现。例如，Oppo 以及 Vivo 两大手机品牌，在数字营销时代可以说是吸引了相当多消费者的眼球。它们主要以年轻人为目标受众。两大品牌选取的代言人都是代表年轻一代的当红明星，电视上、社交媒体上及线下的广告牌上的视觉呈现也都洋溢着青春的信息。Oppo 的主题色为绿色，Vivo 的主题色为蓝色，都能给人一种青春、活力、阳光的感觉。这两者都遵循了视觉呈现的针对原则，在视觉上就给人留下了深刻的印象。在一些电子产品的街区，放眼望去都是绿色和蓝色，看上去就知道是 Oppo 和 Vivo 的产品专营店。

3. 情感原则

视觉呈现也同样要遵循情感原则。视觉呈现的情感原则要求企业的视觉设计师对于产品的视觉呈现能够来源于生活、在视觉呈现中融入感情，如增加产品视觉呈现的幽默感、温度感，让消费者一看到产品就能够产生一定的情感，从而增强产品的吸引力和感染力，那么这样的视觉呈现才算是成功的。小米手机的主题色为橙色，其宣传标语为“为发烧而生”，在其数字营销的各平台中都以橙色为主色调，这种视觉呈现和“为发烧而生”结合在一起，能够激发人的热情，表现出产品中疯狂的情感。

4. 艺术原则

视觉呈现必须是符合大众审美的，具有一定的视觉享受性，这就要求视觉设计师能够将产品的形象用准确、鲜明、生动的形式表现出来。在视觉呈现的策划中，专业的视觉设计师对于企业的视觉呈现至关重要。百雀羚“一九三一”这一广告风靡朋友圈，讲述的是国民第一化妆品品牌百雀羚的起源，这是网友为百雀羚做的一支长达 427 厘米的一镜到底的神广告。画面精美，叹为观止。这已经不是百雀羚的广告第一次刷屏朋友圈了，而且这次视觉呈现给人很强的冲击力。

三、视觉呈现的基本要素策划

1. 名称

在企业进行新产品的研发和营销策划时，会对新产品进行一个名称的拟定。名称的确定一定要和企业本身有密切的关联，要能够引发产品的联想，并且还要具有个性、简单易记，这样才能进行有效的传播。

2. 标志

在一次营销策划中，标志是必不可少的，标志可能包括营销活动的图案设计、吉祥物或其他组合设计，是视觉呈现的重要组成要素。标志可以让消费者产生一定的联想，通过标志可以识别企业和产品的理念、服务等。

3. 标准字、标准色

在营销传播的视觉呈现中，企业的惯用字体和颜色都是确定的，而字和颜色都是企业独有的，并具有一定的代表性。标准字、标准色要和企业的其他视觉组合相协调，并具有一定的独特性和识别性。标准字、标准色能够代表企业的理念和产品的特质，也代表着企业的形象，尤其是标准色能对消费者产生视觉上的刺激，让消费者产生联想和想象。这两者是传递企业理念和塑造企业形象的有力工具，在当前的数字营销时代更应得到重视。

第五节　内容营销管理

本章前几节对于数字营销信息策划的介绍同样可以用于内容营销之中，而内容营销在数字营销策划中具有更重要的地位，本节作重点介绍。

一、内容营销的定义及与内容的区别

1. 内容营销的定义

数字营销时代的内容营销是当前很多企业和品牌都非常重视的营销策略，也

确实是可以带来重大营销效果的一种方式。内容营销是一种战略性营销方式，这种营销方式致力于创建和发布有价值的、相关的、一致的内容，吸引和维系某些明确的受众，最终推动能带来收益的消费者的行为（马修森和墨兰，2017）。内容营销是创建及传递内容以吸引明确的或潜在的目标受众的商业营销过程，目的是促使顾客做出能够为企业带来利润的行动（普立兹，2015）。此外对于内容营销的定义还有很多，总的来说，内容营销就是通过内容来吸引消费者和受众，会让消费者和受众对内容产生共鸣从而进行阅读和思考，并产生消费行为，进而为企业创造收益和利润。

2. 内容与内容营销的区别

内容与内容营销的区别在于，内容是人们可以看到的文字、图片等信息，可以用来阅读思考，也可与他人进行分享，只是出于传播和社交的目的。这个内容是能够吸引注意，让受众参与活动，能够愉悦大众的载体。内容营销则不一样，其承载着服务企业和品牌的使命，需要通过内容营销完成一定的业务目标，内容营销就是为了吸引和留住消费者，更通俗地来讲就是内容营销带着经济的指标，最终目的是要为企业带来利润。

二、内容营销的必要性

1. 优质内容能够吸引众多注意力

传统的营销关注怎样才能找到消费者，而内容营销则是能够吸引消费者的一种营销方式。因为通常进行内容营销的内容都是经过精心策划和编排的，这些内容一定有意义、有价值。在当前这个信息爆炸的时代，人们不是接收不到信息，而是处于信息过剩的时代，只有优质的信息内容才能被受众所注意到，而进行内容营销正好符合这一特点，有价值的内容具有明确的目的性，是为特定的人群创立的，是消费者喜欢和喜爱的内容，能够打动消费者，可以吸引更多的注意力，从而促成营销效果，这就是内容营销为什么能够吸引更多注意力的原因。作家咪蒙的微信公众号，基本篇篇内容的浏览量都是 100 000+，原因就在于咪蒙的内容是高质的，其标题和内容能够直击受众的内心，引发关注和共鸣，那么其微信文章的内容营销转化率不言而喻。很多具有优质内容的微信公众号都被商家和广告主青睐而用于自己的内容营销。此外，品牌也会自己创造优质的内容来进行内容营销，其会拥有专门的内容营销团队进行优质内容的打造，它们创建并发布针对性强、价值高、容易被关注的内容，从而吸引更多的注意力，在潜移默化中转变消费者的思维，为品牌培养和积累粉丝。

2. 内容营销投资小、范围广、速度快

成本低是内容营销的主要优点之一，因为其营销的载体多样，而且载体作为主要的成本又较低，如文字、图片、视频等。因为内容营销的低成本，所以其在同等成本预算条件下的推广范围就要大得多，通过大范围的推广，也能获得更大范围的客户，且优质的内容又能吸引更多的消费者注意力。因为载体的多样以及传播方便，所以优秀的内容营销通常传播速度都是很快的，当前由于网络条件的发达，更是加快了传播速度，如运用一个粉丝量较大的微信公众号发布一篇文章进行内容营销。一篇微信软文的成本较低，而公众号本身拥有数十万级的粉丝，优质的内容又会通过粉丝的朋友圈传播出去，形成裂变，社交媒体的传播速度极快，更大程度上增强了内容营销的效率和影响力。

三、内容营销的内容管理

1. 内容确定

内容营销的宗旨和产品销售的宗旨是一致的，内容营销的主旨不能偏离销售目标，这是进行内容营销的大前提。在销售目标的指导下，对内容营销的内容进行管理。

在进行内容营销之前，首先要有核心目标受众的观念，明确我们的客户群体，进行市场调研，了解我们目标客户的心理及需求，确定想要传递给用户的信息，根据其喜好和兴趣确定内容构成。只有这样传递出的内容才具有精准性，内容营销的效果更容易实现。总而言之，内容营销的内容确定是基础。

2. 内容执行

接下来，要对内容营销的内容制定执行日程规划。内容执行规划要根据预先确定的内容方向来进行推进，策划者也要预见内容未来与受众的互动方向，还要确定内容推广的各媒体渠道。在营销团队内部，需要有职责明确的分工来推进内容营销逐步开展，包括内容的撰写、界面的设计、外部渠道的沟通、内容的上线排期等，都需要专门的人员各司其职，按照日程规划严格执行。其中，内容的撰写要注意内容的故事性、新颖性，界面设计要注意符合大众审美与艺术性，这些基础性的内容创作是打造好内容的关键。

四、内容营销策略

1. 内容策略

内容营销的内容策略，要明确精准的内容定位，与前文提到的根据目标受众的特性来确定内容是契合的。这是内容营销策略在内容上的基本准则，同时也是策略的一种。这一定位要准确无误，要深度了解目标受众的喜好。从长远来看，内容定位越低，成就越高。虽然你锁定的受众可能从不唯一，但随着你的受众角色范围逐步缩小，涉及该受众的内容定位就越窄，你的成功率也就越高（普立兹，2015）。乔·普立兹的这一论述强调的是定位要精准，也就是二八原则，20%的客户会创造 80%的价值，所以要精准定位到这 20%的目标受众，那么内容营销成功的概率就会增大，效果也会更好。

2. 渠道策略

在数字营销时代，内容营销的优势主要体现在渠道上，内容营销的渠道多且新，效率较传统营销也要高得多，所以要善用这些能够进行内容营销的渠道。

微信公众号和微博。当前，微信公众号和微博是进行内容营销的重要渠道。微信公众号适合长文字内容、图片、视频的传播；微博更适合短文字、图片、视频的传播。微信公众号和微博大 V 通常都有巨大的传播力，精彩的内容会通过朋友圈和微博进行病毒式营销，形成裂变效果，影响范围广大，这是内容营销最重要的阵地。

直播平台。2016 年进入直播元年之后，直播行业迅速发展，直播也成为可以进行内容营销的平台。直播平台通常也具有较大的用户量，目标受众主要以年轻人为主，品牌的新品发布会或者某个节日品牌的营销活动，都可在直播平台进行直播。数字营销时代，直播平台的内容营销可以产生巨大的营销效果。

视频网站。视频网站也可进行内容营销。虽然视频网站的用户量也较大，但在视频网站内的内容营销投放成本相对于微信公众号和微博来说较大，且视频网站社交黏性差，只会吸引用户个人的注意及引发情感共鸣。农夫山泉 2017 年的一个视频广告投放，可以说是内容营销的典型，其在视频网站投放的三分钟的有故事的视频广告，在网站内视频的正片前播放，用户可以在 15 秒后免费关闭，也可以播放下去，因为这一形式较新颖，据了解不少用户都会选择播放下去。农夫山泉这一故事片视频广告拍得着实精美，且具有丰富的情感，这种视频网站的内容营销也带来了一定的营销效果。

社区、贴吧等平台。在一些社区、贴吧，如知乎、专业的知识论坛、百度贴吧等也能进行内容营销。营销团队会有专门的人去这些地方发一些干货文章、评论文章，表面上是在讲某些领域的知识，实则在言词间会植入品牌的信息，让用户在无形中感受到品牌的口碑传播。

第七章　数字营销创意策略

社会已经进入了数字时代，传统广告让位于数字营销传播，在新的媒介环境之下，传统的广告创意已经遭遇了新的挑战，并表现出了新的特征。

第一节　数字营销创意的含义

20 世纪 60 年代美国创意革命伊始，“创意”一词便伴随着广告业而被大众所熟知，成为广告业不可或缺的一个部分。今天，创意仍然是广告业一个重要的价值主张，是企业和品牌在市场竞争中最核心的竞争力。伴随着数字营销时代的到来，技术的快速发展和媒介环境的变化以及受众能动性的提高，创意理论的内涵在数字时代的背景中实现了新的发展。

一、不同时期对广告创意的理解

对广告创意的理解，在不同的时代，根据环境的变化会实现不同程度的延伸和发展。

在产品推销期，罗瑟·瑞夫斯的独特销售理论，认为一则优秀的广告创意必须向消费者明确陈述一个消费主张，这一主张必须是其他同类产品宣传不曾提出或变现过的，并且这一主张必须拥有强大的吸引力和打动力。

在转型期，大卫·奥格威认为，要吸引消费者的注意力，同时让他们来买你的产品，非要有好的点子不可，除非你的广告有很好的点子，不然它很快就像被黑夜吞噬的船只；詹姆斯·韦伯·杨认为，创意生成的两个普遍性的原则是旧元素的新组合以及洞悉不同事物之间的相关性，对于广告而言，创意就是将关于产品与消费者的特殊素材，以及关于生活与时事的普通素材，加以重新组织，从而生产出新的组合。威廉·伯恩巴克认为广告创意的评价标准可以总结为 relevance（相关性）、originality（原创性）和 impact（冲击力），即创意要在表达产品、品牌的基础之上，在繁杂的信息中脱颖而出，并被消费者所记住。

从广告战略、策略的角度上理解广告创意，其含义较为广泛，是创意人员在对市场、产品和广告对象进行研究分析的前提下，根据广告主的营销目标，以广告策略为基础，使用各种有效的艺术手法传达广告信息的创造性思考过程和创作结果。从狭义上讲，广告创意是指广告创造活动，如构思、想法、主意等，与英文单词 ideas、creative、creativity 含义较为相近，广告创意是创意思维符号化的过程和结果的统一。从品牌和消费者的角度来看，广告创意能够创造产品的附加价值并且优化和消费者的沟通效果。

二、数字时代广告创意内涵的拓展

在数字时代背景之下，广告创意的内涵有了进一步的发展。从技术环境上来讲，技术的飞速发展给广告创意带来了无限发展的可能性，基于大数据的程序化广告创意，基于 H5 技术的信息流广告创意，以及基于互动体验技术的 VR、AR 广告创意等一系列新的创意形式、创意内容呈现在受众面前，内容的丰富性、媒介的形式及受众的积极互动为数字营销创意提供了更多的可能性。在理解数字营销创意之前，先看几则富有创意的广告作品。

1. McCann（麦肯）为亚马逊中国策划的“每个人都是一本奇书”活动

麦肯的创意团队以 H5 的形式创造了一座“奇幻图书馆”，在用户体验中通过对话让受众在场景中通过做题完成一场探险，最终通过选择得到一本属于自己的书。H5 一经上线，便刷爆朋友圈，在 6 个小时内实现了超过 100 万人次的点击和参与，引发了规模巨大的自发传播，此外，还邀请了内容类 KOL 吴晓波、顾中一等知名读书人为“奇幻图书馆”活动发声。活动借助 H5 的技术和微信强关系的链接，以优秀的创意内容和高互动性的技术形式，为消费者提供更加明确、更加直观的体验。

2. 台湾某家居零售商动画文案“低价创造无价”

奥美为台湾某家居零售商做的动画文案以平均 6 秒的时间，不仅精准地传递了产品的功能，还用有趣的场景为受众提供了亲切的生活感，诙谐简单的内容不仅极具网感，适合在社交网络传播，且明确直白地传达了品牌的 slogan（标语）——低价创造无价，即在该家居商城，你买的不仅仅是低价的产品，而是你生命中那些无价的体验（图 7-1、图 7-2）。

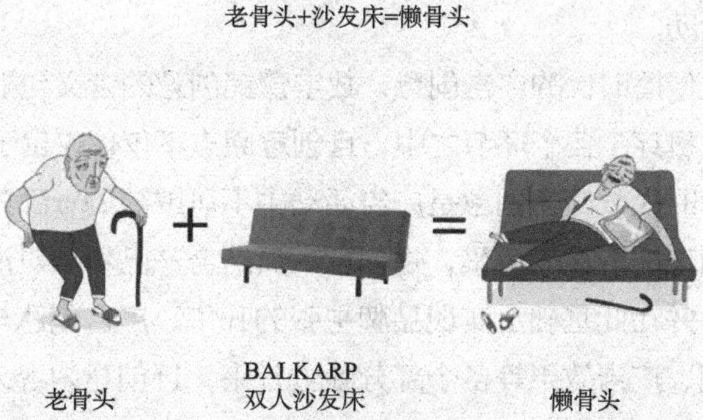

图 7-1　文案 1

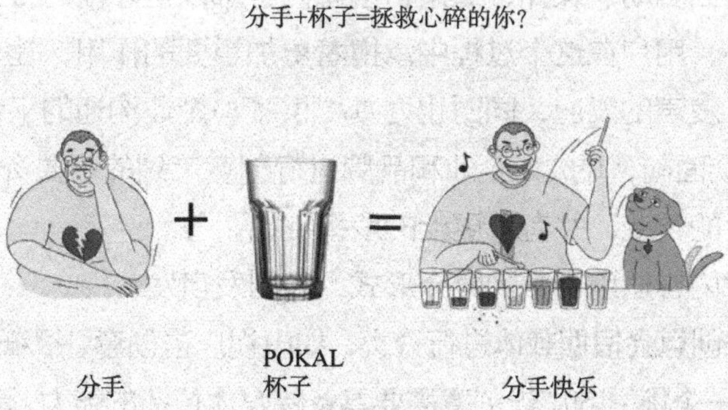

图 7-2　文案 2

从上面的案例中，可以发现一则优秀的广告创意不仅需要具备与品牌调性相符合的主题内容，也需要“脑洞大开”的创意思维和灵感，另外，技术的运用赋予了创意更多的可能性，案例中的策划文案所提供的沉浸式体验和简单有趣的场景，都优化了消费者的现实体验。

三、数字营销创意的内涵

综合以上论述和案例，我们可以将数字营销创意的定义归纳为数字营销创意是贯穿于营销传播活动（不局限于广告运动）各个环节之中，以适应各种媒介形式的优质内容为核心，借助技术实现深层次的用户互动、共创，引发大规模的二次传播的营销活动。

相较于大众传播时代的广告创意，数字营销创意的含义包括以下几个要点。

第一，创意贯穿于各个环节之中，且创意原点不仅仅来自于创意人员。

在大众传播时代，广告创意是广告活动中不可或缺的一部分，创意理念为品牌与消费者之间架起沟通的桥梁，是创意人员结合产品特点对消费者生活的诠释和品牌的承诺，并在此基础上实现品牌主张的升华。广告创意与市场调研、广告策划、媒介策划、广告效果等各个部分独立开来，且创意内容大多来源于专业的创意人员。

在数字营销时代，创意在保持自身重要性的基础之上，参与各个环节中，从初期的市场调研到活动、媒介、效果，创意内容都以指导性的方式引导着各个环节的运作。另外，用户在这个过程中承担着更加重要的作用，社交媒体的快速崛起为用户提供了发声的渠道，同时也为其提供了与企业沟通的平台，更多优秀的UGC出现在大众面前，并成为企业和品牌进行创意策划的主要资源，创意实现了职业性到草根性的转变，并有了更大的发挥空间。

第二，创意内容适用于多种媒介形式，能引发自发传播。

以往的广告创意会根据载体进行分类，如电视广告创意、报纸广告创意等，在数字营销时代，一个优秀的广告创意需要具备跨媒体传播的能力，基于用户的痛点，优化用户体验，并通过全媒体的布局在数字生态圈中创造被传递分享的口碑作品。

第三，技术承载着更多的创意。

营销传播环境发生了巨大的变化，技术的快速发展为创意插上了翱翔的翅膀，以大数据为例，它改变了传统的广告创意模式，以数据挖掘为基础的消费者洞察，使得创意实现自动化，节省了人力，提高了效率。另外，依托于技术的大环境，创作者能够将人性的追求现实化并转化为新的广告创意，提供更加新鲜的血液。

第二节　数字营销创意的特征

社会已经进入了数字时代，传统广告让位于数字营销传播，在新的媒介环境之下，传统的广告创意已经面临了新的挑战，并表现出了新的特点，主要表现在以下几点。

一、内容层面——相关性

在大众传媒时代，广告的成功与否依赖于其所选择的媒体，媒体的版面、影响力在很大程度上影响着广告创意的传播力，受众则在某种程度上被忽视。在数字营销时代，营销的本质发生了改变，创意与传播、营销一体化，受众被赋予了高度的自主权，每个人都可以利用社交媒体参与品牌的广告活动之中，与职业的广告人一起完成对品牌的塑造。

消费者成为在数字营销时代创意的关键要素，但在日益嘈杂的广告声浪包围下，消费者的反应日趋麻木，为了提升广告的实效，获得消费者的注意与信任，创意变得愈发重要。数字营销时代的创意，要有效地捕捉到消费者的需求，通过技术实现与消费者的互动，激励出更多的UGC，创作出与受众密切相关、富有吸引力的内容，并以精准的方式投放给消费者，实现最高效的创意传播。

内容是数字营销创意的重要组成部分，新奇、有说服力的内容是用户实现购买的主要驱动力，对于创作者来说，创意内容的设计必须与消费者密切相关，来源于消费者的冲突，并且能够提供相应的冲突解决方案。另外，创意内容不仅仅来源于产品诉求，更大程度上要有深层次的框架思维，将消费者可识别体验的物质需求和利益点相结合，在和消费者产生关联的基础之上，共同成长，不断升级。

方太发起了“拒绝饭前一支烟”的活动，用视频的形式，讲述了母亲了解孩子抽烟的故事，并在结尾转折，“油烟的伤害，并不亚于一整支烟”。视频前半部分让人觉得是一条非常煽情的戒烟广告，结尾神转折，吸烟的烟民吸的是饭后烟，而妈妈吸的是饭前烟。创意从为妈妈戒烟，买一台四面八方不跑烟的方太油烟机为出发点，号召全家戒烟，贴近受众的生活场景，并用亲情产生与受众的连接，实现品牌-受众关系的强关联性。

二、媒介层面——兼容性

在媒体融合的背景下，传统媒体和新媒体的界限逐渐模糊，社会化媒体的发展要求数字营销创意的内容具有更强的渠道兼容性。传统广告创意形式在数字营销环境的影响之下发生了新的变化，技术的运用让户外广告的互动性更强，网络视频平台的出现使得传统电视广告成为具备数字特性的创意形式，传统媒体和新媒体的融合，新旧媒体创意形式与表现的衔接，带给创意工作者更大的挑战。数字营销时代的创意需要在掌握新旧媒体特征的基础之上，建立与用户之间的交流和互动，实现创意内容的全平台适用性。

另外，在数字背景下，媒体策略逐渐成为创意的重要部分。以往广告主认为强势媒体具备更大的影响力，相应的广告效果也更加明显，但在今天，广告主会采取更加细致的媒介策略，根据受众、产品、企业、目标市场、预算等各个方面，布局完整的媒介矩阵，用全媒体的方式实现最大程度的覆盖。

六神品牌在媒体的运用和创意的阐述上表现良好，以 2017 年的“劲凉 CP”为例，瞄准年轻用户，结合夏季使用场景，将六神花露水和沐浴露组成强势的“劲凉 CP”，并邀请到了“90 后”歌手华晨宇担任品牌代言人，分别在电视、网络视频平台、自媒体平台发布了创意广告，包括节目植入、TVC（television commercial，电视商业广告）花絮、GIF（graphics interchange format，图形交换格式）海报、互动 H5 和人气漫画。在了解年轻人的触媒方式基础之上，用具有网感的文案表达品牌观念，从而勾起年轻人对“劲凉 CP”的兴趣。同时，借助代言人的歌手身份，用品牌歌曲《嗨夏》彻底点燃年轻人的热情。六神用最年轻、最 in 的方式，与年轻的人群进行沟通，在年轻人群中获得了极高的认可度。

三、受众层面——互动性

在数字营销时代，消费升级、消费趋势多元化，触媒时间碎片化，面对着越来越难以把握的消费者，广告创意面临着更大的挑战。正如 VML 执行创意总监所言："消费者不关心你做什么广告，他们会屏蔽很多信息，但他在意好的体验。"对于消费者来说，硬性的销售信息是令人讨厌的，但美好的体验是他们所期待的。在数字营销时代，传统的广告创意以广告主为主导，把信息生硬单向推送给受众的做法已经不再适用，面对着拥有绝对主动性和辨别能力的消费者，趣味的创意构想和营销活动是吸引消费者的关键，并在有效的互动中收获良好的体验，这是在体验经济时代最有效的方法。

广告与人的互动是消费者了解产品、品牌最好的方式，深度的沟通互动会让消费者对产品和品牌留下更加深刻的印象，达到更佳的宣传效果。每个人都是具备参与权利的平等体，个性化是这个时代消费者最明显的标签，数字营销时代的创意要基于不同圈层的消费者进行创新，企业及时根据受众反馈调整创意策略，不断结合新媒体技术给用户更贴心的产品创意感受，并以能更好地促进消费者与产品广告互动为衡量标准，给出适应个性的广告创意。

互动也表现在消费者与品牌协同创意之上。消费者不仅仅接受信息，还越来越多地参与品牌活动之中，在创意内容上，职业的创意人不再是大包大揽的角色，而是以引导人的身份，给消费者留有足够的空间和条件，引导其积极主动地投入其中，分享信息、表达想法，为广告创意出谋划策。

抖音 App 将与受众的互动做到了极致，抖音提供滤镜、音乐、动画表情等，并在此基础上鼓励用户积极创作创意视频，用低成本、易上手的操作方式和新奇有趣的视频形式吸引了更多的 UGC，如抖灰舞、海草舞、手指舞等内容，形成了一股全民创意风潮。

四、技术层面——场景化、智能化

场景化是数字营销创意的典型特征，不管是基于信息流平台的创意形式，还是基于虚拟现实技术的体验式创意，在新媒体技术下为创意广告提供了更好的体验，传统的广告创意受制于媒体形式，受众需要在特定的时间、地点接受特定的信息，模式化的创意很容易造成消费者的厌烦心理。在新技术的支持之下，消费者可以随时地定制广告并依据自己内心的需求控制广告信息，同时各种媒介平台也丰富了广告创意的展示方式，为受众提供了更加全面清晰、更加触动感官的体验。

基于地理位置服务的LBS广告创意可以为受众推送更精准、更有效的创意形式，根据受众离目标地点或商家的距离来投放广告，根据第三方线下数据，如用户的购买数据、品牌偏好等，将广告推送至在一定地理范围内活动的受众，如朋友圈的本地信息流广告。依据地理位置、定位等技术将受众置于与品牌相联系的场景之内，能够实现更深层次的互动。

在社交时代，能达到互动效果的广告才是最后的赢家。可口可乐"可以喝"的广告无疑是将互动做到了极致。可口可乐公司在美国怀特河国家公园，设置了一个巨型可口可乐瓶，用一根1 300多米长的吸管，蜿蜒拼出了"尝尝它（taste it）"字样。路人可以免费品尝"从天而降"的零度可口可乐。与线下相结合，一支"可以喝"的互动广告也同步上线。观众可以通过下载指定App，把电视荧屏中的大瓶零度可口可乐倒进手机里的杯子中。当杯子灌满后，用户将获得一张电子优惠券，可在指定零售店换取一瓶零度可口可乐。可口可乐用有趣的场景体验、免费尝试、互动体验、优惠券的形式鼓励消费者尝试零度可口可乐，并在此基础上产生更多的消费群体。

数字营销时代的广告创意更加智能化。以往的广告创意需要依靠大量的人力资源完成受众筛选、创意制作和媒介选择，如今在技术的支持之下，这些问题可以轻松解决。大数据的处理能力和人工智能技术能够在短时间内迅速将受众进行分类、定位，并依据目标受众的需求为其提供最佳的广告创意。另外，技术能够在短时间内获取远远超越人脑极限的创意数量，以自动生成创意的App软件——"创意按钮App"为例，它可以在数据的支持之下，涵盖日常生活的方方面面，针对每一类产品的创意数量，从理论上可以达到3 000的四次方，这样的创意数量远远超过了人脑的承受程度，极大地提高了创意效率，解放了人类的劳动。

第三节 数字营销创意的原则

创意人员在进行创意创作时，应遵循价值性、人性化、目标性、正能量、简洁性、变化性的原则，以便于创作出符合时代、受众、市场的创意内容。

一、价值性原则

在数字营销的创意产出过程中，除了要关注形式和构成中的创意元素，更重要的是要关注创意广告是否具有价值，是否紧紧围绕目标品牌和产品传达出了准确的有效信息。受众在被吸引的过程中，创意是不可缺少的因素，但成功吸引了目标消费者的注意力之后，如何使这些品牌信息成功储存进消费者的认知和记忆结构里，作为有效信息进入信息提炼过程中的意识域，并在关键时刻进入消费者购买决策过程中的"激活域"（考虑购买该品牌），而不是惰性域（无关紧要）和排除域（不打算购买），创意内容所能传达的价值性信息是至关重要的。从消费者行为学的角度来讲，企业和品牌有两种方式能够让消费者产生购买动机，其一是改变消费者的理想状态，其二是影响其对现有差距重要性的认识，而广告无疑是传递这些有效信息的重要渠道。因此，数字营销光有创意还不够，让消费者接收到有用的价值信息才是最重要的。应将价值性原则视为数字营销创意的首要原则。

二、人性化原则

创意广告的受众群体是人，随着历史的长期积淀和社会共同价值观的逐渐完善与成型，人类社会中有很多公认的人性化理念，如善良、温馨、关爱、亲情、友情等。如果很好地利用这些人性化元素，基于受众的情感共鸣和心灵体验来进行创意内容的制作，往往能收获事半功倍的效果。

例如，2017 年上半年上海地铁中的一则关爱自闭症儿童的公益创意广告，就很好地诠释了人性化原则在创意创作中的魅力。该广告在南京西路站站厅中放置了一只长 5 米、高 2 米的巨大的八音盒，其箱体上有一块电子屏幕，屏幕中放着一段一个自闭症儿童的影像，那是一个长相乖巧清秀的小男孩，眼神呆滞游离却充满童真。电子屏旁有一段关于自闭症的文字介绍，并小字提示“捐助 1 元，可能会改变 TA 的一生。”过往乘客每向八音盒的投币口里投入一元硬币，八音盒就会启动，伴随着美丽动听的音乐，箱体内部的一个“小人儿”会开始他的“旅程”，从“鲸鱼星球”到“音乐星球”，最终翩翩降落和他的小伙伴们团聚。感人而温馨的场景和八音盒这一浪漫而人性化的创意形式，很好地吸引了受众的注意力，并以人性化的情感营销打动其内心，促使其关注到这次创意公益广告以及背后的募捐活动中。

人性化原则在数字营销创意的产出过程中的运用，一方面能够达到在消费者心目中建立起品牌和产品的良好形象的目的，另一方面也通过艺术化传递了和消费者共同的价值观，与受众心理进行了契合，使消费者对自我身份和角色的认同有了良好的正向反馈。

三、目标性原则

创意生产活动的最终目的是抵达目标受众人群，只有以目标人群接受并青睐的创意方式和元素出现，才能够获取他们的注意力，进而达到后续进入消费者认知记忆等一系列目的。在传统媒体时代，广告的传播是泛大众化的，广告传播方缺乏细分的渠道去抵达某一种目标受众，只能以广撒网的方式去对所有人群投放同质广告。而新媒体时代，人们基于各类地理因素、兴趣爱好、职业等不同维度和标签实现了相似人群的重新划分与聚合，每一类人都有某些共同的特点或特殊的偏好，形成了大众—分众—特定群体归属的变化，这就为数字营销广告的创作过程提供了良好的实行条件。再加上大数据技术的精准定位与分析，能够让广告根据不同的目标人群特点，在内容与形式上进行针对性的创意生产再进行传播。

如果把创意生产过程比喻为一次投篮，那么符合目标群体偏好的创意元素的排列组合就是对投篮弧线的精准设定，保证广告创意在最后能够完美地落入目标篮筐。在整个投篮过程中，目标消费者应起着地心引力的作用，一切应以他们为出发点量身打造。因此，在数字营销创意广告活动中，必须充分分析目标人群的消费偏好和兴趣偏好，针对不同的受众群体，采用不同的创意方法和策略，从而完成精准的广告定位与投放，获得广告效益的最大化。这就是数字营销创意中的目标性原则。

四、正能量原则

好的广告创意一定是跟随社会主义核心价值观、积极向上的，宣传正能量是一种长久的趋势，爱与正义是人类永恒的追求，在广告行业也如此，在进行数字营销创意时，秉持着宣传正能量的原则，将积极向上的创意内容与产品相结合，用产品和品牌的力量传递对美好世界的关爱。

另外，富有正能量的广告创意能够带给消费者美好的感官享受，同时也会给品牌带来正向的影响，拉近与用户的关系。

以方太“拒绝饭前一支烟、拒绝饭后一支烟”活动为例，以两支产品类型的公益广告提出了两点主张：“吸烟不仅损害着烟民与他人的身体健康，更在伤害那些关爱你的人的心”，规劝烟民早日戒烟；正视并解决“家里做饭的那个人”每天在厨房饱受“饭前一支烟”困扰的问题，用家人之间的爱呼应方太“因爱伟大”的品牌主张。

方太的“拒绝饭前一支烟”，不仅是一个引人向善的好广告好创意，还是一个激发了全民参与的互动类创意活动。方太不仅通过在线上以发布品牌 TVC 的形式传达“拒绝饭前一支烟”的概念，还在线下发起一系列活动，让大家真正地参与“帮妈妈戒烟”的活动之中，将方太“因爱伟大”的创意理念真切地传递到用户周围。

五、简洁性原则

互联网时代的受众呈现碎片化的特征，注意力时间的限制要求数字营销时代的创意要足够简洁，另外，极简风是当下的新趋势，苹果的冷淡设计风引领了广告界的简洁潮流，越来越多极简风格的创意出现在受众面前，一切从简是对数字营销创意的新要求。对于品牌来说，每一次营销都是一次与消费者沟通对话的过程，而在这个沟通过程中，品牌传达的信息越简洁，在消费者脑中留下的印象就越深刻。但需要强调的是，数字营销创意的简洁性，不单单是指内容“简短”，同时也要做到“精准”，在将广告信息进行充分提炼的基础之上，精准地传递到目标受众，让其在第一时间获取既充满趣味又有足够信息量的广告创意。

在当今互联网时代，效率与速度决定了一切，对于品牌来说，在进行数字营销创意时，只有用最短的时间抓住关键点，并精准地投放于受众，才能在未来的竞争中掌握主动权，获取更多的收益。

六、变化性原则

互联网是瞬息万变的，媒介形式、受众注意力、市场导向每天都在发生着改变，对于数字营销创意来说，要在变化的环境中随时保持自身的可更改性，对环境做出适应性的改变以更好地在数字环境中传播。另外，社交媒体的传播将整个世界连接在一起，不同国家、地区有不同的文化背景、消费习惯，社交媒体将这些差异真实地摆在了创意人员的面前，面对着文化背景的差异，数字营销创意要随时做好改变的准备，以适配于各个地区的消费习惯，同时，这一改变必须是迅速的，反应缓慢的数字营销创意只会被快速的互联网淘汰。

以快制胜是迭代思维的体现，对于数字营销创意，要在技术的支持之下，及时了解用户的反馈信息，把握消费者需求，并在此基础上对创意内容迅速地做出调整，并对媒介形式进行适配，达到创意内容最大精准度传达的目标。

第四节　数字营销广告创意的方法

创意是广告的灵魂。在媒介发展突飞猛进的今天，各种新传播技术的应用，为创意提供了广阔的舞台，对于数字营销创意来说，这是一个千载难逢的机遇，也是一个难以逃避的考验。在数字营销创意过程中，应该掌握相应的方法。

一、二旧化一新法

亚瑟·科斯勒认为，把两个相当普遍的概念、情况或者两种对立事物放在一起，会神奇般地获得某个突破性的新组合。美国著名的广告人詹姆斯·韦伯·扬认为创意是旧元素的新组合，进行创意必须有将旧元素进行重组的能力。

而在数字营销时代，消费者所能接触到的品牌与信息的数量是一个非常庞大的数字，面对铺天盖地的营销广告信息，他们对常规的营销创意早已麻木，所以，当营销创意活动开始跨界，让毫不相关的普通元素产生独特的连接，那么就会产生意想不到的创意效果。如果把市场比作江湖、品牌比作侠客的话，那么可口可乐一定是常葆赤子之心的“老顽童”，走过百年历史依旧童心未泯。可口可乐靠饮料红遍全世界，却还不甘寂寞当上了跨界“老司机”，不断与各大潮流品牌合作，将品牌元素与精神融入潮流服饰当中，让你随时随地“红”运加身。

可口可乐的品牌联名多得令人眼花缭乱，从衣服、鞋子到箱包，再到美妆，可口可乐一直不断地在各个领域进行跨界和创新。每一次联名合作都是一次创意的凝聚与碰撞，让我们看到可口可乐多元化、个性化的跨界新美学。可口可乐不仅期望满足人们的味蕾，也致力于把年轻创新的活力融入人们的日常生活，可口可乐的文化内涵也因此历久弥新。

二、思维导图法

思维导图是放射性思维的自然表达，放射性思维来自“放射”这个词，意思是“向各个方向传播或移动”，从一个既定的中心向四周放射，是指来自或连接一个个中心点的联想过程，而思维导图，就是用图形技术，打开思路，发掘放射性思维的潜能。数字营销时代的创意，可以是天马行空的想象，因为有无限可能的方法来帮助我们实现创意的表达，所以更需要我们用思维导图的方式进行创意的生产。

思维导图的基本特征如下。

（1）注意的焦点清晰地集中在中心词或中央图形上。

（2）主题的主干分支从中央图形向四周放射。

（3）分支由一个关键的图形或关键词构成，相关的话题也以分支形式表现出来，附在更细的分支上。

（4）用文字搭架，闪光点加入图形，图文互补，尽量准确地捕捉联想闪光点。

运用思维导图法进行创意活动，首先我们要确定中心概念，然后快速在这个词四周的引线上写出数个联想的单个关键词，不能停下来选词，而是快速把进入脑海的词写下来，不要在意这些词是否很荒诞，因为往往只有这些“奇怪”的词才是打破陈旧限制习惯的关键（图 7–3）。其次暂停下来，仔细看所生成的众多想法，找出与众不同的新元素或者令自己激动的亮点，在不同的枝节上面找到一定的联系，并善于把它们结合起来。一般来说，距离中心词越远的元素，创新性会更强，在不同枝节上的两个元素，一旦发生关联，则所产生的创意会更新。最后我们需要把有价值的想法提出来，结合、围绕要解决完成的题目作进一步联想与完善，提出创意方案。

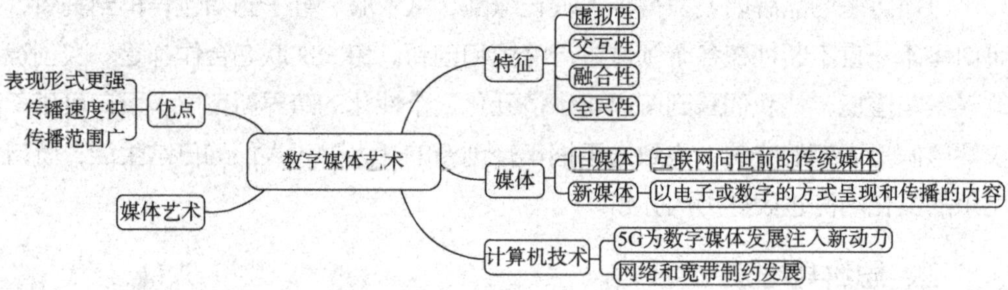

图 7–3　思维导图法示例

三、垂直思考法

垂直思考法也称为纵向思考法，是指传统逻辑上的思维方法，按照一定的路线进行思考，即在一定的范围内向上或者向下进行纵向思考（图 7–4）。垂直思考法的主要特点是思维的方向性与连续性，它强调的是缜密、精确、严谨、有序，即沿着线性思路一步一步地解析、演绎、推理。垂直思维法的优点是思路清晰、比较稳定，所产生的创意与核心概念关联性强；缺点是思考的空间有局限性，容易形成惯性的思考，使人故步自封，脱离实际，使创意缺少创新，重复雷同。

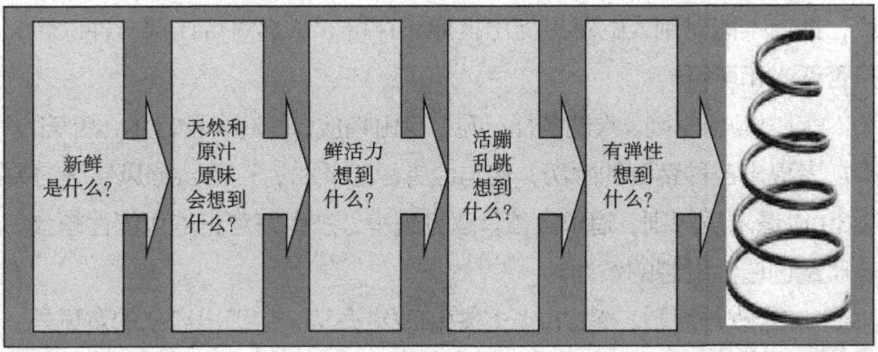

图 7–4　垂直思考法示例

四、水平思维法

水平思维法也叫作横向思维法，是指创意思维的多维性和发散性。它要求尽量摆脱固有模式的束缚，多方向、多角度、多方位地思考问题，不断寻求全新的创意。和垂直思维法不同，水平思维法就像是跳出原有的洞穴，再去挖一个新的洞。水平思维能弥补垂直思维的部分不足，克服固执偏见和旧观念对人的束缚，有利于人们突破思维定式，获得创造性构想，但也有一定难度，因为它没有现成的依据，没有确定的方向。

五、头脑风暴法

头脑风暴法（brain storming），是由美国 BBDO 广告公司的奥斯本首创的，该方法主要由价值工程工作小组人员在正常融洽和不受任何限制的气氛中以会议形式进行讨论、座谈，打破常规、积极思考、畅所欲言、充分发表看法。

采用头脑风暴法组织群体决策时，要集中有关专家召开专题会议，主持者以明确的方式向所有参与者阐明问题，说明会议的规则，尽力创造出融洽轻松的会议气氛，一般不发表意见，以免影响会议的自由气氛。由专家们自由提出尽可能多的方案。

头脑风暴法应遵守以下原则。

（1）庭外判决原则（延迟评判原则）。对各种意见、方案的评判必须放到最后阶段，此前不能对别人的意见提出批评和评价。认真对待任何一种设想，而不管其是否适当和可行。

（2）自由畅想原则。欢迎各抒己见，自由鸣放，创造一种自由、活跃的气氛，激发参加者提出各种荒诞的想法，使与会者思想放松，这是头脑风暴法的关键。

（3）以量求质原则，追求数量。意见越多，产生好意见的可能性越大，这是获得高质量创造性设想的条件。

（4）综合改善原则。探索取长补短和改进办法，除提出自己的意见外，鼓励参加者对他人已经提出的设想进行补充、改进和综合，强调相互启发、相互补充和相互完善，这是头脑风暴法能否成功的标准。

（5）突出求异创新，这是头脑风暴法的宗旨。

（6）限时限人原则。

第五节　数字营销创意的过程

在数字技术高度发展的时代背景之下，伴随着数字技术的广泛运用和广告从业者愈发激烈的竞争，创意内容受到了更多的关注，主要表现如下：其一，伴随着市场同质化的加重，同类品牌、产品的增加，优秀的广告创意能帮助企业和品牌在激烈的竞争中脱颖而出；其二，用户作为核心群体，对广告创意提出了更高的要求。对于数字营销时代的广告创意来讲，要进行精准定位，紧扣目标受众，用创新的广告创意思维探索创意内容，以保证整个广告行业保持源源不断的生命力。

一、广告创意的步骤

关于广告创意的步骤，詹姆斯·韦伯·扬提出了独到性的见解。他认为，生成创意需要以下五个步骤。

第一个步骤：收集原始素材，即让大脑尽量吸收原始素材，包括原始素材和一般素材。在广告界，特殊素材是指那些与产品和目标受众直接相关的信息。创意工作人员要彻底了解产品与消费者，持续不断地积累一般素材。对于广告而言，创意就是将关于产品与消费者的特殊素材，以及关于生活与时事的普通素材，加以重新组织，从而生产出新的组合。

第二个步骤：分析素材，即开动大脑，把这些资料当成食物，用思维好好地咀嚼一番，这样才能充分吸收，为创意的生成做好进一步的准备。

第三个步骤：孵化阶段，即你不需要做出任何直接的努力，只要把整件事彻底放下，尽量不去想它就行。

第四个步骤：创意产生阶段，即持续思考、产生创意。

第五个步骤：修订阶段，即你必须把不成熟、刚诞生的那个小小创意，放逐到现实世界中经受考验。当你这样做时，经常会发现它似乎不如先前那样非凡独特，所以，你需要开展一系列的工作对创意进行修正，让它切实有效。

二、数字时代的广告创意思维+

詹姆斯·韦伯·扬的创意步骤激发了后人对于广告创意产生过程的思考，在数字营销时代仍然散发着智慧的光芒，从准备、构思到形成、完善，创意的产生是一个完整的过程。但进入数字时代，消费者的触媒习惯和消费习惯发生改变，广告创意的思维也必然要跟上时代的步伐，结合互联网思维进行迭代，实现基于时代环境的延伸。在数字营销创意思维上，遵循广告创意+的思维模式，更好地拥抱互联网，具体体现在以下几点。

1. 广告创意思维+用户思维

用户思维是互联网思维的核心，用户思维即“以用户为中心”去考虑问题。透明、共享的互联网特征消除了信息的不对称，使得消费者主权时代真正到来，且万物互联的简便性使得用户参与的成本持续降低，碎片化的时间增加了参与的市场，在数字时代，用户发挥着无比巨大的作用。对于数字营销时代的广告创意，兜售参与感是最核心的策略，在创意产生的各个阶段与用户沟通，尽可能满足用户需求，通过提供互动机会、互动渠道，甚至让用户参与广告创意的创新之中，提供最佳的用户创意体验。

2. 广告创意思维+跨界思维

跨界的本质是高效率整合低效率，跨界是互联网发展的关键词，跨界意味着创新，对于广告行业来说，创新是第一要义，跨界可以给创意工作者提供更多的素材，迸发新的灵感。当下，广告创意并不再是专属于广告人的特权，行业边界在消融，互联网+的思维重构了产业的发展模式，这对数字时代的营销创意提出了新要求，秉持着跨界融合的思维进行广告创意的创作，积极汲取产业外的新鲜资源并运用到广告内容的创作之中，为数字营销创意提供新的灵感。

3. 广告创意思维+社会化思维

数字时代的用户以网的形式存在着，社会化媒体代表着一种大连接主义，即用尽可能多的方式将每个人同他自身以外的人连接起来。社会化媒体的存在让信息传播的速度更快，也使得广告在与用户的沟通关系上发生了变化。互联网具有明显的娱乐性，对于广告创意来说，及时抓住网络热点并结合产品自身产生创意内容，充分利用社会化媒体传播速度快的优势，达到品牌形象在受众群体中快速传播、提高知名度的目标。

社会化的核心是关系，本质仍然是用户，对于数字营销创意来说，将广告创意思维进行社会化思维的延伸是互联网时代必要的选择，基于社会化媒体的关系链条，实现与用户的情感连接。对于广告创意来说，不仅仅要表达出产品、品牌的价值，也要抓住受众，增强品牌与用户之间的信任感，社会化思维的引入帮助数字营销创意积累用户口碑，培养忠实消费群体。

三、数字时代的广告创意步骤

在具备了网感的广告创意思维之后，便进入数字营销创意的生产过程，创意生产的过程与策划过程相类似，也遵循着确定创意理念、借力创意元素、传播创意内容的步骤。本书将以饿了么的“挑战篮球传奇”全民公益接力活动为案例，对其创意生产的步骤进行分析。

作为中国领先的外卖服务平台，饿了么在 2016 年进行了一次基于体育行业的跨界营销，巧借科比退役的热点，以一次具备趣味的公益性事件营销打响了自身的名气，提升了品牌知名度。

1. 确定创意理念

NBA 篮球巨星科比曾作为饿了么的代言人，以热爱公益的形象出现在受众面前，他的粉丝与饿了么的用户群体有很高的重合度，且当时正值科比退役，借此契机，饿了么开启了一场“挑战篮球传奇”的公益接力，在社交媒体上上线 H5 小游戏，并且将游戏成绩作为一份慈善的心意，即在活动期间游戏投篮总数达到14亿，饿了么将向中国宋庆龄基金会科比中国基金捐款 100 万元，用于西部爱心篮球场援建项目。

相关数据显示，饿了么依托中国宋庆龄基金会科比中国基金，吸引占据整体市场 71.7%的白领目标受众参与挑战，2016 年 9 月 23 日上线游戏，截至 9 月 27 日晚 8 点完成公益挑战，游戏投篮总数超过 15 亿，微博秒拍视频等播放量过亿，累计直播在线人数 1 200 万次，活动圆满成功。

饿了么活动的成功，很大程度上取决于准确的创意理念，将科比的公益形象与饿了么相结合，用具有趣味性和纪念意义的“挑战篮球传奇”的活动向全民偶像科比致敬，对于球迷来讲，是对偶像运动生涯的纪念，对于普通用户来说，是奉献爱心的善举。饿了么的创意理念很大程度上地覆盖了目标受众，并且实现了与用户的情感连接。

2. 借力创意元素

在互联网时代，单纯的模仿复制并不能实现更长远的发展，对于数字营销创意来讲，关键在于找到能把产品和热点事件结合的创意元素，并借力于创意元素把品牌的形象以更佳的方式传达出去。而在数字营销时代，不少企业为了吸引消费者，盲目追随热点、制造噱头，结果却不尽如人意。在注意力经济时代，高质量的内容仍是核心所在。

饿了么的“挑战篮球传奇”借助 H5 的技术，为用户呈现了一个 30 秒的小游戏，参与成本低，只需要一个向上划的投篮动作，以简单流畅的操作获取了用户的良好体验，以有趣充满意义的公益理念赢得了更多用户的认可。另外，此次营销借助了科比的名人效应，将篮球游戏与援建西部爱心篮球场项目精准契合，带动了正向的偶像经济，不仅传递了核心的公益篮球信息，还在此过程中体现出了饿了么的文化价值认同，让“篮球游戏、公益传递”的主题理念在用户群体中快速扩散，实现品牌传播。有效的激励体制也是“挑战篮球传奇”得以快速传播的一个因素。科比签名球衣、T 恤及数亿个红包的奖项设置，给予了用户分享的物质驱动。

3. 传播创意内容

饿了么的此次活动体现了跨界思维对广告创意的影响力，用跨界联合的方式与篮球、公益相结合，实现共赢。另外，在创意内容的传播上，饿了么“挑战篮球传奇”采用了明星网红引发热度、自媒体 KOL 二次传播的方式将创意内容实现最大程度的传播扩散（图 7-5）。

图 7-5 饿了么“挑战篮球传奇”活动

首先，作为具备千万流量的明星在品牌的创意传播中发挥了巨大的作用，从体育界的易建联、苏群到娱乐圈的陈柏霖、王祖蓝、韩庚、郑恺、张天爱等都为“挑战篮球传奇”发声，并在社交媒体呼吁粉丝参与进来。另外百名人气网红接力明星，进行了关于游戏玩法、高分挑战、个人篮球故事、饿了么外卖速度等内容的直播，将简单的 H5 游戏进行了多个领域的延伸，丰富了活动内容。明星和网络红人的加入不仅赋予了活动趣味性，也覆盖了体育、娱乐、公益、财经等多个领域，极大地扩大了受众面，有趣的内容迅速地引发了受众的跟进，掀起了全民篮球公益挑战风暴。

其次，在明星和网红的基础之上，后续的自媒体 KOL 将活动内容进行了二次传播，效果良好。严肃八卦、同道大叔、黎贝卡的异想世界、麦子熟了、日食记等优秀的 KOL 均以 10 万+的流量将饿了么“挑战篮球传奇”的公益挑战传递到更多的圈层之内，实现了创意的病毒传播。

饿了么以公益为品牌的支点，活动传递爱心、完成挑战、实现援建项目为目标，公益性的挑战赋予了活动与品牌更高层次的意义，体育与娱乐圈明星的参与，网红、自媒体 KOL 的跟进，带动了用户的从众心理，让简洁的游戏内容在用户群体中得以快速传播。

符合品牌调性的创意理念、时机恰当的创意元素借鉴和完整有序的创意传播，让饿了么拉近了品牌与目标受众之间的距离，重塑了饿了么的品牌形象。

第八章　数字营销媒体策略

第一节　数字媒体的类型

在数字 1.0 时代，数字营销还只是将线下营销中的广告版面进行移植，其创举是将有限的媒介版面用无限的互联网页面替代。弹窗广告、页面展示广告、邮件广告、手机短信广告都是这个时代的产物，无限的数字资源让更多的商家能够用更低的价格来进行自己的广告生产活动。

到了数字 2.0 时代，随着互联网中各类应用的深入发展，实时竞价、搜索引擎营销、DSP、SSP（sell-side platform，销售方平台）等规范化数字化广告投放平台的兴起，传播者和接受者地位的深刻变化，数字营销才开始经历真正的变革。

尤其是移动互联网的出现，以智能手机为代表的智能终端为消费者提供各种各样的生活、娱乐、消费应用，它们将消费者行为和数字媒介深刻地结合在一起，消费者在网络上的浏览、社交、购买和娱乐行为都变成可以记录的资料。广告主对广告投放的要求从找到那群消费者到精准地找到那个消费者，在这之中，广告媒介投放中介平台崭露头角，企图通过各类平台用更精准的方式帮助广告主与消费者相连。当然，掌握了消费者数据的广告主还可以绕过广告中介平台，直接在互联网应用中与消费者精准相连。

数字 1.0 时代的展示广告和邮件广告，在 2.0 时代都朝着精准投放的模式发展，本节不再赘述。我们主要关注那些产生了革命性变化或能够产生巨大影响的数字媒介形式，以搜索引擎、即时通信软件、SNS平台、电商平台、新闻资讯平台、视频网站、直播、网络游戏和户外数字媒体这九大类为主（图8-1）。但需要谨记的是，虽然本节在尽量完善数字媒介的版图，但数字媒介渠道依然并非只用这九大类媒介形态就可以涵盖全面。在这九大类媒介中，又涵盖了诸多平台，后文也仅做代表性表述，旨在让受众对纷繁复杂的媒介渠道有一个相对清晰的认识。

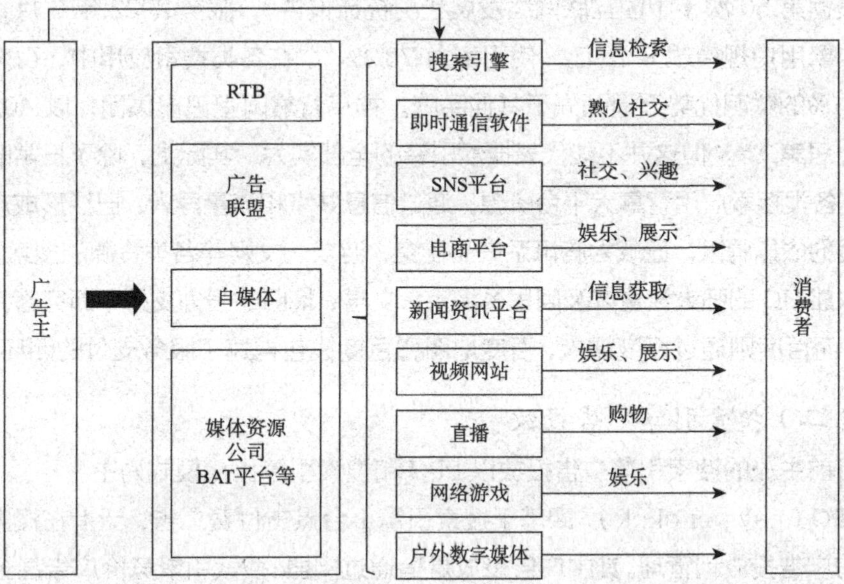

图8-1　广告投放流程

一、搜索引擎

搜索引擎以其巨大的流量入口，成了数字营销“战争”中的兵家必争之地。它是互联网广泛使用的基础应用之一，是指根据一定的策略、运用特定的计算机程序从互联网上搜集信息，在对信息进行组织和处理后，为用户提供检索服务，将用户搜索相关的信息展示给用户的专门站点或服务器（郑丽勇和陈徐彬，2017）。

（一）搜索引擎市场概况

除了以百度搜索和神马搜索为代表的常规搜索外，搜索引擎还被应用在互联网的各项应用中，如电商类搜索、地图类搜索、生活服务类搜索等。前者以功能全、流量大、信息源多为优势，后者则以在细分行业满足用户精细化的搜索需求为目标。总之搜索引擎已经与互联网中的各类运用相互勾连，成为人们使用互联网的基础入口。

根据第 50 次《中国互联网络发展状况统计报告》，截至 2022 年 6 月，中国搜索引擎用户规模达 8.21 亿，使用率为 78.2%①。在各类搜索应用中，百度以占比 71.1%的鲜明优势遥遥领先于其他品牌。神马背靠阿里巴巴集团，以 40.3%的占比位居第二②。但这并不能代表搜索引擎的全部实力，实际上，除了日常的搜索业务，各类搜索应用背靠大平台资源，通过信息共享和流量导入，已经形成矩阵效应。搜狗依靠腾讯，已成为腾讯系产品社交、游戏、文娱等各类资源的搜索入口。神马依靠 UC 的强大流量以及阿里系淘宝、文学、地图的强力支持不断完善其搜索市场。而百度则通过百度糯米、百度地图和百度钱包构建了服务支付的闭环流程。

（二）搜索引擎广告投放

目前主流的搜索引擎广告投放以 PPC 和搜索引擎优化模式为主。

PPC（pay per click），即基于搜索引擎平台点击付费广告，泛指在搜索引擎平台的广告投放和管理。其中广告投放是指通过网盟、搜索引擎竞价广告甚至 DSP 进行各大搜索引擎广告版面的购买，而广告管理则包括广告投放后的整个用户引流过程。购买广告版面只能确定广告在既定的版面上展露，但广告的质量、网站的质量、落地页的吸引力和用户转化率都是广告效果的关键，也是 PPC 关注的重点。PPC 的优势在于门槛低、见效快且效果可控。劣势则在于有一定成本，一旦停止投放，效果则相应停止。PPC 适用于新品推广、品牌宣传、打压竞品曝光、维护自身品牌的曝光量和声量。

搜索引擎优化是一种利用特定搜索引擎的自然搜索结果的网站收录和排名规

---

① 第 50 次《中国互联网络发展状况统计报告》。

② 艾媒咨询：2019-2020 年中国移动搜索市场运行监测报告。

则，来提高目标网站在该搜索引擎的结果页面的排名方式。也就是常说的关键字广告。广告主根据自己的产品或服务的内容、特点等，确定相关的关键词，撰写广告内容并自主定价投放的广告。当用户搜索到广告主投放的关键词时，相应的广告就会展示（关键词有多个用户购买时，根据竞价排名原则展示），并在用户点击后按照广告主对该关键词的出价收费，无点击不收费。搜索引擎优化的优势在于投资回报率大、效果稳定、流量潜力较大；其劣势在于具有技术门槛、见效需要一定时间周期。

有实力的广告主可以既选择PPC模式进行主动进攻又选择搜索引擎优化模式进行被动防御。两相结合，最大限度地提升自己的投资回报率。

不过，值得注意的是在未来，整合平台资源、智能化深耕搜索已成为各大搜索引擎的必由之路。以往搜索引擎通过用户的主动搜索提供相关广告信息按点击量收取广告主费用的用户红利时期已一去不复返，搜索引擎上的大量广告信息成了降低消费者体验的罪魁祸首。广告主需要改变在搜索引擎上的广告投放姿态，一方面通过精细化的搜索定位自身目标用户，另一方面可尝试更多创新营销模式，运用 AR 和 VR 技术制作趣味性、参与式的广告，使产品信息自然地融入搜索场景中。这将是获得共赢的唯一手段。

二、即时通信软件

即时通信软件是通过即时通信技术来实现在线聊天、交流的软件。但随着即时通信软件的不断发展，其对用户的意义远不止于此。

（一）即时通信市场概况

根据第 50 次《中国互联网络发展状况统计报告》，截至 2022 年 6 月，即时通信用户规模达到 10.27 亿人，占网民总体的 97.7%，是互联网流量的核心入口[①]。在大众即时通信市场中，腾讯旗下的微信一骑绝尘，QQ 作为老牌的即时通信软件走年轻化的道路亦网罗了大量用户。其他即时通信软件如陌陌、来往、skype均精耕自己的垂直市场，暂无超越第一梯队微信和 QQ 的可能。

① 第 50 次《中国互联网络发展状况统计报告》。

自微信开放平台，允许第三方以“小程序”的形式入驻后，更高效地链接用户、内容和服务成了它的发展目标。微信想要将自己打造成互联网多种应用的入口的雄心显而易见，占据大量用户流量的微信成了各个广告主的心头好。

（二）即时通信的广告投放

由于QQ和微信基本囊括了即时通信软件的所有模式，具有极强的代表性，故本节将围绕这两个广告投放平台做梳理。

即时通信软件因具有社交属性，从广告发布者来看，分为官方渠道发布和用户个人发布。官方渠道发布的广告由广告主向腾讯进行广告版面购买，腾讯旗下的“广点通”“智汇推”“朋友圈”平台是广告主进行官方广告投放的入口。而个人渠道的发布则是由用户自己利用朋友圈或个人空间进行广告的自产自销。在这之中，公众号广告和KOL广告，则又是通过广告主对个人版面的购买进行广告投放，腾讯会从形成广告规模的用户中收取抽成。

QQ在PC（personal computer，个人计算机）端时期，就有广告经营的尝试，现存在版面广告、文字广告、群聊广告等多种形式。在QQ空间里，亦有大量的信息流广告充斥着，算是一个比较全面的广告平台。相较于QQ在PC端便开始的广告经营各类尝试，微信对广告平台的开放一直非常慎重。2015年1月，微信推出第一批朋友圈信息流广告。截至目前，已经发展出链接广告、图文广告、视频广告、H5广告等多种形式。虽然起步较晚，但与其他新媒体广告相比，信息流广告更能精准触达用户，将广告投放到相应的市场。而由用户自己发出的广告链接，在被微信后台检测到超出转发域值后，也会被系统判定为“诱导链接”，从而被强制删除。此前，网易运营课程的H5、抖音的导流短视频均遭到过微信的删除。从微信的发展上看，相较于通过广告变现，微信更愿意提供给用户一个高质量的平台以谋求更广阔的产业发展生态，所以，在微信上投放广告一定要注意对其生态的保护，切忌引起诱导性和恶意的传播行为。相较于直接的广告，原生化的服务可能会更加讨巧；利用微信公众号，建立与品牌相关的内容社群，通过社群的运营传达品牌理念促进消费也不失为一个极佳的方案。

三、SNS 平台

SNS 包括社交软件和社交网站。它旨在建立一个人与人之间的关联平台，人们可以在这个平台上共享他们的想法、图片、文章、活动和事件。在中国，SNS 平台以微博一家独大，紧跟其后的有豆瓣社区、天涯论坛和领英。相较于即时通信软件的强关系社交，SNS 平台以弱关系为主，更加开放，更适合广告主进行各类营销资源的联通，从而快速建立社会影响。

由于豆瓣、天涯和领英构建的都是细分市场的圈层文化，而微博的囊括范围更广，且四者广告形式也以微博最为全面，故在下文中着重围绕微博展开。（严格来说，微信朋友圈、QQ 空间亦属于 SNS 类媒体，上文已讨论过，不再赘述）

（一）微博概况

截至 2022 年 6 月，微博月活跃用户共 5.82 亿，日活跃用户达到 2.52 亿。微博以其强大的舆论导向力，成为各广告主品牌活动宣传的第一站点。

内容是微博的基础与核心，图文博文是微博用户最主要的发布形式；与此同时，包含链接、视频、音乐类博文的占比正在慢慢提升。微博的内容形态更加丰富多元，进一步提升了用户体验。如今，微博话题已覆盖时尚、美妆、金融、游戏等 46 个领域，微博行业形象力和商业能力都进一步增强。电视剧、综艺、动漫等泛娱乐领域是微博深度运营的主要领域也是用户活跃的主要场所，与此同时，微博也在财经、教育、时政等各个领域做孵化以增强对各类型用户的黏性。

在平台中，内容成了微博的体现价值的主要表现形式，平台成为连接优质内容生产方和用户的窗口，内容生产方从专业媒体、公关机构、大 V 向网红、粉丝向普通用户延伸。

在平台外，微博不断与其他领域拼合，从网红、直播、社群等紧密相关的细分领域，到广告、游戏、电商、金融、O2O（online to offline，线上到线下）等，在产业链中寻找更大的发展和变现机会。但微博区别于微信的发展方向，微博极力在形成自己的兴趣圈层以挖掘更大的广告潜力。

（二）微博的广告投放

微博广告是基于微博平台的新型广告形式。关于微博广告的定义目前尚未有明确的定义。在硕士学位论文《我国微博的广告价值分析》一文中，赵静静曾尝试从广义和狭义两个视角对微博广告的内在和外延进行探讨①。“广义上讲，微博广告是指企业或品牌广告主利用微博平台，通过图文、声画等方式发布有关商品和服务信息的统称，微博广告是网络广告的新表现形式”，这是从静态视角对微博广告的定义；“狭义上的微博广告，就是微博上的营销行为，广告主在微博平台上，或是基于个人或企业微博，发布该企业产品和服务信息，并劝说诱导用户购买和消费其产品与服务与信息传播活动”，这是从动态上对微博广告进行的界定。其实，微博广告顾名思义就是利用微博平台为商品和服务宣传。可以说，微博广告是由企业或品牌主发起，通过微博的内容载体，以文字、图画、视频等一系列方式，向微博受众传达一定商品和服务信息，并能为微博平台和广告主带来一定经济利益的信息传播活动的总称。

微博中的广告形式多样，其中关键词广告、信息流广告、话题植入广告、功能内置广告为主要的广告形式。关键词广告与搜索关键词广告有相似之处，但不同在于，由于微博是一个社交平台，用户搜索出相关的内容还可以在这个平台上通过关注和转发将信息进行进一步传播，形成几何裂变式的效应。而微博独创的“##”模式，能帮助各广告主精准植入话题，参与讨论，这也是微博成为社会舆论首发地的关键创举。面对大量的内容和广告机会，微博成立了广告平台“粉丝通”“粉丝头条”，旨在将广告主的商业信息更加精准地传达给目标群体。

四、电商平台

电子商务，是通过互联网等电子工具在全球范围内进行的商务贸易活动，是以计算机网络为基础所进行的各种商务活动，包括商品和服务的提供者、广告商、消费者、中介商等有关各方行为的总和（郑丽勇和陈徐彬，2017）。在消费者看来，电子商务是一种通过互联网实现买卖和支付的商业模式。

---

① 赵静静. 2011. 我国微博的广告价值分析[D]. 河北大学硕士学位论文.

（一）电商市场概况

根据第 50 次《中国互联网络发展状况统计报告》，截至 2022 年 6 月，我国网络购物用户规模达到 8.41 亿，网民使用比例为 80.0%[①]。经过早年淘宝的野蛮生长，电商消费市场日趋规范发展。行业巨头纷纷整合电商市场的上下游产业链，以精准化的信息流、便捷化的商流和品质化的物流来提升消费体验。淘宝作为 C2C（customer to customer，个人与个人）电商平台，汇聚众多商家，占据中国电商的第一把交椅。京东以优质的物流和优质的商品品质为口碑获得了追求生活质量的消费群体的青睐。唯品会、网易严选、洋码头、小红书等电商近几年从细分市场入手，也分得了电商市场的一杯羹。

虽然行业格局基本已定，但消费者购物的场景化、消费升级、用户细分、社交导流、渠道下沉等发展趋势依然促使着电商平台马不停蹄地部署自己的下一个战略计划。阿里的新零售、京东的无界电商都将深入拓展消费者的消费场景，也会成为下一个广告爆发点。

（二）电商广告投放模式

电商平台的广告投放以淘宝为例，淘宝所属阿里巴巴集团，而阿里巴巴集团的所有广告资源都由阿里妈妈进行管理和投放，阿里妈妈的广告系统都是基于淘宝网本身的运作系统而形成的，可以说是淘宝网庞大运营系统中的一个环节。广告数据是消费型数据，但阿里妈妈大部分广告系统并不对外开放，只服务自己的淘宝、天猫的商家，共有四个主要的广告投放系统：直通车、钻石展位、麻吉宝、淘宝客。另外阿里的 tanx（广告交易平台/资源方）有跟国内 DSP 合作，可以通过 DSP 投放阿里 tanx 平台合作的广告资源。

“直通车”所涵盖的广告形式是淘宝关键词，通过关键词搜索呈现在第一排、右栏和底部的商家商品陈列页面，直通车有个“烧车养词”的说法。假如一个手机类目，共有 500 家的商家同时竞价“手机”这个关键词的第一页广告位。初期就需要较高的广告成本来“烧车”了。“养词”就是宝贝在搜索关键词上曝光、点击率、转化率等都做得很好，那身为淘宝天猫的运营肯定要把流量给最优秀的商

① 第 50 次《中国互联网络发展状况统计报告》。

家，所以关键词质量得分就会上去，质量得分上去，广告位不变的情况下，点击单价就降低了。

“钻石展位”是指淘宝上的各种广告位，如首页 banner、各频道子页面和部分外部网站的广告位，钻展是非常注重品牌与视觉传播的，而且规则很严格。这就需要商家有较好的制作广告创意的运营能力。

“麻吉宝”是移动端的广告系统，商家加入麻吉宝后，平台会把商家的产品信息通过互动形式页面发布到各个阿里旗下的 App，如手机淘宝、一淘、支付宝等。

“淘宝客”的运作模式是商家开通淘宝客，并设置产品分成佣金，就会有大量的淘宝客选择并推广商家的产品，以获得产品佣金。淘宝客可以是网站主、微博自媒体或个人推广，目前最大的淘宝客是淘宝自己。平时在大大小小的门户网站看到的淘宝商品广告板块，这些都是淘宝合作网站，通过淘宝客系统自动计算投放出来的。

目前淘宝的广告都基于平台各类商品的买卖活动进行，除非是商家自己与其他品牌联营，否则不会出现其他的非平台内商品的广告。淘宝的整个广告体系，其目标也是通过各类广告模式，对商品进行最大程度的曝光以和商家互利共赢。

值得注意的是，随着直播的发展和新技术的落地，一方面，淘宝开设直播分区，多数商家通过直播获得了短时大量的订单。另一方面，淘宝精耕消费者数据，用精准的商品推送增加消费者对平台的黏性。其他电商平台上也能看到这两种新型广告趋势，随着电商红利的减少，各商家应积极尝试新的广告推广方式以期获得更多的销量，打造品牌影响力。

五、新闻资讯平台

新闻资讯平台也可以说是网上新闻信息的聚合平台，相较于传统纸质媒体，在内容上，新闻资讯平台更丰富；在传播方向上，新闻资讯平台实现了信息相对双向的传播，用户可以以留言的形式表达自己的看法；在体验上，新闻资讯平台打破了时空的界限，实现了随时随地地查看。其在 PC 端为网站形式，在移动端则为客户端形式。随着人们生活的移动化，移动新闻客户端的使用量远远超 PC

端，是除社交平台、视频平台的第三大网络流量入口。

（一）新闻资讯平台的市场

据第 50 次《中国互联网络发展状况统计报告》，截至 2022 年 6 月，我国网络新闻用户规模为 7.88 亿，网民使用比例为 75.0%[①]。但在内容市场中，整体资讯内容过剩，跨界竞争日趋激烈。平台化的资讯传播模式促使大量内容提供者涌入，形成专业媒体、自媒体同台竞争的格局。激烈的竞争也拓展了信息的类型，文字向视频甚至直播发展。正因如此，新闻客户端便与视频、微博、直播等应用形成了潜在竞争的态势。

早期的新闻资讯市场以腾讯新闻、网易新闻、搜狐新闻三家独大，随着传统媒体的数字化转型不断深入，澎湃新闻、人民日报、新华社等更多的新闻资讯平台出现在用户面前，企图重构传统媒体在数字世界的影响力。

但在互联网的世界中，产品的盲目模仿永远不可能撼动头部流量。于是凭借着“算法”，以“个性化”新闻分发为模式的今日头条宛如一匹黑马，异军突起。短短几年时间收割了新闻客户端中的大量流量，一跃成了新闻资讯平台中的一颗巨星。

从此，技术与内容并行，成了新闻资讯平台的核心竞争力。未来大数据、神经网络、自然语言理解、自动学习等人工智能技术的应用将促进新闻资讯平台在资讯推荐、营销推广及深入的内容制作、互动沟通等方面获得进一步的发展。

（二）新闻资讯平台的广告投放

当前新闻资讯平台的广告主要有以下三种形式。

一是开屏广告，即用户打开新闻客户端界面，就会出现大约 5 秒的广告，5 秒过后才能进入新闻客户端。这种广告的投放费用贵，广告主以“土豪”居多，在今日头条中，开屏广告可以定向地区、定向人群发送，不同的地区和人群会有相应不同的价格。这种形式的优点在于品牌效应强，用户不容易去关闭。同时 5

---

① 第 50 次《中国互联网络发展状况统计报告》。

秒的广告时间也不长，并不会影响用户对于 App 的体验[①]。

二是信息流广告，用户使用客户端时，客户端以信息流形式展现新闻。同时广告也会夹杂在新闻中不断呈现，且以这种方式进行投放的广告多为软文模式，模糊了广告与新闻的边界，也更容易对用户进行说服。但这种模式的广告非常考验广告内容的制作能力，如果在大量的信息流中，广告标题和简介没有任何吸引力，就会被用户很快刷过，宛如将石头投入大海，无法形成一点波澜。

三是内容页尾部广告，它往往出现在新闻客户端内容页面的文章底部。广告经营得比较好的 App 一般会给予文章内容选取相关的广告进行投放。但是这种模式的广告效果并不理想，因为每个用户的浏览习惯不同，特别是长新闻内容，用户很难读完文章，底部的广告即便与用户的兴趣相关也有可能会形同虚设。

虽然新闻资讯平台的广告投放形式较少，但在投放过程中一般都会围绕用户的兴趣点做个性化精准投放，那么一千个人眼中可能就有一千种广告样式。相信，随着智能技术对新闻资讯平台的不断改进，广告投放形式还能有长足的发展。

六、视频网站

视频网站是指在完善的流媒体等技术支持下，让互联网用户在线流畅发布、浏览和分享视频作品的网络媒体。优酷、腾讯视频、搜狐视频等都是典型的视频网站（郑丽勇和陈徐彬，2017）。

（一）视频平台的市场概况

据第 50 次《中国互联网络发展状况统计报告》，截至 2022 年 6 月，我国网络视频用户规模达 9.95 亿，网络视频用户使用率为 94.6%[②]。和游戏业相似，视频业同样开始布局泛娱乐领域，通过 IP（intellectual property，知识产权）对文学、漫画、影视、游戏及其衍生品的加持，不断拓展自身的战略价值，生态化平台的整体协同能力正在逐步凸显。

自 2016 年，国家相关部门开始加强对网络视频行业内容监管审查，随着国

① 孰优孰劣？扒一扒新闻客户端的三种广告形式. http://www.tmtpost.com/119841.html.

② 第 50 次《中国互联网络发展状况统计报告》。

家法令执行的不断深入，网络视频从野蛮生长走向规范化发展。视频的内容质量提升，版权内容亦逐渐趋于稳定。随着文学 IP 的布局发展，自制网剧、短视频内容重获关注，各大视频网站花重金购买版权剧、版权综艺以保证流量。

随着版权的控制，用户付费意愿逐渐增强，用户付费成了视频行业的重要收入。但广告在视频平台的变现体系中依然占据头把交椅，广告和视频乃至上游 IP 的联动，在未来还有极大的发展空间。

（二）视频平台的广告投放

视频平台既有平台运用的内容，又有 UGC 创作，尤其是优酷和土豆汇集了大量 UGC 创作短片。近年来短视频不断发力，以抖音和快手为代表的全 UGC 平台崭露头角，也成了广告投放的渠道之一。

在视频平台中，视频平台、影视作品和 UGC 都可成为广告的载体。

视频平台的广告自助投放方式包括视频贴片、暂停、角标广告等，视频贴片广告包括 5 秒、15 秒、30 秒这三种。随着新技术的发展，视频平台的广告不再是和剧情毫无关系的内容，而是以更原生的状态呈现给受众，广告内容一定会与视频内容在明星和产品上呈现一定的相关性，以让广告产生更大的效果。除此之外，广告投放还可以按地域或其他维度进行定向投放。

影视作品中的广告植入，是一种更深入的广告合作模式。广告主可根据自身品牌的调性选择热播电视剧、综艺进行自己的广告植入，植入会以节目冠名、专题页、内容等方式进行。其中最成功的案例便是《奇葩说》马东的口播广告，其获得的品牌带动效应非同凡响，成为视频植入广告中的经典案例。

在传统视频平台上，UGC 创作短片与广告主举办的各类活动营销息息相关，偶尔广告主也会扮演用户的角色，自己上传相关视频以获得消费者对品牌的认同。随着短视频平台的火爆，尤其是抖音，UGC 的传播力量才真正展现，短短几个月时间，抖音的用户带火了“小猪佩奇手表”“COCO 奶茶”“妖娆花音箱”……受到抖音文化的影响，淘宝中一批抖音爆款产品涌现并受到消费者热捧。

在定向化精准购买广告版面的同时，如何将自己的品牌和产品植入内容，并与消费者产生共鸣，引发讨论热潮，才是视频平台中广告最大效益的体现。

七、直播

直播是一种实时性、互动性显著的互联网传播内容形式。不同于传统的文字、图片、视频，直播紧密地将用户与直播内容交织在一起，让用户本身也成为内容生产的一分子①。

（一）直播的市场概况

据第 50 次《中国互联网络发展状况统计报告》，截至 2022 年 6 月，我国网络直播用户共 7.16 亿，其中游戏直播用户规模达到 3.05 亿，真人秀直播用户规模达 1.86②。

早在 2005 年专注于语音的 YY 和专注于陌生人视频社交的 9158 开始发展 PC 端的美女主播聊天室，这是网络直播的雏形，后衍生为一种直播的主流形式——秀场直播，这也是在直播行业中唯一获得盈利的直播模式。2011 年，随着美国的游戏直播平台 TwitchTV 的走火，国内继续跟进，YY 和斗鱼相继成为 PC 端游戏领域直播的领头平台。在这段时间，秀场和游戏是两种主要的直播形式，直播的场地也局限在 PC 端上，直播是只属于某一细分市场人群的娱乐方式。直到 2015 年，美国的 Meerkat、Periscope 上线后，引爆了移动直播。同年后期，我国的映客、章鱼、熊猫纷纷效仿，直播开始进入移动直播、全民直播时代。

随着直播行业的不断发展，各企业看到了直播用户的商业价值，频繁使用网络直播对受众进行品牌传播，直播已然成了企业商战中不可或缺的传播平台。此外以网络红人为主力军的电商直播更是将电商与直播融合，极大地刺激了用户的消费欲望，缩短了用户购买的决策流程，成了广告主营销传播流程中的新宠。

（二）直播平台的广告投放

企业利用直播平台进行宣传主要通过以下几种广告投放方式：平台中的展示广告、以直播形式进行采访、企业内部展示、企业代言人个人秀、发布会、事件营销、商品展卖、促销活动。这几种广告投放方式又可以汇总为展示广告、活动

---

① 36 氪研究院. 百播争“名”：是机遇还是泡沫？——直播行业研究报告。

② 第 50 次《中国互联网络发展状况统计报告》。

营销、电商直播三大类型。

展示广告主要有 App 开屏广告；固定位置的图片、Flash、动图等广告；口播广告；打赏礼物广告；评论及弹幕广告。前两种为传统网络广告的移植，后两种是直播平台的独有植入广告模式，尤其是打赏礼物广告直接将商品做成了可以打赏给主播的虚拟礼物，大大增加了直播中的品牌曝光量；而口播广告则借鉴了影视中的植入式广告。

活动营销主要有 CEO 或企业高管采访直播，以“王健林参与《鲁豫有约》直播”为经典案例；企业内部展示以“美联英语课堂直播”为例；个人秀以“巴黎欧莱雅代言人李宇春参加戛纳电影节直播”为例；事件营销以“杜蕾斯 Air 空气套产品直播”为例；发布会以“Baby 参加美宝莲轻唇膏发布会”为例。但广告主利用直播进行的广告活动并非单一依靠直播平台。直播的前期依靠在社交平台上进行短视频预热、直播预热，发布直播的过程中，又会进行实时短视频剪辑进行用户引流；直播结束后，还会利用直播信息进行二次传播，所以在这类营销活动中直播、短视频、社交平台三者息息相关。根据艾瑞网 2016 年的一份调查显示，直播平台的社交转化率非常高，能够与社交网络向直播导流形成良性循环。

电商直播是三种广告类型中转化效果最快的。购物达人在直播购物场景或产品使用场景中实时与消费者进行互动，能够极大地缩短消费者的决策流程，实时将流量变现。其中菠萝蜜 App 就是针对女性对海淘的需求，让时尚买手以直播的形式为用户购买商品。

直播广告效果的关键在于互动和连接。如何进行实时互动？如何更快与消费者建立联系？是广告主考虑的关键。

八、网络游戏

网络游戏，又称“在线游戏”，简称“网游”，是指以互联网为传输媒介，以游戏运营商服务器和用户计算机为处理终端，以游戏客户端软件为信息交互窗口的旨在实现娱乐、休闲、交流和取得虚拟成就的具有可持续性的个体性多人在线游戏。

（一）网络游戏的市场概况

根据第 50 次《中国互联网络发展状况统计报告》，截至 2022 年 6 月，我国网络游戏用户规模达到 5.52 亿[①]。

从游戏的运营能力看，竞技与社交是促使重度游戏保持极高营收能力的核心元素。虽然网络游戏市场从端游向手游发展的格局已定，但由于用户版权和付费意识的提高，PC 单机类的小众垂直游戏市场亦逐渐展现出了较强的发展潜力。

网络游戏的收益除了来自广告和用户外，还以 IP 为中心，与文学、影视结合进行产业联动使业态呈现出新的生机。阿里游戏、蓝港互动、万达院线等游戏厂商陆续在 2017 年上半年公布了 IP 改编游戏计划，该计划还与联合优酷、爱奇艺等视频网站进行影视作品的协同营销。

游戏虽然作为内容产业，但不像新闻业对广告收入有着强依赖，它最大的营收来源还是网络游戏点卡和收费道具，所以广告主在网络游戏投放广告需要灵活地处理好游戏内广告的定制、植入和修改，尽量做到不影响游戏生态。不过随着娱乐化的社会风潮，已经出现了专门为品牌定制的游戏，让人们在娱乐的同时接受广告主的信息。

（二）网络游戏的广告投放

网络游戏的广告以植入式为主，是依托于游戏本身的娱乐本性带来黏性和互动性，结合游戏产品文化背景和内容的独特性以及相应的游戏道具、场景或者任务而制定的广告形式。让玩家在玩游戏的状态下切身体验产品的特性，把广告变成游戏环节的一部分，将广告变成游戏，游戏变成广告。把企业品牌传播和游戏文化深度结合，利用网络游戏把虚拟文化传播转化为真实的企业品牌传播，让游戏玩家成为忠诚的企业品牌消费者、追随者和传播者。

目前网络游戏的广告植入模式有五种，分别是场景或画面背景植入、道具植入、人物衣着或物品外表植入、情节关卡类植入和专门设计类植入。实际上，把游戏理解成我们现实生活场景的虚拟状态就很容易理解这些植入方式。场景或画面的背景植入，是将现实中的户外广告迁移至游戏中；道具植入和人物衣着或物

① 第 50 次《中国互联网络发展状况统计报告》。

品表面植入，是将现实中的衣食住行迁移到游戏中；相对较深的植入是情节关卡的植入，需要将整个游戏场景都打造成以广告主为主题的场景；而专门设计植入则是前文中提及的基于广告主的需求而专门创造出的游戏，Radio Shack 和 MSN 合作简历的赛车游戏便是此类。

另外，游戏载入和退出时的等待时间也是网络游戏广告的主要类型。虽然网络游戏对广告投放暂时还不是非常友好，但利用游戏化思维来做广告投放，如何让用户在沉浸式的体验中被广告潜移默化地感染倒是广告投放新的思路。

九、户外数字媒体

户外广告，泛指基于广告或宣传目的而设置的户外广告物，常出现在交通流量较高的地区。户外数字媒体是指以数字化形式展现的户外广告，其中以 LED 屏为代表，还存在互动式的户外广告装置。

（一）户外数字媒体市场

普华永道发布的《2015-2019 年中国娱乐及媒体行业展望分析报告》显示，2014 年户外广告总收入为 54 亿美元，其中数字化户外广告占到了 30%以上，而且预计在 2019 年，数字化户外广告收入将达到 36 亿，复合增长率能达到 16.8%[①]。

伴随移动互联网技术及互联网+概念的推广，传统线下传媒日益受到来自户外数字媒体广告的冲击，其中，以户外 LED 显示屏为载体的户外 LED 传媒呈现稳定增长态势。此外，与互动相关的户外广告设施也受到了广告主的青睐，如加多宝分贝测量装置、公交站互动游戏装置，它们以游戏化的方式传达品牌理念，受到了消费者的喜爱。

（二）户外数字媒体广告投放

在数字传媒的生态系统中，户外数字媒体之所以受到青睐，在于其并不是作为一个独立的要素存在。随着微博等社交媒体的兴起和移动终端设备的普及，户外数字媒体自然而然地成了环绕消费者的互动和沟通立体空间的重要组成部分，

① 普华永道《2015-2019 年中国娱乐及媒体行业展望分析报告》。

这有助于提高参与率，同时有助于通过提供所产生的交互数量的确切数据，来提高媒介的可测量性。从这个意义上说，户外数字媒体本身作为一种衔接各种传媒要素的传播价值已远远大于其作为显示硬件的价值。

在户外数字媒体投放领域有三类公司可供选择，一是品牌广告及广告主自有资源，二是媒介代理公司，三是媒体资源公司。在这三种模式中，广告主自身资源范围不广，而媒介代理公司在户外媒介上的广告投放依然是需要通过联系媒体资源公司进行，所以在户外媒体的广告投放过程中，媒体资源公司举足轻重。

中国的户外媒体资源公司以分众传媒、航美传媒、白马户外、申通德高为代表。

分众传媒是中国领先的数字化媒体集团，创建于 2003 年，产品线覆盖商业楼宇视频媒体、卖场终端视频媒体、公寓电梯媒体（框架媒介）、户外大型 LED 彩屏媒体、电影院线广告媒体、网络广告媒体等多个针对特征受众、并可以相互有机整合的媒体网络。

航媒传媒是中国最有影响力的中高端户外媒体运营商，拥有中国航空数码媒体市场超过 90%的占有率以及大份额的机场传统媒体资源，打造了覆盖北京、上海、广州等全国主要机场及国航、东航、南航等多家航空公司 2 300 余条航线的航空媒体网络。

白马户外是目前国内最具实力规模的户外广告公司，主要从事公共汽车车体和候车亭广告业务，并建立了覆盖全国 30 个城市的“风神榜”媒体网络，为国际品牌的注入和国内品牌的发布提供了完善的一站式户外广告服务。其 2001 年 12 月成功地在香港主板上市，成为内地首家在香港成功上市的户外广告公司。

申通德高成立于 2007 年 3 月，是由上海申通地铁集团有限公司与全球户外广告公司法国德高集团组成的中外合作企业，主营业务为地铁广告。

随着大数据、云计算和广告竞价对广告业态的影响。户外数字媒体在后端也在进行着积极的改革，一批数据公司以大数据为依托，通过精准经纬信息、完整实景图片和周边场所的测量，帮助媒体建立自动化的、实时的、大数据调控的职能上刊 Saas 服务。此外，途经广告位的人不再是定义模糊的受众，他们的 MAC 地址将被采集，通过后台系统对天气、时间、场景、地理等信息的运算，将计算出如何呈现广告才能实现效果最大化，从而筛选出目标人群进行受众的精准采购，这种采购方式往往还与跨屏相连。

可以看出，精准化、跨屏式、互动式将是户外数字媒介的未来发展趋势。

数字媒介丰富多样，远不是以上九类渠道所能囊括。数字 1.0 时代的门户网站或论坛还以软文和展示广告为主要广告形式，2.0 时代的知乎就已经通过兴趣划分消费者，用更有深度的问答软文和更原生的信息流广告进行广告分发。杂志为了抵御数字媒介的侵袭，推出电子版，将广告版面变为电子模式在数字世界中传播。甚至商品本身，以可口可乐为代表，它推出“歌词瓶”“昵称瓶”“台词瓶”，将年轻消费者耳熟能详的歌词印在易拉罐上，在社交媒体中引发热议。此外，二维码的诞生，连通了线上与线下，为商品和数字世界创造了互通的可能性。我们只要通过扫码就能关注企业微信，而消费者想要的商品溯源也逐渐成为可能，这难道不是又一类数字营销渠道吗？

如果把传统媒体形容成泾渭分明的通衢大道，那么数字媒介更像是阡陌纵横的林间小道，它们相互渗透，杂糅构成今天的数字版图。在视频网站投放广告，直播平台可能与相应内容形成联动。在电商上投放广告，广告内容又会出现在微信的小程序里。各类数字渠道和平台相互勾连，使得现代营销活动跨平台、跨渠道广告投放趋势显著。

正如本章开头所述，我们不再是通过购买版面的方式来寻找消费群了，而是以购买注意力的方式来寻找消费者，这便是数字化变革最深刻的所在。

第二节　数字媒体的选择投放

“我知道我的广告费至少浪费了一半，但我不知道究竟浪费在哪里？”这句话大家耳熟能详，形容的是传统行业的广告投放状态。那么既然如今的数字平台这样精准，广告主每一次营销活动都能得到计量和跟踪，那么广告费是不是就不会浪费了？非也，如上文所述，数字媒介较传统媒介来说更加错综复杂，它们相互杂糅，让广告主在进行营销活动的时候反而容易造成“一荣俱荣，一损俱损”

的局面，所以选择数字媒介更加需要谨慎和智慧。如何游刃有余地进行数字营销活动？确定广告本身投放的原则，了解数字媒介中广告投放的方式是关键。

一、媒介投放原则

（一）投放目标

媒介投放目标匹配的是广告主举办营销活动想要达到的效果，在不同类型的媒介上发布相同的信息必然会达到不同的后果。广告主的营销活动目标主要有两大类，一是营销产品，二是树立品牌。

营销活动实际上也有多种战略目标。在维持既有市场的情况下，媒介受众以产品的既有消费者为主，媒体以传播量为目标，传播量要达到足以让消费者能维持对品牌的认识和记忆。在开发新的市场的情况下，媒体应以扩大地区的传播覆盖面，加大媒体传播到达率为目标。在产品促销过程中，则应把有力的促销手段尽量广而告之，选择受众面积大或能引起裂变式传播的媒介。在争取竞争品牌的消费者时，则应该用进攻式的战略，在媒体传播、广告时间和安排密度上都具有优势。在挑战其他品牌时，媒体目标则应更具压倒性优势，在对象的设定、区域覆盖、到达率与接触频率、媒体密度上都要压倒对方。

如果媒体的传播是以树立品牌为目的，也存在两个维度。第一个维度是提高品牌知名度，在这种情况下，媒介传播要尽量覆盖目标受众可能接触的媒体，使目标受众至少达到最低的有效接触频次。第二个维度是维护品牌形象，这种情况则应该从战略角度维持媒体的持续展露，或周期性展露，使目标受众能对广告风格与品牌产生记忆的联系。

（二）媒介预算

媒介预算控制着广告主营销活动的范围。广告主应充分考虑到经济因素，安排好媒体的优先顺序和资金分配比重，以最小的投入购买最有效的媒体，进行优化组合，获得最佳的传播效果，所以在选择营销渠道时，必须进行科学合理的评估，做出适合自己经营策略的媒介选择与布局，即按照各种媒介渠道的收费标准和广告主本身的支付能力来考虑采用哪些适当的媒体。但一般说来，媒体的效率高，效果好，费用自然也大。

企业预算多时，可以采用多媒体立体组合的方法，并且可以拉长广告时间。许多资金雄厚的大企业，媒介预算以千万元、上亿元计，在各种媒体上做广告且广告期很长，有的一年四季都在做广告，如海尔、TCL、长虹等。国外的强势企业，如可口可乐、宝洁、丰田、松下等，广告的投放量更是惊人。一项统计资料显示，美国排名前 20 位的品牌，每个品牌平均每年的媒介投入是 2.3 亿美元；排名前 50 位的品牌，平均每年的媒介投入是 1.58 亿美元；一些顶尖公司，如美国电话电报公司每年为其品牌宣传的费用高达 4 亿美元。

企业媒介预算少时，可以优选一两种媒体，在一个时段内集中投放。这样可以有效利用有限的资金，在短时间内提高品牌的知名度。如果资金不多，在多种媒体上分散投入，就难以见到效果。

（三）目标受众

男生喜欢体育，女生喜欢逛街。不同的人就会有不同的爱好，也产生了不同的媒体偏好。在确定好媒介预算后，选择好媒介就增大了与受众精准相连的可能性。

目标受众在营销环节中又叫目标对象。确定目标受众的主要依据有社会人口统计特征（性别、年龄、职业、教育、收入等）、社会心理学、消费行为学（心理特征、生活习惯、消费习惯、兴趣爱好）。在数字媒介时代，这些指标变得可以记录，庞大的消费人群的各个维度的数据成了精准营销的基石。

在目标受众确定之后，我们可以根据统计变量来区分出哪些是重度消费群，哪些是中度消费群，哪些是轻度消费群体。在广告预算有限的情况下，重度消费群是媒介投放应该关注的核心消费群。

确定了各级目标受众，我们就可以探究他们的媒介接触情况。例如，针对年轻女性的平价美妆产品可以用微博当投放渠道，因为微博 17~24 岁女性用户较多，与关注量较高的美妆博主或受欢迎的年轻明星联合开展营销活动，将会达到很好的宣传效果。同理，针对老人、小孩的产品也应该选取相应的媒介渠道做投放。

确定了投放媒介，还要精细化地确定媒介投放的时间，这个时间段与目标受众对相关媒介的视听率相关，以微博为例，用户登录微博和使用微博的时间在一天当中会有明显的变化，12 时左右和 17 时以后是用户使用微博的高峰期，那么选择这两个时间点投放广告会有更加显著的宣传效果（图 8-2）。

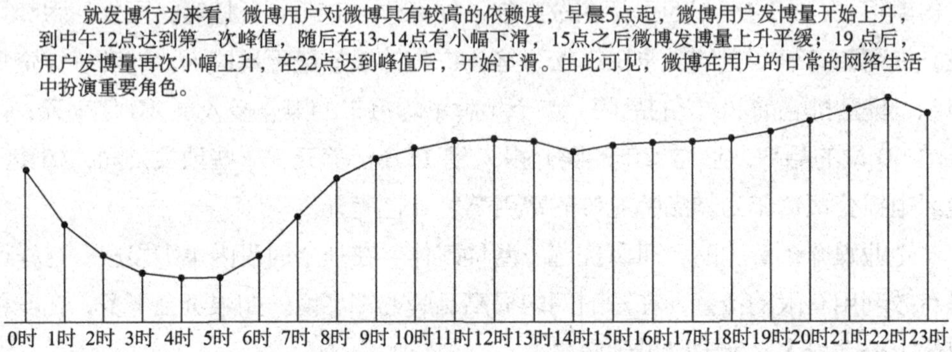

图 8-2　微博用户日常时间习惯

最后，不同媒介在知晓、理解、记忆三个层面上的效果是不一样的。有条件的广告主可以根据目标受众的生活场景和不同的媒介接触习惯，并根据本次营销活动的目标合理安排媒介组合，加强目标受众的记忆。

（四）媒体质量

媒体的形式、吸引力、人流量、曝光市场、千人成本、权威度，都是衡量一个媒介是否产生效力的指标。媒介的质量决定着广告主投放的广告能否直达消费者，并对其产生作用。

相关媒体的衡量指标将会在数字营销效果评估章节做详细的引述。本节只简单列举衡量媒体质量的三个维度。

第一是广告媒介的传播质量，是指媒介已经建立起来的影响和声誉，以及这种媒介表现上的特长。在传统媒体中，中央电视台的黄金时段便是代表。

第二是广告媒介的传播数量，是指这种媒介所能传播到的受众的数目，如各类数字应用在某个时间段的使用人数，或者广告点击量等都是用来衡量这个指标的。

第三是不同的媒介覆盖率，是指不同媒体所能覆盖的消费者人数所占的比率。区别于广告媒介的传播数量，这里是指媒介的覆盖人群，这些人群并不一定要与广告产生互动，如户外电子媒介的人流量、某应用的使用人数等都是媒介覆盖率的评价指标。

质量高的媒介，必然价格贵。然而媒介选择的学问却是要以最低的成本撬动最大的效果。以往这些都是通过经验判别，但在技术的驱动下，更有效的投放方式已然出现，懂得如何进行运作，将会提高广告主和媒体资源所有者双方的效率。

二、媒介投放方式

（一）程序化购买

程序化购买是指通过数字平台，代表广告主自动地执行广告媒体购买的流程。区别于传统的排期采买，与人力购买相对。程序化购买的实现通常依赖于DSP和广告交易平台（Ad Exchange）。它包括实时竞价模式和非实时竞价模式。在目前数字营销预算中已占到20%~30%的份额（图8-3）。

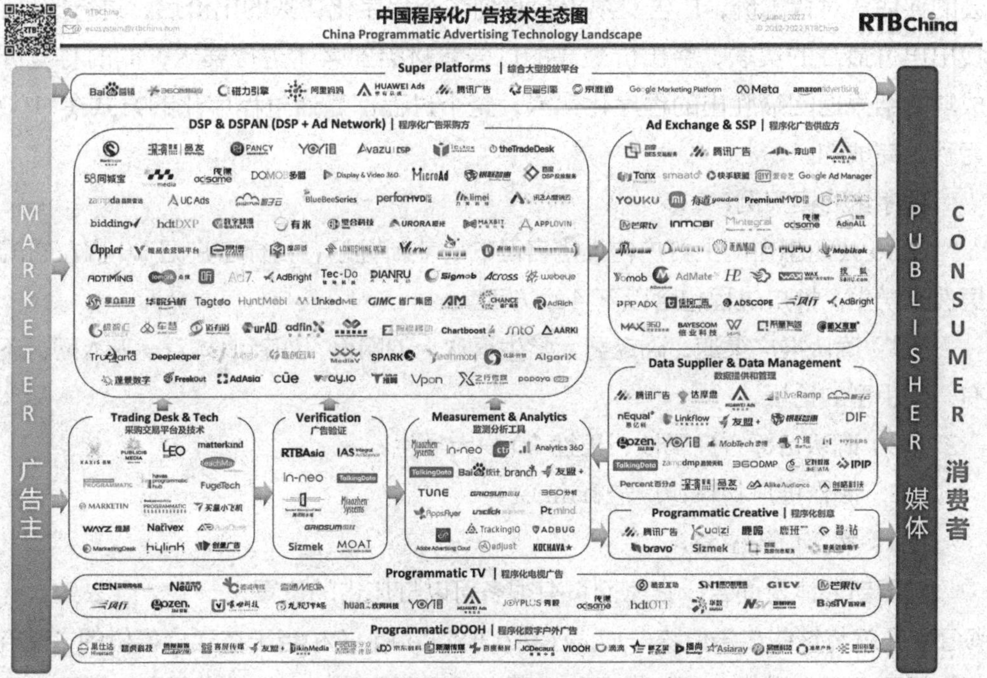

图8-3　中国程序化广告技术生态图

资料来源：RTBChina

程序化购买方式是搭建 SSP 和 DSP 在 Ad Exchange 进行交易。Ad Exchange 是一个相对开放的、能够将广告媒体与广告主通过自由交易在线广告交易市场联系在一起的平台。Ad Exchange 的运行方式：当一个目标广告受众访问广告位页面，SSP 端向 Ad Exchange 发出访问请求，告知 SSP 广告产品的具体信息。例如，所属站点或移动媒体、最低出价要求及通过 DMP 分析匹配后的媒体受众属性等信息打包发送给各个 DSP，DSP 端开始对这个广告产品展示进行实时竞价，竞价最终获胜者就能够让自己的或其代理的广告展现在这个广告位上，进而向受众展示。

类似股票交易市场，卖方买方都到一个市场中进行交易。卖方通过程序化的方式将广告流量接入广告交易平台中，并设定底价，当一个用户浏览媒体内容页时，其中有一个广告位需要展示广告，此时卖方将该广告曝光机会通过广告交易平台向各程序化买家发起竞价请求，各程序化买家根据对该广告曝光机会的评估背对背出价，广告交易平台收到各个程序化买家的出价后，进行比价，找出出价最高的买家，将出价最高的广告素材给到媒体进行展示，同时将竞价成功的结果返回给胜出的程序化买家，整个过程都是通过程序化的方式在 100 毫秒内完成的。

程序化购买案例：

Nike 公司想在网上打广告推出自己的一款新鞋子，目标客户是 20 岁左右的男性大学生。推广过程包含以下 4 个方面。

（1）确认推广渠道：确定男大学生喜欢上的网页，如新浪体育、人人网，还有一些小型的论坛。

（2）确认目标客户属性：男性 20 岁大学生。

（3）制作推广材料：广告 banner。

（4）购买广告位置。

对于新浪体育而言，它家网页有很多可以打广告的位置，一个一个去卖太麻烦了，它就将这些广告位统一放入了 Ad Exchange（相当于在卖广告位的“菜市场”里面摆了个摊位），通过 SSP 对菜市场里面摆放的广告位进行布局管理，更好地将“菜=广告位置”卖出去，所以叫 SSP。

对于 Nike 而言，它通过 DSP 来到这个菜市场（Ad Exchange），实时竞价帮助它计算怎样在有限的预算下买更多更符合推广要求的菜，所以 DSP 是想打广告的，对广告位置有购买需求的公司使用的。

“菜”在这里就是指符合“男性 20 岁大学生”条件的 cookie，每个人浏览网页的历史都会被电脑记录下来，形成 cookie。cookie 是匿名的（不记录浏览者的个人信息），所以有第三方的一些数据公司将 cookie 导入自己的系统里面分析，匹配系统里面已知的个人信息（如性别、地理位置、年龄等）后，再将这个 cookie 导入这个菜市场（Ad Exchange），相当于给每种菜都放了一个介绍在旁边（如山西大白菜），这些公司被称为 Data supplier。

这种购买的行为是每分每秒钟都在发生的，当一个符合条件的“男性 20 岁大学生”准备打开网页 A 时，cookie 就被放在了菜市场，Nike 看到后即可购买，然后将制作好的广告 banner 展现在这个网页上，整个过程大约只需 0.4 秒，所以浏览者是完全感受不到的。与此同时，又有无数个符合条件的 cookie 在浏览无数个网页，所以需要实时竞标，即让电脑自动帮你买入需要的“菜”，从而产生了实时竞价，一般说来实时竞价仅仅是 DSP 的一个功能（图 8-4）。

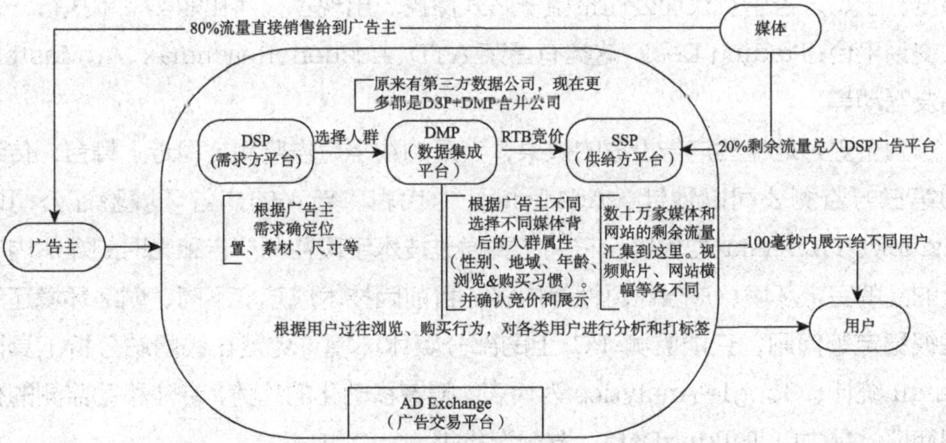

图 8-4 图解 DSP 广告投放逻辑

我国现有的 SSP 由三大类组成，第一类是手握流量的单一媒体，如传统门户网站新浪、搜狐、腾讯等。第二类是大的垂直媒体，如视频类的优酷、爱奇艺、腾讯、搜狐、乐视等；新兴数字电视类的小米、微鲸、芒果 TV 等。第三类是中小流量的聚合方，如 Baidu 联盟、Google 联盟、聚效等。

我国现有的 Ad Exchange 有百度、Tanx、门户及视频媒体自有的 Ad Exchange、纯移动的 Adview、Inmobi 等。每天有共计超过 170 亿的广告流量、移动端超过 40 亿、PC 端超过 110 亿、视频超过 21 亿 、移动信息流及原生广告超过 12.4 亿可通过程序化的方式购买。

我国现有常见的 DSP 也有三大类：第一类是独立 DSP，如品牌类品友互动，游戏类新数、璧合等；独立 DSP 不拥有资源，只有不断地给广告主证明“程序化购买”这个持续优化工具本身的效率才是立足之本，有点像炒股软件，所以它们在流量程序化购买上是一个相对中立的立场。第二类是依附于流量（媒体、Ad Exchange、Adnetwork）的 DSP，如腾讯的智慧推、新浪的扶翼、聚效、广告家等；它们依附于自有的一些流量，而且对自有流量有一定的优先权和变现压力；在外部流量的对接上会受到一些制约，导致天然上就失去了一定的公立性。第三类是由于分工不断精细化及专业化，增加了程序化广告下单执行及监控数据的复杂度，于是广告主及代理公司希望一站式操控。出现了程序化购买下单执行一站式交易平台：Trading Desk。这类有昌荣 ATD、Accuen、Reachmax、AdMaster、品友互动等。

为了更好地检测广告投放的效果，大量的数字广告监测公司走上舞台，传统的第三方监测公司以秒针、AdMaster 为代表。新兴的广告环境验证公司以 Sizmek、RTBAsia 为代表，它们主要通过技术手段监测广告曝光时的媒体内容页的品牌完全环境、广告可见性等内容，目前因技术成熟度不高、网络环境还不是很稳定等问题，只能监测 PC 上的部分媒体环境。免费在线网站分析工具以 Baidu 统计、Google Analytics 为代表。随着移动化的趋势，专注移动监测的公司涌现，其中以 TalkingData、友盟为代表。

（二）搜索营销

上文已经提到过搜索引擎的广告投放方式，典型的数字广告投放方式是借助搜索引擎营销的方式。搜索引擎营销，是指根据用户使用搜索引擎的方式利用用户检索信息的机会尽可能将营销信息传递给目标用户。

简单来说，搜索引擎营销就是基于搜索引擎平台的网络营销，利用人们对搜索引擎的依赖和使用习惯，在人们检索信息的时候将信息传递给目标用户。搜索引擎营销的基本思想是让用户发现信息，并通过点击进入网页，进一步了解所需要的信息。企业通过搜索引擎付费推广，让用户可以直接与公司客服进行交流、了解，实现交易。

搜索引擎营销包括搜索引擎优化和 PPC 两部分。SEO 有时也指 Search Engine Optimizer，即搜索引擎优化师。PPC 典型代表是 Google AdWords 广告以及百度竞价排名。

搜索引擎优化重在“优化”二字。搜索引擎优化是一种利用搜索引擎的搜索规则来提高目前网站在有关搜索引擎内的自然排名的方式。它包含对网站结构、内容建设方案、用户互动传播和页面等各种角度的优化，目的是通过优化获得更多的免费流量，为网站提供生态式的自我营销解决方案，让网站在行业内占据领先地位，从而获得品牌收益。

搜索引擎的优化有四个步骤：一是，进行关键字的研究与选择，如果打开一个网站的源代码，你就会发现专有一列，是为了关键词准备的，搜索引擎正是通过这些关键词与用户的搜索关键字相匹配，为用户推送相应页面，所以网站选择关键词的目的就是找到那些和本网站相关且用户习惯使用的关键词。通常我们会根据网站的性质建立其关键词列表，再根据其他工具找到搜索引擎的同类关键词排名，将两者相匹配，再建立一个关键词列表。

二是，对相关网站进行全面诊断，目的是让网站的每个页面都在搜索引擎上获得更高的排名。全面的诊断和建议包括搜索引擎的快照时间、收录速度、每个网页的具体内容和元信息优化的分析，使相关网站更符合搜索引擎的排名要求。

三是，进行搜索引擎目录的提交，即把相关网站系统性地提交到目录和搜索引擎中，其中选择高质量的目录是最关键的，如 Dmoz、hao123 网址大全等。

四是，进行搜索引擎排名报告和总结。这是为下一次优化做准备，好的 SEO 工作室，一般会提供一个基线排名报告，报告会根据每一个关键词在每一个搜索引擎中显示客户网站的排名位置。如果客户的网站以关键词来排名，那么这个基线排名报告将显示具体的页码、位置，以及关键词排名的搜索引擎。这些内容都能促使网站进行下一次更加完善的优化。

PPC 的关键则在竞价排名。竞价排名是指网站付费后才能被搜索引擎收录并靠前排名，付费越高者可能排名越靠前；竞价排名服务，是由客户为自己的网页购买关键字排名，按点击计费的一种服务。客户可以通过调整每次点击付费价格，控制自己在特定关键字搜索结果中的排名，并可以通过设定不同的关键词捕捉到不同类型的目标访问者。通过购买关键词广告，即在搜索结果页面显示广告内容，实现高级定位投放，用户可以根据需要更换关键词，相当于在不同页面轮换投放广告。

最流行的点击付费搜索引擎是百度、雅虎和 Google。百度搜索的内容中的前几条文字通常都是以竞价排名的方式呈现的。在搜索引擎营销中，竞价排名的特点和主要作用包括以下几个方面：费用相对较低；出现在搜索结果页面，与用户检索内容高度相关；竞价结果出现在搜索结果靠前的位置，容易引起用户的关注和点击，因而效果比较显著；搜索引擎自然搜索结果排名的推广效果是有限的，尤其对于自然搜索下排名效果不好的网站，采用竞价排名可以很好弥补这种劣势；企业可以自己控制点击价格和推广费用；企业可以对用户点击情况进行统计分析。

随着搜索引擎算法和服务方式（专业图片、视频搜索引擎）的出现，搜索引擎搜索的内容不断增加，拿 Google 来说，有图片、视频、博客，资讯等，所以针对搜索引擎所做的营销活动，也应该相应增加内容，搜索引擎营销概念不断升级和拓展，如 openv.com、Blinkx、视频 Adwords 广告、百度 TV 联盟等视频营销的出现，以及伴随着 Facebook 等社交媒体发展而出现的社交营销，都是搜索引擎领域的新气象。

但搜索引擎营销中的关键词选取难、管理难和恶意点击也是广告主面临的重大问题。

（三）自媒体营销

新媒体改变了传播者和受众双方的地位，最突出的一点就是受众也能享受传播者的权利，进行自己的发声。自媒体广告就是这样一个例子，它通过微博、微信、豆瓣、抖音、快手等自媒体平台进行自身营销活动的推广。在这些用户中，KOL 成了最有价值的群体，自媒体传播的普及同时也引发了学术界对口碑营销新一轮的探讨。

自媒体推广主要分为三种形式：第一种是“一到 N 式传播”，它是指通过投放一个超级自媒体 KOL 账号，将这个 KOL 发布的优质内容作为传播源，通过这个 KOL 的强大传播力进行外围扩散和二次传播。这种自媒体广告投放和传播方式要求这个超级 KOL 发布的内容足够优质，且具有话题性和很好的互动性，这样才能保证最终达到“一到 N”的传播效果。

第二种是“多到 N 式传播”，它与“一到 N 式传播”的区别不单纯是 KOL 数量的选择，更是在说传播内容的制作。从品牌的传播主题和诉求出发，邀请多个 KOL 各自通过个性化原创制作自己的传播物料作为传播源，再发布出去。这种多到多的传播模式，往往效果显著，多个 KOL 发布的不同内容都会产生互动和二次传播，从而引爆话题，所以，品牌方围绕同一主题想要投放多个 KOL 也可以采用这种传播方式，而不是统一制作单一的传播物料，进行十多个 KOL 的一次性投放，这种单纯刷 KOL 量，而不注重传播内容质量的方式不可取。

第三种是“UGC 式传播”品牌方投放自媒体 KOL 广告，无非是想引发广泛传播，达到营销或宣传目的。上面提到的 1 个 KOL 到大众传播和多个 KOL 到大众传播的模式中，大众扮演的角色只是单纯的传播者，对传播内容并没有起到太大作用，而这里要说的“UGC 式传播”则不同。由一个或几个 KOL 发起一个半开放式的传播内容，引导大众参与传播内容的补充制作，再进行传播，这就是“UGC 式传播”。在这种传播模式中，品牌方之所以需要投放自媒体 KOL，是为了借助 KOL 的号召力和对各自粉丝群体的影响力。

不过自媒体投放也并不是这么容易成功的，毕竟广告公司除了用资金调动头部 KOL 的力量外，转不转发、参不参与的选择权还是在用户手中。“实用”“新鲜”“有趣”“稀缺”都是引爆人们转发评论的要点，在这之中网易和新世相的相关作品值得各位广告主研究一二。

（四）跨屏营销

早在 2012 年 Google 的一份研究就表明，大家在消费数字内容的时候，往往是手机、平板、电脑和电视混在一起用。随着中国电脑、手机、平板等智能设备的普及，用户浏览习惯也日趋多屏化。

而后的三网融合计划，进一步促进多屏时代的发展。从终端来看，电脑屏向电视屏和手机屏融合，手机与电视变成了新的网络终端。从内容上来看，三块屏幕共享视频资源。这从本质上改变了受众与媒体的关系①，促使用户有更加丰富和便捷的体验。

对企业而言，在这个信息碎片化、媒体多元化、注意力分散化的多屏时代，机遇与挑战是并存的。其机遇在于，多屏的现状可以让我们从不同触点、用不同方式与用户形成深度互动，加强品牌记忆。而挑战则在于，受众注意力在分散、媒介的边界在模糊，企业的传播策略需要更加精细。这些因素都促使跨网多屏的传播模式变得刻不容缓。

2013 年腾讯“大视频营销”互动沙龙讨论提出，用跨屏技术搭建一个社会化平台，推动了自定义视频的发展，从而使得每个品牌都有机会去进行更精准的广告投放。分众传媒已经在其商业写字楼的分众电视终端上增加了 Wi-Fi 热点，只要身在有效辐射范围内的用户，就可以通过连接 Wi-Fi 实现与当时屏幕内容的互动。消费者进入楼宇时会自动连上 Wi-Fi，根据 Wi-Fi 传送的数据可以确定此时播放的广告，如消费者刚好看到蒙牛广告，那么用 360 客户端摇一摇也许就能免费获得一箱蒙牛牛奶，消费者如果把手机靠近广告，NFC（near field communication，近场通信）感应后手机会自动弹出相关页面，这样的方式使得曾经传统到不能再传统的旧有媒体形式，实现了与用户的有效连接和互动，而抓住了屏幕面前的用户大数据。

而 AdTime 公司推出的 XAd 平台，其创新的绑定音频、静态植入的方式，能让广告信息更加灵活地在多屏中互动。在 AdTime 推出此大数据传播平台时，曾就它的功能举过一个案例，即王先生是一名商务人士，他最近想买一辆宝马轿

---

① 大数据贯穿分屏生态体系. http://www.techweb.com.cn/it/2013-06-18/1303686.shtml.

车，所以就在网上搜索了一些关于宝马轿车的内容，同时还预订了一张从北京飞往上海的机票。当他下飞机的时候，正好机场的户外 LED 屏上就出现了宝马的广告。随后他打开手机查找地图，在 banner 的位置又出现了宝马的广告。进入宾馆，打开电视，在电视屏幕上出现了宝马车型的介绍。

跨网多屏传播的原理在于多终端数据的采集和数据分析以全面整合用户的高碎片化数据，还原用户网络画像，更科学地了解用户行为模式。在此基础上，打通多网数据，将多屏整合起来，实时调度传播内容。这种传播方式不仅让营销更精确，还可以让企业从不同的触点，用不同的方式与用户形成深度互动，大大提高了广告曝光率，增强品牌记忆。

互联网让广告投放不再囿于以往固定数额的版面和空间，它更像是给了广告主一个可以无限选择的货架。而实时竞价、搜索营销、自媒体营销、跨屏营销等多种方式像是给了从事数字营销行业的各位一块指示牌。但如何才能挑到你最如意称心的那个货架，还需要对每块指示牌中的货品有更加深入的了解，本章言尽于此，我们还会在其他章节为你引路。

第三节　媒体的组合运用

在移动互联网时代，已经没有任何一种媒体可以再像电视在传统媒体时期那样紧紧抓住消费者的眼球了。消费者注意力分散，媒介碎片化严重。此类现象让只投放在单一媒介的广告影响力大大减少，想要在碎片化中突围，广告主必须采取媒体组合的方式，灵活运用的媒介在碎片化的世界中为自己在消费者心中拼凑出一个完整的图像。

一、媒介组合原则

媒介组合能更加全面地覆盖目标消费者并聚焦其注意力，此举在碎片化的时代意义深远。一方面媒介组合弥补了单一媒体在受众到达率上的问题，另一方面也可以使各类媒体优势互补，实现总体大于部分的效果。如何组合好媒介，需要遵循四大原则。

（一）整体性

整体性原则是指在广告媒体投放过程中，不能将各种媒体单个孤立起来，应该在媒体选择的基础上，进行科学的组合，将所有媒体视为一个有机的整体，整合起来进行传播，用一个声音说话，传达共同的理念，使广告媒体投放效果达到最大化。

（二）互动性和创新性

互动性原则是指在广告媒体投放过程中，需要充分考虑到受众和市场的反馈，及时调节广告媒体投放策略。创新性原则是指不要拘泥于过去传统的广告媒体投放策略，要敢于打破固有思维定式，积极开拓新型的媒体选择、媒体组合及投放排期方式。

（三）互补性

互补性是指广告的主次互补组合，即在进行广告媒体组合时，有主要和次要之分。以某一种或几种媒体作为主要投放渠道，另外一种或几种媒体作补充。一方面能够保证重点区域的主要目标受众到达率，另一方面也照顾到特殊的一小部分目标消费者。互补的优点在于，一方面能够保证集中财力将广告投向最主要的受众群体，保证广告能够覆盖到其他零散的受众。另一方面广告投放主次分明，能有效地减少浪费。

（四）差异性

以差异捆绑组合理论为代表，差异性主要是指在进行广告媒体投放时，广告媒体选择要与竞争对手有一定的差异性。捆绑则是说将广告媒体进行适度的捆绑投放，以集中声音说话，力图取得良好的广告效果。广告主的产品相对其他竞争者一定或多或少都有区别，决定了它们的目标消费者不会完全重合。不同消费者的媒介使用情况不一致，因此，最终进行广告投放时，媒体选择必然有所差异，而且进行创新性的差异化投放，能够在一定程度上与其他竞争对手建立区隔，找到蓝海，投放能产生更有效的结果（图 8-5）。

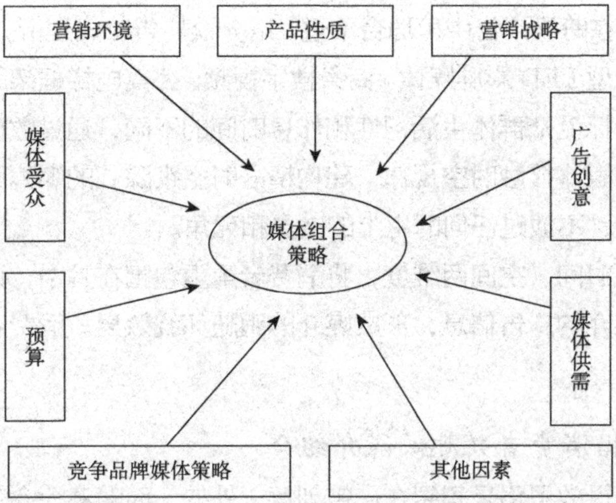

图 8-5　差异捆绑组合理论

二、媒介组合方式

（一）依据消费者生活场景进行媒介组合

《即将到来的场景时代》曾提及："互联网争夺的是流量和入口，而移动互联网争夺的是场景，未来竞争的核心是场景。"（斯考伯和伊斯霍尔，2014）最好的广告就是对消费者而言是信息的广告，即在消费者需要的时间与地点精准出现的广告。

以往，广告主这种关于精准的想象是难以实现的，但随着移动互联网的普及，大量消费者行为数据被记录。这让企业能够更加深入地了解消费者，与此同时，随着媒介融合的日益深化，广告主可以实现在多个场景投放广告以求得消费者全面的注意力。

由此，广告主考量目标受众不同的媒介接触习惯，跟随着目标受众一天的行为轨迹，针对性地安排各种类型的媒介进行不间断、包围式的广告信息传播。了解消费者购买不同产品的时间场景，充分利用他们的碎片化时间，见缝插针地投放广告信息。除此之外，LBS 还可以让移动互联网记录消费者的地址信息，通过对消费者移动地点的追踪，广告主可以营销创造消费场景，让广告一路"尾随"

消费者，此举用在跨屏广告中再适合不过。以分众广告公司为例，它的“生活圈”媒体通过户外大型LED彩屏媒体、商务楼宇视频、公寓电梯框架等多个媒体的布局，能够针对目标受众群体生活习性和作息时间的不同，通过数据挖掘分析，寻找到每类人群的媒体接触时空规律，建构精准时空跟踪式的媒体策略，全时空进行广告信息推送，不放过任何时空上的空白和死角。

广告信息从时间、空间两维度，将消费者重重包围在其中，让消费者可以全天候接触不同媒介的广告信息，形成媒介的跟随环绕效果。消费者对产品的印象逐渐提升。

（二）依据消费者兴趣做媒介组合

传统的媒介投放思路是割裂在广告创意以外的，而随着社会化媒介的兴起，越来越多以创意打动人心的广告得到了更为广泛的传播，内容营销成为广告主关注的重点。

媒体资源也在打破封闭型时段运营的格局，转向整合内外优势资源的重点突破式经营。以央视为例，其“黄金段位广告招标”2012年改成“黄金资源广告招标”，大型有影响力的节目，如《奇葩说》等成了媒体竞争的重中之重。

数字广告投放讲的就是如何抓住消费者的注意力，而抓住消费者注意力的核心又是迎合消费者的兴趣。广告主可以尝试将媒介预算的大头集中投放在吸引大量消费者注意的头部内容上，打造爆点。再以此爆点发力，结合消费者的媒介使用习惯，布局其他媒介。想必好的内容可以积极撬动品牌在社会化媒体中的热议。而社会化营销正是数字营销的重要一环。

（三）依据消费者行为进行媒介组合

电通公司依据互联网时代消费者的消费行为，建立了AISAS模型，即注意、兴趣、搜索、行动及分享。广告主围绕消费者行为的全流程进行全方位的洞察，有利于在消费者不同的生命周期针对性地满足其需求，提升广告投放到销售转化的效率。

在消费者注意阶段，媒体组合通过全方位跨平台整合消费者媒体接触路径，凭借企业自身的消费者管理系统结合第三方数据平台，对目标消费者数据的深度挖掘，对消费者生活轨迹与媒体接触习惯进行全面分析，做环绕式的广告投放。在兴趣阶段，打磨好产品内容，通过游戏化的方式传播产品或品牌理念，勾起消费者兴趣。在搜索阶段，重点做好搜索引擎营销以及产品垂直平台的广告或软文投放，让广告变成信息为消费者决策提供支持。在行动阶段，注意产品终端场景的设置或者电商的布局，利用“体验式”的营销方式进行媒介选择。在分享阶段，发挥品牌自媒体平台的意见领袖作用，在社交平台投放有传播力的软文或 H5，激发消费者共鸣，引发转载。还要注意对各个自媒体上的舆论监控，及时发现和解决负面言论，促进消费者之间的口碑传播。

针对日新月异的数字媒介环境，随着直播、短视频、AR 及 VR 技术的发展，越来越多的媒介形式出现在了人们的生活中。不同的品类有不同的媒介选择和广告投放方式，本节仅阐述数字媒介投放的基本思想以供读者在实际操作中作为一种精神内核，更加有效地利用媒介资源触达并说服消费者。

第九章　数字营销预算

数字营销预算不仅是企业数字营销计划的重要组成部分，还是数字营销计划实施的重要保证。

第一节　数字营销预算的作用和内容

预算可以帮助营销者评估数字营销效果，并规划经费使用，从而提升数字营销效率。从不同的视角，数字营销预算可以做不同的分类。

一、数字营销预算的作用

数字营销计划的实施，要在数字营销预算的支持下。企业只有制定科学的合理的数字营销预算，才能保证数字营销活动的各个环节顺利实施，使数字营销目标得以实现。数字营销预算对于企业的营销活动运作而言，起到重要作用，具体表现为以下四个方面。

（一）评估数字营销效果

数字营销预算为数字营销效果的评估提供明确的经济指标，可以成为衡量数字营销效果的经济标准，能较为充分且有效地评估数字营销活动的经济效益。评价数字营销效果的主要标准是看数字营销活动在多大程度上实现了数字营销目标的要求，达到了相应的数字营销效果。数字营销预算对数字营销费用的每项支出都做出了具体规定，这就为数字营销效果与数字营销费用的对比提供了依据。通过数字营销预算可以为广告效果评估工作提供重要的经济指标。任何一项营销活动都需要进行效果测评，否则，企业是无法对营销活动予以科学化使用的。

（二）规划经费使用

数字营销预算的主要目的就是有计划地使用企业营销经费，数字营销预算对每一项活动、每一段时间、每一种媒体上应投入的多少费用都做了合理分配。这就保证了数字营销经费的合理支出，避免浪费。科学合理的预算，明确规定数字营销经费的使用范围、项目、数额及经济指标，避免盲目投入，使已经投入的数字营销经费有计划地事先进行分配，从而合理有效地使用数字营销经费，减少损失和浪费，提高经费的使用效率和投资回报率。

在营销成本的基础上进行的数字营销预算，其主要的目的在于有计划地、宏观地对数字营销经费进行分配，使有限的经费能够满足数字营销计划的每一环节。这种预算的实际意义就在于对广告实施中的每一环节、每一个时间安排、每一媒体上的分配做到互相权衡、合理分配，这有助于广告经费的节省和每一项活动的顺利实施。数字营销预算明确了数字营销活动的经费使用范围、项目、数额及经济指标，并有比例地留出一定的弹性经费以应对突发事件，其目的就在于合理的、有计划地使用有限的数字营销经费。这样的成本制约是任何一项商业活动都不能摆脱的规律，数字营销活动更是如此，有多大的成本才有多大的活动规模，而活动规模也常常为成本预算提供依据。

（三）控制数字营销活动

通过制定数字营销预算，企业内负责数字营销的部门和人员可以对数字营销活动进行有效的管理和控制，数字营销预算是其重要的参考和依据，合理地制定数字营销预算，会推动达成企业数字营销活动的成果和营销目标协调一致，确保数字营销活动按照计划展开。

数字营销预算是一个系统性的工程，它对数字营销费用的多少、如何分配、怎样分配都做了明确的规划，这些规划又直接影响到数字营销的时空、数字营销的设计、数字营销媒体的选择与使用等。这就为企业有效地对数字营销活动进行管理和控制提供了手段，保证数字营销目标与企业营销目标一致，以确保数字营销活动按计划进行。通过数字营销预算，企业可以对费用的多少、如何分配、起到何种效果等，有一个较为系统全面的认知和掌握，从而对整个数字营销活动进行管理和调控，使得各种数字营销活动和企业营销目标保持协调一致，确保数字营销活动的顺利进行。

（四）提高数字营销效率

一方面，商业活动投入的基本要求是提高使用要素的效率，数字营销投入更是如此。在现代商业社会中，数字营销费用在企业的总体成本预算中所占据的比重越来越大。因此，数字营销费用使用效率的提高对公司的整体运作、成本的降低具有举足轻重的作用。企业拿出巨额资金来进行数字营销，其目的就是促进销售，提高企业及企业产品的知名度和企业产品的市场占有率与份额。为了达到这一目的，对数字营销费用投入进行周密、细致的安排和部署，把有限的资金用到最为关键和回报率最高的环节，并对整个数字营销全局活动做统一规划，是非常必要的。

另一方面，数字营销预算有利于增强数字营销活动中相关参与人员的责任心，避免经费的滥用、浪费；较为成熟的数字营销预算方案能够对营销活动的各个环节进行财务安排和掌控，能够最大限度地提高数字营销活动各个环节的工作效率，促成数字营销活动的良好效果，进一步提升数字营销宣传效果。在现代竞争的商业经济中，没有预算与成本分析的数字营销活动很难达到企业的营销目的。

二、数字营销预算的内容

数字营销预算的主要对象是数字营销经费和营销费用，如何科学、合理地使用数字营销经费，使有限的数字营销经费达到最佳的数字营销效果，需要进一步明确数字营销经费的使用范围和分配方法。有两项数字营销费用是任何数字营销主都必须计算在内的，一项是数字营销媒体的购买费用，另一项是数字营销的制作费用。

数字营销费用主要包括以下五个方面。

（一）数字营销调研、策划费用

该部分费用主要包括市场调研、消费者调研、产品调研、数字营销咨询、数字营销创意与策划、数字营销效果测评、购买统计部分或机构的资料和数据所需的费用。这部分的费用支出比较繁杂，数字营销主一定要认真地规划和分配。

（二）数字营销设计、制作费用

该部分费用主要包括设计制作的材料费、数字营销材料的运输费、设计制作的工艺费、设计制作人员的劳务费等。此外，不同的媒体，其数字营销设计、制作费用也不一样，电视数字营销的设计制作费用要高于广播数字营销和印刷数字营销。

（三）数字营销媒体费用

该部分的主要费用包括媒体购买费用、发布数字营销的时间和空间费用等，这一部分所占的费用比例最大，一般占到整体数字营销预算的 80%左右。

（四）数字营销人员的行政费用

这部分费用主要是指数字营销机构和数字营销人员的劳务报酬，以及办公、出差、管理、协调等所需要的费用。

（五）数字营销活动的机动费用

这部分费用主要包括用于数字营销关系或应付计划以外情况所支付的费用。这部分费用一般具有一定的弹性，有时需依据以往的经验并根据实际情况来制定，它主要由数字营销部门的负责人或企业营销部门的负责人负责支配。

第二节　数字营销预算的制定方法、步骤与分配

一、数字营销预算的制定方法

数字营销公司制定数字营销预算的方法有十余种，常用的有七种：销售额百

分比法、利润百分比法、销售单位法、目标达成法、竞争对抗法、支出可能额法和任意增减法。企业可以根据一种或几种方法的综合运用，来确定自己的数字营销投入。

（一）销售额百分比法

这是以计划期预计的销售额的一定比例设定数字营销预算，是许多企业广泛使用的一种简单方便的方法。计算公式如下：

数字营销预算=计划期预计销售额×数字营销费占销售额比例

销售额的确定，主要是根据企业市场调研和预测所确定的销售额目标作为计算基数，也有在企业上年销售实绩的基础上适当增加和调整作为计算基数的。

数字营销费占销售额的比例则没有一定之规，往往是由企业根据过去经验而确定的，因此，不同企业之间差异很大。就是在生产或经营性质范围相同或近似的企业之间，也由于财力、数字营销目标、数字营销策略之间的不同，比例相差很大。

这种方法的优点是计算简单方便，适用面广；缺点是在数字营销费占销售额的比例确定上科学性不足，而且缺乏对市场需求反应的弹性；此外，对新产品来说，这种方法是不适用的。

（二）利润额百分比法

这种方法同销售额百分比法相同，只是把计算基数由计划期的销售额改为利润额。计算公式如下：

数字营销预算=计划期预计利润额×数字营销费占利润额比例

这种方法的特点同销售额百分比法相同，因为利润来自于销售。但是，这种方法在数字营销预算分配时则有利于给创利多的产品分配较多的数字营销费。

（三）销售单位法

这种方法是先确定每单位产品分配数字营销费的数量，再以计划期预计的销售产品的数量作为计算基数，确定计划期数字营销预算。计算公式如下：

数字营销预算=计划期预计销售产品单位数×每单位产品数字营销费

这种方法其实仍脱胎于销售额百分比法，但它适合于那些价格不稳定、需求波动大的小商品，有利于按照销售数量的多少来确定数字营销预算。

（四）目标达成法

根据企业战略和销售目标，确立具体的数字营销目标后制订计划，再进行数字营销预算。每年、每季度企业情况不同，数字营销攻势强弱不同，费用可自由调整，这也有利于事后检查数字营销效果。这方法尤其适用于新上市产品发动强力推销。

（五）竞争对抗法

此种方法是以主要的竞争对手所花费的数字营销费作为自己确定数字营销预算的参照标准，其目的是在数字营销竞争中保持本企业的竞争优势。方法有以下两种。

1. 市场占有率法

先制定本企业计划期希望达到的市场占有率目标，再以竞争对手每获得 1%市场占有率花费的数字营销费作为标准，确定数字营销预算。计算公式：

数字营销预算=本企业预计达到的市场占有率×竞争对手每 1%市场占有率的数字营销费

2. 增减百分比法

以竞争对手计划期与上期相比数字营销预算增减的百分比为依据，本企业的数字营销费也以同样的比例增减，作为计划期的数字营销预算。计算公式：

数字营销预算=上年数字营销费×（1+竞争对手数字营销费增减百分比）

（六）支出可能额法

根据企业的财政状况能支出多少数字营销费来设定预算。多为企业根据自己的感觉和经验做决定，是最不应该发生却又最经常发生的情况。

（七）任意增减法

依据上年或上阶段数字营销费，根据财力和市场需要进行增减。此法无科学依据，多为一般小企业或临时性数字营销开支所采用。

二、制定数字营销预算的步骤

（一）确定数字营销目标

（1）总经理会同营销总监、数字营销经理一起确定数字营销目标。

（2）数字营销目标是数字营销费用预算的出发点与归宿，也是影响数字营销费用总体预算的重要因素。

（二）分析影响数字营销费用的因素

数字营销经理分析影响数字营销费用的要素，包括产品所处的生命周期状态、市场竞争状况、品牌的市场地位、产品的可替代性、经济环境因素等。

（三）分析上年度预算执行情况

（1）数字营销经理分析研究数字营销费用预算要参考上年度数字营销费用预算的执行情况，分析上年度预算的成效。

（2）数字营销费用预算项目主要包括数字营销调研费、制作费、媒介费、管理费、机动费等，以及比例。

（四）选择预算制定方法

（1）数字营销经理选择预算方法时，要结合实际，视企业资源、目标、市场状况、竞争对手策略而定。

（2）数字营销费用预算的编制方法主要有销售额百分比法、销售单位法、目标达成法、竞争对抗法等。

（五）进行分项预算并汇总

运用选定的预算编制方法，结合各项影响因素，确定各费用项目的预算数目，再汇总成数字营销费用总额，此金额即为预算总额。

（六）确定数字营销预算的分配策略

数字营销经理确定了总的数字营销预算后，就可以针对数字营销计划的要求，将费用总体预算分配到具体的数字营销活动中去，可以按销售时间、地理区域、产品（品牌）及媒介进行合理的分配。

（七）分配数字营销费用预算

数字营销经理分配预算时，还要考虑数字营销预算在未用尽前变动的可能性，预算总额不应该完全分配，视企业面临的环境预留出一部分作为机动资金，使预算更具机动性。

（八）制定控制方法和效果评估标准

（1）市场环境的不断变化及一些无法预测的因素，可能会导致预算的执行情况发生偏差，所以编制预算的同时，应确定控制预算有效执行的方法及相关规定。

（2）为了考核预算的控制绩效，需要数字营销经理事先制定预算控制效果的评估标准，为评估预算的执行情况做好准备。

（九）编制数字营销费用预算书

数字营销经理根据数字营销费用预算总额及分配计划编制数字营销费用预算书，数字营销费用预算书是对数字营销预算的列支项目、计划和分配等进行详细说明的书面报告。

（十）上报领导审核并存档

数字营销经理将编制好的数字营销费用预算书上报市场总监审核，通过审核后存档并执行，通不过的重新按上述流程编制。

三、数字营销预算的分配

相较于产品改进、更低的价格或更好的服务等，数字营销传播应该被赋予何种比重？答案取决于公司产品处于生命周期的哪个阶段，它们是日常用品还是高度差异化的产品，它们是满足常规需求的还是必须经过推销顾客才会购买，以及其他考虑因素。当渠道支持较弱、营销计划随时间变化大、存在很多难以到达的顾客、顾客决策制定更复杂、产品差异化、顾客频繁购买小数量和不同质的产品时，数字营销传播预算会较高。从理论上讲，营销者应该建立完整的数字营销传播预算，使得最后一元带来的边际利润恰好等于将这最后一元花在传播以外最佳的地方所带来的边际利润。

企业在编制数字营销预算时，需要衡量资金在不同营销传播工具上的分配（广告、公共关系、销售促进、事件体验、直接营销、客户服务等），还要考虑如何在不同数字媒体渠道间进行分配。

（一）影响数字营销预算分配的因素

营销预算的分配，要受到许多因素的制约，如产品情况、购买者准备阶段、利润率、销售情况、市场覆盖大小、市场竞争状况、经济发展状况和各部门的任务等。

（1）产品市场类别：消费者市场的营销者倾向于在促销和广告上花费相对更多，而企业市场的营销者则倾向于在人员推销上花费更多。大体来说，对于复杂、高价、高风险的产品和只有少数大型销售者的市场（即企业市场）来说，人员推销使用得更多。

（2）产品生命周期：产品间的数字营销费用分配，取决于产品所处的生命周期在哪一个阶段。一般而言，处在引入期和成熟期的产品，其数字营销费应多于成长期、饱和期和衰退期的数字营销费。在产品生命周期的引入阶段，广告、事件和体验及宣传性价比最高，其次是能够获得渠道覆盖率的人员推销及引起试用的促销和直接营销。在增长阶段，通过口碑和互动式营销会使需求激增。在成熟阶段，广告、事件和体验及人员推销变得更加重要。在衰退阶段，促销仍有很大作用，其他数字营销传播工具的作用则有所削弱，而且销售人员对产品的关注度也是最少的。

（3）购买者准备阶段：在不同的购买者准备阶段，数字营销传播工具的性价比是不同的。在建立知名度阶段，广告和宣传是最为重要的，消费者的理解主要受到广告和推销人员的影响，消费者的决策受到人员推销的影响最大。销售完成则最受人员推销和促销的影响。再次购买同样最受人员推销和促销的影响，有时也受提示性广告的影响。值得一提的是在线数字营销活动几乎可以影响到各个阶段。

（4）利润率：利润率高的产品，数字营销费投入一般较多；低利产品的数字营销费投入则较少。

（5）销售情况：销售量大的产品，一般数字营销费投入多，反之则少。

（6）市场覆盖大小：全国性数字营销费>区域性数字营销费>地方性数字营销费。

（7）市场竞争状况：竞争激烈，数字营销费投入多，反之则少。

（8）经济发展状况：经济形势好，市场兴旺，商品畅销，供不应求，则数字营销费投入少；反之，则数字营销费投入多。

（9）各部门的任务：各部门所承担的工作性质和工作量不一样，数字营销费的分配份额有所不同。具体比例视情况而调整，但购买媒体费占 70%~90%的比例是无可非议的。

（二）数字营销预算的分配标准

在数字营销预算总额确定下来之后，下一步的工作就是针对数字营销计划的各项内容，将数字营销费用分配到各个具体的数字营销活动项目中去。科学地、合理地分配数字营销费用预算，可以避免数字营销活动的盲目性，有效地组织、协调和控制数字营销计划的实施。

数字营销费用的分配标准包括按项目、时间、商品、媒体、地域和对象分配。

第一，按项目分配，即根据数字营销调查、策划、制作、媒体、管理等大项进行分配。

第二，按时间分配。长期数字营销计划一般按年度进行数字营销费用的分配。年度数字营销计划则按季度或者月度进行分配，大致确定每季或每月应投入多少数字营销费。时间分配最重要的是把握时机，在销售旺季增加数字营销费用，形成强势宣传。此方法适合于新上市的商品或者季节性较强的商品。

第三，按商品分配。针对企业内不同类型的产品，分配不同的数字营销宣传费用。一般情况下，根据商品本身的状况，区分为骨干产品、次要产品和一般产品，再把较多的数字营销费用分配给骨干产品。此外，公关数字营销、观念数字营销、公益数字营销等也要分摊一部分费用。

第四，按媒体分配。根据数字营销的媒体战略，在所选定的各种媒体间进行费用分配。首先确定每种数字营销媒体应分配多少数字营销费，其次确定同一类型的媒体间的分配。例如，先确定报纸数字营销和电视数字营销的费用，再确定全国电视数字营销和地区电视数字营销的费用。

第五，按地域分配。产品销售具有地域性的特点，根据各地区的重要性、市场需求状况、竞争状况等因素，确定重点地区和一般地区，并在重点地区投入较多的数字营销费。

第六，按对象分配。根据数字营销计划中的诉求对象分配数字营销费，如团体用户、企业用户、最佳消费者、农村消费者、城市消费者等。

总之，合理分配数字营销费用，是保证数字营销效果的一个重要因素。

第十章　数字营销效果评估

数字营销效果的评估是检验营销活动绩效的重要标准和手段，相较于传统视角的广告效果，数字营销效果更侧重于关注监测的即时性和营销活动所带来的销售转化率。数字营销效果贯穿于整个数字营销活动的全过程，包括数字营销市场调查、数字营销广告策划、数字营销广告创意和制作、数字营销广告发布和实施等活动。数字营销效果的评估，不仅可以对企业前期的营销活动运作做出客观的评价，而且能够对企业今后的营销活动规划起到有效的指导作用，它对于提高企业的营销效益具有十分重要的意义。

第一节　营销传播效果的传统视角：广告效果

广告效果是广告活动或广告作品对消费者所产生的影响。狭义的广告效果是指广告取得的经济效果，即广告达到既定目标的程度，就是通常所包括的传播效果和销售效果。从广义上说，广告效果还包含了心理效果和社会效果。良好的社会效果也能给企业带来良好的经济效益。广告效果的评估一般是指广告经济效果的评估。广告效果的评估，就是调查消费者对于各种媒体，如报纸、杂志、电台、电视、户外广告等的接触情形。

一、传统广告效果的内涵

由于各个企业开展广告活动的目的各不相同，它们所期望的广告效果也就各不相同。但其中有一点是共同的，那就是每个广告主都希望通过广告传播活动对消费者产生影响，所以笼统地说，广告效果就是通过广告传播活动而带来的各种影响，这种影响不仅包括对消费者的影响，也包括企业对社会的影响，因为广告是一种广而告之的信息传播活动，它所产生的广告影响（即效果）也是广泛的、多元的。

广告效果有狭义和广义之分：狭义的广告效果是指通过广告活动所获得的经济效益，即广告传播促进产品销售的增加程度，也就是广告活动带来的销售效果。广义的广告效果则是指广告活动目的的实现程度，是广告信息在传播过程中所引起的直接或间接变化的总和，它包括广告的经济效果、心理效果和社会效果等。心理效果是广告对受众心理认知、情感和意志的影响程度，是广告的传播功能、经济功能、教育功能、社会功能等的集中体现。广告的社会效果是广告对社会道德、文化教育、伦理、环境的影响。

二、传统广告效果的分类

（一）从影响范围看

广告既是一种经济活动，也是一种社会性的宣传活动。因此，广告活动按广告涵盖的内容和影响范围划分，广告效果可分为经济效果和社会效果。

1. 经济效果

广告的经济效果是指广告主通过广告活动所获得的经济收益或带来的损失，即由广告活动而引发的商品和服务销售及企业利润的变化程度。广告的经济效果主要是指广告的销售效果。广告主运用各种传播媒体，把产品、服务及观念等信息传播出去，其根本目的就是刺激消费心理、促进购买、增加利润。因此，广告的经济效果是广告主最关心的问题，是企业广告活动最基本、最重要的效果，也是测评广告效果的主要内容。

2. 社会效果

广告的社会效果也称为广告的接受效果，是指广告对整个社会道德、文化教育及伦理等方面的影响和作用。对广告所倡导的消费观念、道德规范、文化意识等都会产生一定的社会影响。广告的社会效果往往被人们忽视，有的企业片面追求广告的经济效益，制作一些庸俗、低劣甚至是虚假的广告，给社会造成了许多不良的影响。企业在开展广告活动时，必须充分意识到广告的双重效果，保证广告传播的经济效果和社会效果的和谐统一。

（二）从表现形式看

广告效果从表现形式看可分为传播效果、销售效果和心理效果三种。

1. 传播效果

广告的传播效果，又称为广告的本身效果，是指广告刊播后，受众对广告的印象以及引起的各种心理效应，表现为广告对受众的知觉、记忆、理解、情感、态度和行为等方面的影响。广告活动能够激发消费者的心理需要和动机，培养消费者对品牌的信任和好感，树立企业的良好形象。广告的传播效果是广告效果的核心。它是一种内在的、能够产生长远影响的效果，主要是由广告自身产生的效果，其大小取决于广告表现效果和媒体效果的综合作用。

2. 销售效果

销售效果是指广告所引起的商品销售情况。这是最明显的广告效果，也是最受广告主重视的广告效果。

3. 心理效果

心理效果是指广告在消费者心中所产生的影响，如消费者对广告的注意度、记忆度、兴趣度及购买行为等。广告的心理效果可划分为四个阶段：广告到达效果、广告注意效果、广告态度效果和广告行动效果。

1）广告到达效果

广告到达效果主要是指广告媒体与消费者的接触效果，通常以广告媒体的发行量、收视率和覆盖面等指标来测评。广告到达效果的测评，能够为广告媒体的选择指明方向。但这种效果只能表明消费者日常接触广告媒体的表层形态。

2）广告注意效果

广告注意效果是指消费者收听、收看、阅读广告信息的程度，通常以广告的收听率、收视率、阅读率及影响的范围等指标来测评。广告注意效果的测评，是衡量广告是否有效的标准之一。

3）广告态度效果

广告态度效果是指消费者受广告影响所引起的对企业、商品或劳务的情感和态度的变化。广告态度效果的测评主要是对消费者在看到广告前后的态度变化进行比较、分析，是态度变化和行动的中间环节，是属于承上启下的关键环节，因此，广告态度效果测评是一项极受关注的内容。

4）广告行动效果

广告行动效果是指消费者受广告的影响所采取的购买商品、接受服务或响应广告诉求的有关行为。这是一种外在的、可以把握的广告效果，一般可以采取事前事后测定法得到有关的数据。但是一般来说，消费者采取购买行动可能是多种因素促成的，并不仅仅是广告宣传的效果，因此对这类效果的测评，也应考虑广告之外的其他因素的影响作用。

（三）从时间角度看

这里的时间角度是指广告产生效果的时间长短。罗贝尔·格兰认为："广告只是表达了想卖的心情，并非卖出去的行动。"一则广告发布后，往往会出现以下三种情况。

1. 即时效果

即广告发布后，立即产生效果，如顾客在商店看到 POP（point of purchase，购买售点）广告后，立刻采取购买行为。

2. 近期效果

即广告发布后，在较短的时间内产生的效果，如广告发布后的一个月内、一个季度内或者一年内商品销售额有了很大的增长。大部分商品广告追求的就是这种近期效果，近期效果是衡量一则广告是否成功的一个主要指标。

3. 长期效果

即广告在消费者心中所产生的长远影响。一般来说，消费者接触到广告信息之后并不会立即采取行动，他们可能会把这些信息保存积累起来，作为将来是否购买的一个依据。大多数广告效果的产生都需要一个较长的周期，广告的这种潜在性，必须予以高度重视和警惕。因此，检验一则广告是否有效，必须充分考虑到广告产生效果的时间因素，不能一味地根据及时效果评判一则广告的优劣。

此外，广告效果还可以按照广告所使用的具体媒体，划分为印刷媒体效果、电子媒体效果、OD（outdoor advertising，户外广告）媒体效果、DM（direct mail advertising，直接邮寄广告）效果及 POP 广告效果。

第二节　数字营销效果概述

一、数字营销效果的内涵

（一）数字营销效果的定义

数字营销效果是企业的数字营销活动所带来的后果，它有广义和狭义之分。广义的数字营销效果是指传播过程中所引起的直接或间接变化的总和，它包括数字营销的经济效益、心理效益和社会效益。狭义的数字营销效果是指数字营销活动所获得的经济效益，促进产品销量，也就是数字营销的销售效果。

一方面，数字营销活动是数字时代营销传播一体化的产物，其效果衡量，往往会涉及流量获取（这关系到品牌曝光程度）、用户行为（如接触状况、态度、意愿等）、预期产出（如销售转化）等。营销者更着重于其销售效果。另一方面，数字营销活动往往是广告、直接营销兼其他营销传播工具（如公共关系）的集成，所以本节主要围绕数字广告效果的评估而展开。

（二）数字营销效果的分类

数字营销效果的评估是一项复杂的系统工作。这是因为从不同的角度分析，数字营销效果有多种分类。

1. 按数字营销效果的内容分类

（1）数字营销的经济效果。数字营销的经济效果是指广告活动在促进产品、劳务销售及增加企业利润等方面的作用。

（2）数字营销的传播效果。数字营销的传播效果是指广告活动在消费者心理上引起反应的作用。

2. 按数字营销对产品销售的促进程度分类

数字营销的效果可分为数字营销的直接效果和数字营销的间接效果。

（1）数字营销的直接效果。数字营销的直接效果是指通过数字营销，对产品的市场销售直接产生促进作用，导致市场销售量的扩大、市场占有率的提高等，从而取得数字营销的直接经济效益。广告的直接经济效益就是广告的直接效果。

（2）数字营销的间接效果。在某些情况下，数字营销对产品的市场销售没有起到明显的直接促进作用，但由于数字营销的宣传使广告主树立了良好的企业形象和品牌形象，从而为广告产品的市场销售打下了良好基础。广告的心理效果就属于广告的间接效果。

3. 按数字营销过程分类

按照数字营销过程分类，数字营销效果可以分为广告调查效果、广告策划效果、广告创意和制作效果及广告实施效果等。

（1）数字营销的调查效果。数字营销调查是整个广告活动的基础和出发点，数字营销调查效果的好坏直接影响以后各阶段广告活动的进行。

（2）数字营销的策划效果。数字营销策划是一项系统性的工作，是整个广告活动成败的关键。数字营销策划的效果主要包括广告计划的科学性、先进性，广告策略的正确性、有效性，广告预算的准确性、合理性等。

（3）数字营销的创意和制作效果。数字营销创意表现及制作方向是策划活动的深化和延续，是一项极富创造性的工作。

（4）数字营销的实施效果。数字营销发布实施的工作质量也会直接影响到广告效果，包括广告发布的时机、发布的网站，网上宣传形式的选择、组合、运用等情况。

4. 数字营销效果的其他分类

根据数字营销活动周期分为数字营销的长期效果、中期效果和短期效果；根据数字营销计划的要求分为目标效果、表现效果和媒体效果等；根据数字营销活动对消费者心理活动的影响分为广告的认知效果、态度效果和行为效果等。

二、数字营销效果的评估指标

（一）数字营销传播效果评估的内容及指标

广告除了具备复合性的特点之外，还具备阶段性的特点。广告对于广告主来说其最终目的是促进产品的销售，但广告目的不可能一步实现，中间势必要经过几个阶段。传统广告学针对广告传播的阶段性提出了“AIDA 公式”，它是指潜在消费者从接触广告开始，一直到完成某种消费行为的几个动作，即注意→兴趣→欲望→购买。与传统广告相比，数字营销广告在传播渠道上发生了变化，广告的表现方式也不一样，但是，广告基本的“AIDA 公式”却仍是值得遵从的法则。广告主可以依据不同的广告目的，用 AIDA 来检验数字营销广告的效果。广告的 AIDA 的每一个阶段都可以作为网络广告传播效果评估的内容，评估内容与评估指标的对应关系如表 10-1 所示。

表 10-1　数字营销广告传播效果评估的内容与评估指标的对应关系

评估内容	评估指标	评估指标的数据来源
注意	广告曝光次数	媒体网站
兴趣	点击次数与点击率	媒体网站
欲望	网页阅读次数	广告主网站
购买	转化次数与转化率	广告主网站

1. 曝光

从曝光计算指标上看，数字营销衡量曝光的主要指标有曝光量、独立曝光、可见曝光。

1）曝光量

曝光量是指在指定时间段内，数字营销被展现（曝光）的次数。数字营销每次展现，由访问者向监测服务器发起一次 HTTP 请求，携带数字营销活动、数字广告位、用户唯一标识等信息。每收到一次请求即记录为一次曝光。数字营销曝光于同一个用户几次就计为几次曝光。曝光总量就是数字营销的曝光量。

2）独立曝光

独立曝光是指数字营销曝光量去除重合后的曝光。每个访问者会有一个唯一的标识，访问者第一次访问的时候就会在 PC 端种下 Cookie 或者识别移动端的移动 ID。当数字营销第一次曝光的时候记作一次曝光。在用户没有清除 Cookie 的环境下，以后在此数字营销对用户的展现就不再计数。目前业界使用的 Cookie 技术比较稳定，不容易被用户删除，并且 Cookie 库是在不断进行补充更新的，因此独立曝光指标得出的数据相对准确。程序化购买数字营销中，出价越高获得的展现机会越大。但展现机会并不等于真正的曝光，很多数字营销虽然是优质媒体的优质栏目，但是每一页的位置不同，实际上获得的关注度是不同的。许多数字营销往往没有被消费者看到，但消费者打开数字营销所在网页的时候，也被计入了一次曝光，而目标受众却没有看到数字营销，导致曝光数被多计算，从而造成曝光数据计算不准确，数字营销效果表现虚高。

3）可见曝光

在可见曝光的具体定义上，数字营销公司 Sizmek 认为可见曝光的指标完全可以因地制宜，由客户灵活定义，所以针对可见曝光这一概念的定义有多种。媒介视听率评议委员会（Media Rating Council，MRC）认为可见曝光即展示数字营销可见必须是 50% pixel（像素）出现在屏幕上至少 1 秒，视频可见则需连续 2 秒内 50%可见。

除了这两种情况外，美国互动数字营销局（Interactive Advertising Bureau，IAB）还提出，对于较大的数字营销形式，即 242 500pixel 以上，可见曝光量为至少 30%的像素点出现在屏幕上至少 1 秒钟。群邑互动及其客户联合利华已宣布它们在展示数字营销部分只认可 100%可见的曝光数量。群邑互动也表示它们的数字营销主对视频数字营销可见的要求，视频播放器和视频内容两部分将分别不少于 100%和 50%（且音频必须开启，自动播放需关闭）。2015 年，西安数字营销节发布的《中国移动互联网数字营销效果评估》中提出了等效曝光的概念，认为“等效曝光=数字营销实际曝光×可见系数×效用系数”。可见系数是指某数字营销（展示）位被受众看到的平均概率，基于数字营销位统计的可见系数体现媒体的价值，排除创意的影响。可见系数的区间在 0~100%。效用系数是指在同等可见的情况下，某数字营销对人认知、情感、行为的影响力高低的平均比值。效用系数为不同数字营销位效用与某一标准数字营销位效用的比值。因此，可见曝光量要考虑两个标准：数字营销被展现的面积和数字营销展现的时间，达到一定标准后，就会计入可见曝光数据中。从数字营销形式上看，数字营销公司 Sizmek 近期发布的可见度标准中认为互动数字营销形式将大大提高可见率，Html5 相比于 Flash 有更高的可见率。在数字营销尺寸上，除了大面积的数字营销可见度高外，可见度最高的尺寸为垂直数字营销单元。因为用户滚动页面时，这类数字营销单元能在屏幕停留更长的时间。在移动端上，由于移动端屏幕的大小限制，移动端上数字营销的曝光量要明显大于 PC 端。数字营销几乎能完全展现，此时计算可见曝光只需要根据展现数字营销的停留时间来计算曝光量。

2. 点击

点击的评估指标主要分为点击量、独立点击量（unique click）和点击率。

1）点击量

点击量是衡量数字营销吸引度、数字营销相关度的一个指标。当数字营销曝光后，一般只有当用户对数字营销内容有兴趣时候才会点击。但是不排除用户对数字营销误点的情况，移动端特别是手机，由于屏幕过小，常会出现误点情况，所以移动端点击率会比 PC 端要高。

2）独立点击量

点击量根据 Cookie（PC 端）或者移动 ID（移动端）进行去重之后的点击数称为独立点击量。在 Cookie 没有被删除的情况下，用户后面的点击将不会被记录到数据当中。独立点击量能够得到更准确的点击数据，即去掉每个 Cookie 或移动 ID 无效的多次点击，实际拥有的点击量。

3）点击率

在评估点击效果时候，一般常用点击率指标来衡量，可以在一定程度上衡量数字营销的吸引程度。点击率是数字营销点击和数字营销曝光的比率，即数字营销曝光后的点击次数占曝光的比率（点击率=点击数/曝光数×100%）。

点击率的高低不能作为数字营销效果衡量的唯一标准，必须要结合多个方面来看。数字营销在用户面前曝光后，却不一定会点击。产生大量曝光却没有点击转化的话，或者点击较少的情况下，说明数字营销创意的物料有待优化，点击量大点击率高，却并不代表转化效果就好。也就是说，即使用户点击了数字营销，未必证明数字营销就真正产生了效果。很可能点击数字营销后活动内容与自己不符而退出，也有可能是数字营销流量的作弊情况。采用 CPC 形式计费的数字营销多会收到数字营销点击的作弊情况，所以，点击率高只代表在同等曝光下点击次数多，并不代表数字营销效果好。因为点击率高，还需要结合后续网页活动进行评估。如果进入活动页面后却没有形成转化，就没有达到数字营销效果。点击率不高的情况下，如果等效曝光指数高，消费者会在往后表现出搜索行为而产生转化，数字营销虽然没有达到直接效果，却达到了间接的效果。

3. 浏览指标

浏览指标可以从整体上看出网站的表现状况。从用户浏览行为的视角，可以考察页面浏览量、访问量、独立访客。

1）页面浏览量

页面浏览量是一个总体指标。浏览器的一次加载请求记为一次浏览量，所以用户访问几个页面就计为几次浏览，浏览量只是一个总体的指标。从这一指标可以宏观地得出网站访问的具体情况。此处所阐述的浏览量的计数是所添加代码的页面，页面每刷新一次就会计一次数，发生页面的跳转浏览也会计一次数。

2）访问量

访问量是指访问网站的次数。访问量和页面浏览量不同，页面浏览量每刷新一次就记为一次浏览，而访问量是从进入页面到页面关闭，计为一次访问。当再次访问时，会记为另一次访问。访问量会有一个设置，当用户是跨天访问的时候，访问者和访问量就会多计数一次。当页面静止超过 30 分钟没有任何互动的时候，访问又会多记一次，这样容易导致访问量多计入。可以设定分天访问量的指标，区分出独立天数的访问量。针对页面静止的问题，可以观测鼠标点击互动的情况，若在某个 30 分钟的时间段内没有任何互动，则可以排除这部分多余的访问量，可以设定新的指标，称为无互动访问量。计算公式：

实际的访问量=独立天数访问量-无互动访问量

3）独立访客

独立访客是指一台电脑终端或者一个 Cookie 计算为一个访客。独立访客的度量方式会根据网站服务器和 Cookie 来分辨。访客数量如果跨天将会增加一次数，所以衡量指标建议采用独立访客计算。

4. 行为指标

当数字营销点击后，消费者将进入活动页面，在活动页面的行为产生一系列行为指标。主要有以下指标：到达率（landing rate）、跳出率、二跳率、访问深度（page depth）、网站互动情况。

1）到达率

到达率是指点击数字营销后等待活动页面加载成功的数量占点击数的比率。网页没有加载成功就关闭的情况，不属于成功到达网页，此种情况一般是误点以及网页加载速度问题。到达率需要和点击率进行对比分析，如果到达率的比例较低，说明数字营销成功打开的次数较少，较多是网站没加载成功就退出。对比点击率来看，点击率较高、到达率较低，则数字营销并没有达到很好的效果，需要进行原因检查。

2）跳出率

跳出率是指成功进入活动页面后，如果没有产生任何互动就跳出，将会计入跳出数中。跳出数量与到达数量的比率，称为跳出率。跳出率越少越好，但是没有固定的一个标准范围。当点击量大、到达率高、跳出率非常高、页面停留时间短的情况下，排除了网页设计得不合理后，就可以判断为流量作弊情况。

3）二跳率

二跳率可以衡量网页的设计合理性。用户从登录页跳入该网站的另一个页面，即当网站页面展开后，用户在页面上产生的首次点击被称为“二跳”，二跳的次数即为“二跳量”。二跳量与浏览量的比值称为页面的二跳率。

4）访问深度

访问深度是指访问网站时页面的数量。根据指标的定义可得公式：

页面浏览量/总访问次数=访问深度（每次访问的页面浏览数）

页面浏览量/独立访客数=每个访客访问的页面数。访问深度可以衡量网站的设计合理性、用户的忠诚度等情况。

5）网站互动情况

网站互动情况是指用户与数字营销主在网站上所监测按钮的互动，在监测前，需要数字营销主添加事件按钮代码，用户在所监测的按钮代码上产生点击行为，监测系统将进行计数。由此可以得出网站的互动情况，点击事件对转化的贡献，贡献度多少，带来转化价值的大小。

5. 转化指标

网站的转化效果就是要衡量用户在网站内的各种行为以及行为路径，最终形成转化，完成数字营销主的预期的目标。如果访问的网页是依托于电子商务网站的页面，为数字营销产品的销售页面，就希望直接获得转化效果，多见于快消类产品。这部分的网站效果分析只需要分析转化页面的表现即可。若数字营销点击跳转到达的是品牌的官网，则关注的是整个网站综合的表现。衡量这些内容的最直接的指标就是转化率，它是用来评判最终数字营销活动落实成效的最重要指标。

（二）数字营销经济效果评估的内容及指标

数字营销广告的最终目的是促成产品的销售，广告主最关注的是由于数字营销广告的影响而得到的收益。收益是广告收入与广告成本两者之差，数字营销广告经济效果评估的内容及指标主要包括广告收入和广告成本。

1. 数字营销广告收入

顾名思义，数字营销广告收入就是指消费者受数字营销广告投放的影响产生购买而给广告主带来的销售收入。计算公式如下：

数字营销广告收入=$P\times N_i$

其中，P 表示网络广告所宣传的产品的价格；N_i 表示消费者 i 在数字营销广告的影响下购买该产品的数量。

2. 数字营销广告成本

目前有几种常用的数字营销广告的成本计算方式，具体如下。

1）CPM

CPM 是指网络广告所产生 1 000 个广告印象的成本，通常以广告所在页面的曝光次数为依据。计算公式如下：

CPM=总成本÷广告曝光次数×1 000

很多网站在吸引客户来购买广告版位的时候，都会谈自己的 CPM 成本多么低廉，有多大的竞争力。但是广告主发布广告，最终是为了销售，要获得丰厚的经济利益和其他回报，都希望广告效果能立竿见影，在最短的时间内能有最大的影响，获得最大的利润。站在广告主的角度思考广告效果，CPM 并非最为有效的。在一个网页上有那么多的广告位，用户登录这个网页，就真的看到所有广告了吗？即使停留在这个页面几秒钟甚至更长时间，就真的对广告有印象了吗？再加之恶意的自动刷新功能、美丽的 Button 及蓄意的人工或程序造假等带来的诚信体系的缺失进一步降低了广告效果的有效性。虽然有客观的数据可检测到效果，但印象始终只是走出了广告展现的第一步，从广告的 AIDMA 心理效应模式来说，充其量只不过是引起了用户的注意。尽管 CPM 是广大中小网站最为欢迎的广告模式，但随着精准广告投放的发展和完善，广告主和代理商不再认同，CPM 的使用范围会逐渐缩小。当大网站注重价值开发和深度挖掘的时候，中小网站仍在为 CPM 而不断提高页面浏览量和独立 IP。

2）CPC

CPC，即点击某网络广告1次广告主所付出的成本。计算公式如下：

CPC=总成本÷广告点击次数

CPC根据广告被点击的次数收费，一般以千人作为单位，如关键词广告文字链广告一般采用这种定价模式。这种模式的网络广告一般是用户点击 Banner 横幅或 TextlLink 文字链后会有一个 Landing page 着陆页，广告系统会记录用户发生点击行为的详细信息，包括所有发生点击行为的用户在 Landing page 上停留1秒、2秒、3秒、5秒、5~10秒、10秒以上的分别有多少人，重复点击的有多少次，有效点击多少次（有效点击各个媒体定义不同，有的可能是2秒，也有的可能是3秒或5秒不等，重复点击的只能算一次），以及没有打开 Landing page 的有多少人等。如此详细的记录可以帮助广告主减少广告费的浪费。在这种模式下广告主仅为用户点击广告的行为付费，并且是只为有效点击付费，不需要再为广告的显示次数和无效点击付费。但是，此类方法容易带来作弊点击，虽有限制 IP 等方法，但还有很多漏洞，如出现了大批职业点击客和以此作为网络兼职收入的人员，甚至有些网站就专门做点击广告，由此也带来了广告主对 CPC 模式的信任危机。同时不少经营广告的网站也并不认同，如虽然浏览者没有点击，但是他已经看到了广告，对于这些看到广告却没有点击的流量来说，网站成了白忙活，于是也有很多网站不愿意接受这样的广告付费模式。尤其是品牌广告，只要用户看到就能产生很好效果的品牌，基本上所有的网站都不会接受 CPC 的计价模式。

原先广告形式和内容比较少的时候，点击是互联网广告最为基本的行动，还是比较容易发生的，但如今广告形式多样化、内容差异化和粗制化加大，广告点击发生的难度也越来越大。媒体虽然对这种模式有些异议，但是广告主和广告代理商都是媒体的客户，当广告主和代理商甚至整个行业都在追求效果营销时，网络媒体自然无法置身事外，因此 CPC 在媒体中间还是比较容易得到认可的。

3）CPA

每行动成本（cost per action，CPA），即广告主为每个行动所付出的成本。

计算公式如下：

CPA=总成本÷转化次数

CPA，即根据每个访问者对网络广告所采取的行动收费的定价模式。CPA 计价方式是指按广告投放实际效果，即按回应的有效问卷或订单来计费，而不限广告投放量。CPA 的计价方式对于网站而言有一定的风险，但若广告投放成功，其收益也比 CPM 的计价方式要大得多。广告大师约翰·沃纳梅克说过，“我知道我的广告费有一半是浪费的，问题是我不知道浪费掉的是哪一半”。这句广告界的名言，在 CPA 模式下渐渐失去了其经典的意义。以 CPA 付费模式投放的广告彻底颠覆了传统广告投放的盲目性和不可测量性，广告主的广告费是 0 风险。但 CPA 模式在充分考虑广告主利益的同时却忽略了网络媒体的利益，遭到媒体的抵制。网络媒体都不愿意拿优质广告位投冷门产品的 CPA 广告，因为这种付费模式对媒体来说拿到广告费的希望比 CPC 还渺茫。再者广告被点击后是否会触发网友的消费行为或者其他后续行为（如填表等行为），最大的决定性因素在于该产品本身的众多因素，如该产品的受关注程度、使用普及度、企业的信誉程度等，这些都不是媒体能够决定的。

4）CPS

CPS（cost per sales），即以实际销售额的一定比例来换算广告收费金额，或者以事先约定的每单固定费用标准进行收费。这种广告更多地适合购物类、导购类、网址导航类的网站，需要精准的流量才能带来转化。

CPS 所面临的挑战如下：一方面，销售效果来自于企业及市场多方面的因素，单以网络广告进行考量，存在不全面思考；另一方面，由于对销售之外传播价值的视而不见，故在海量信息世界，网络广告性价比看似跌落。对于电子商务的广告主及完全销售导向的广告主来说，此标准非常适用。但是，由于此标准未计算之前所有广告传播层面的效果价值，在竞争激烈、消费者选择众多的情况下，往往效果会被大大稀释，容易导致企业的疑惑，甚至出现“获得一个订单或购买的成本怎么这么贵呢？有时，简直要超过这单销售所得的利润。”这里，其实有三个原因：一是传播价值没有计算出来（这部分传播价值，会滞后一些彰显出来）；二是本身在内容创意上及销售引导方面，还做得不够好，有待针对目标网民行为习惯和网络特性进一步提高；三是未考虑到其他影响销售的诸多要素。

5）CPT

目前国内最主要的广告计费方式是CPT（cost per time），即每广告位时间成本，如包月、包天等。CPT 是传统媒体广告购买模式的延续，它使得网络广告的计费模式更趋近于传统媒体的购买模式。广告主可以根据自身需求在特定时间段选取特定广告位进行有针对性的宣传。换言之，CPT 在技术上可以看作 CPM 的变体，以适应国内广告主在广告购买上的便利。广告主可以根据自身需求在特定时间段选取特定的广告位进行有针对性的宣传。但由于网络的双向性，网络媒体拥有传统媒体所不具有的广告效果可记录性，然而CPT 却显然抹杀了互联网的这一优势。CPT 沿用几年，广告主渐渐发现这种计费形式缺乏说服力，或者说，广告主们越来越需要系统地分析互联网广告所产生的效果。

三、评估原则、思路和基本方法

（一）数字营销效果评估的原则

由于数字营销效果具有自身的特性，因此在数字营销广告效果评估的工作中必须遵循以下几个重要的原则。

（1）有效性原则。评估工作必须要达到测定数字营销广告效果的目的，要以具体的、科学的数据结果而非空泛的评语来证明广告的效果。

（2）可靠性原则。前后测定的广告效果应该有连贯性，以证明其可靠。若多次测定的广告效果的结果相同，其可靠程度就高；否则，此项测定会有问题。这就要求广告效果测定对象的条件和测定的方法前后一致，才能得到准确的答案。

（3）相关性原则。这一原则旨在强调广告效果测定的内容必须与所追求的目的相关，不可做空泛或无关的测定工作。

（4）综合性原则。影响广告效果的可控性因素是指广告主能够改变的，如广告预算、媒体的选择、广告刊播的时间、广告播放的频率等；不可控因素是指广告主无法控制的外部宏观因素，如国家有关法律法规的颁布、消费者的风俗习惯、目标市场的文化水平等。

（5）经济性原则。进行广告效果测定，所选取的样本数量、测定模式、地点、方法及相关指标等，既要有利于测定工作的展开，同时也要从广告主的经济实力出发，考虑测定费的额度，充分利用有限的资源为广告主做出有效的测评。

（6）经常性原则。现在广告效果测评有时间上的滞后性、积累性、符合性及间接性等特征，因此就不能抱有临时性或者一次性测定态度。数字营销广告更注重实时和即时性的数据反馈及效果测量。

（二）数字营销效果评估的基本思路

对于数字营销广告效果评估的理解，我们通常是从两个方面结合展开的：第一个方面是广告的发布方，也就是根据广告发布方的原始意图来评价该意图与发布方的营销战略的匹配程度，进而研究这种意图如果能够实现所带来的营销效果。第二个方面是广告接收方对广告效果的感知，通常这一部分需要对消费者进行各类特殊环境的心理测试，用以回归消费者接触广告过程中的深度心理状态，进而研究广告发布方的意图是否能够得以实现，同时也需要研究消费者在目前心理感知条件下广告的真实作用。

1. 发布方对数字营销广告目标的研究

对于广告发布方而言，由于企业或企业所销售的产品的生命周期、产品营销战略阶段的不同，企业的网络广告目标也有所区别。

2. 接收方对数字营销广告的感知研究

广告接收方的效果评估不能仅仅局限在对现有用户的评估中，还需要调查潜在用户的心理，如研究这部分潜在用户对品牌的认知、对广告的记忆及心目中希望购买的品牌等。

3. 数字营销广告媒体的研究

尽管研究了发布方与接收方对广告的理解，但要将其连成一个整体，还必须考虑一个很重要的问题，即广告传递媒介的作用。从整体视角出发，对于数字营销广告媒体的研究主要包括以下四个维度：①媒体的受众研究；②媒体的覆盖区域研究；③媒体类型的研究；④媒体档次、形象的研究。

（三）数字营销效果评估的基本方法

1. 通过服务器端统计访问人数评估

数字营销广告的一大优势，就是效果的统计比较容易。不像传统媒体，效果好坏难以掌握。现在，有一些专门的软件可以放在服务器上对广告进行分析，生成详细的报表。通过这些报表，广告主可以随时了解在什么时间、有多少人访问过他们的广告页面，有多少人点击过广告图标，或是有多少人访问过载有旗帜广告的网站等。

尽管数字营销广告有准确计量的优势，但你的广告同时出现在若干个站点，依然无法监测哪个站点效果更好时，有一个比较粗略的办法是，看同样数量的某一指标，如 CPM 在哪个站点先完成。此外，还有个比较简便的方法，如同在邮寄地址中加标识一样，你可以在编写指向链接的 URL 标签时，增加标识符号。

2. 通过查看客户反馈量评估

一般来说，如果广告投放后广告对象的反应比较强烈，反馈量大大增加，则说明所投放的广告比较成功；反之，则说明所投放的广告不太成功。

3. 通过广告评估机构评估

数字营销广告效果评估是一个全新的领域。广告客户一旦选择了网络广告这一方式，就将质询广告访问量的真实性和准确性，以评估效果。

无论是站点流量审计，还是广告服务审计，都是非常严谨的商业行为。如果没有准确、全面的统计结果，将使广告客户无所适从，那么就很可能断送网络广告这一新兴产业。专业的评估应包括两个方面：首先是量的评估，比较计划和执行在量上的区别；其次是研究广告的衰竭过程，方法是将同一广告的每天的点击率在坐标轴上连成线，研究每个创意衰竭的时间，为设定更换广告创意间隔提供依据。

4. 通过数字营销广告效果评估软件评估

目前，已经出现多种把网络广告报价和广告效果评估集成起来的网络广告管理软件，常用的有 CMM、康赛广告监测系统、中国媒体指标（SAC Nielsen）等，广告主可以向有关软件研究公司购买。在投入广告之前，你可以根据它提供的媒体各方面的情况制订计划；在投入广告之后，提供软件的公司将把广告效果的各种数据通过软件分类汇总，从而使你了解到广告的效果。

第三节　数字营销效果评估的方法

一、数字营销的传播效果

数字营销的传播效果评估是指数字营销在投放过程中数字营销的传播表现效果，即数字营销信息传播出去后，数字营销主对数字营销的可控性就会变弱，所以这里只考虑传播端的表现效果。程序化购买由于其本身投放不固定可见的特性，数字营销主会非常关心其所说的精准投放是否能够显有成效（陈小妹，2016），数字营销是否实现精准地触达消费者，这可以从传播的基础数据层面考量（图 10–1、图 10–2）。

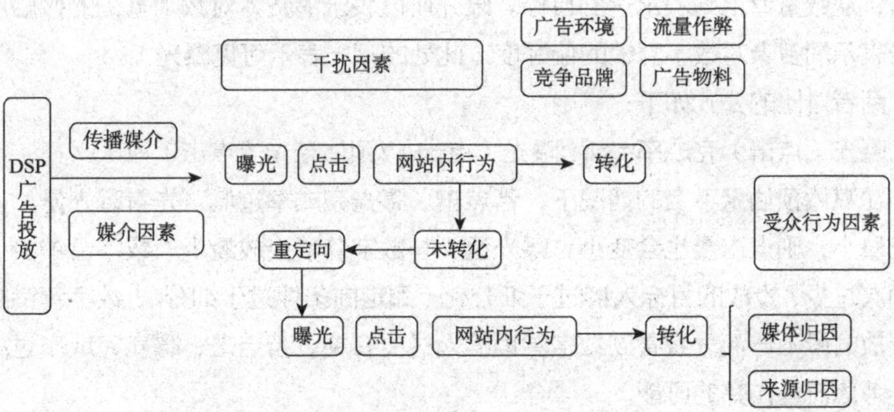

图 10–1　数字营销效果影响因素模型

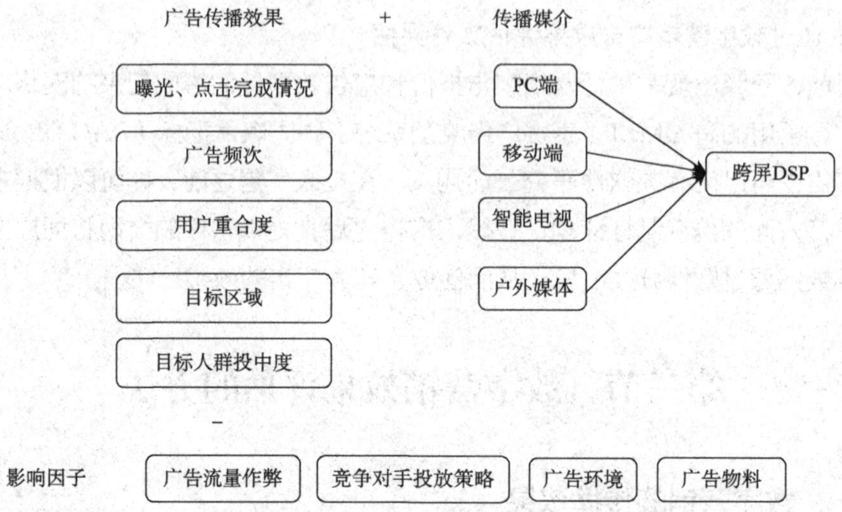

图 10–2　传播效果评估模型

综合曝光、点击指标结合程序化购买的特点，数字营销效果的评估可以从以下几个方面进行。

1. 曝光、点击完成情况

在数字营销投放前期，数字营销主和 DSP 会对数字营销的表现进行预估。将实际曝光、实际点击与数字营销主预估曝光和预估点击作对比。达到预估曝光和点击，从数量值上则表示达到目标。曝光可以表示消费者对数字营销的接触度，点击表示消费者对数字营销的偏好度（此处的曝光表示可见曝光）。

两者对比的公式如下：

曝光（点击）完成率=实际曝光（点击）/预估曝光（点击）×100%

在媒体预估量不变的情况下，若点击、曝光完成率过低，先看曝光量，如果曝光量小，则点击量也会变小。曝光量少与数字营销投放量小、数字营销少、曝光频次过少、投放的目标人群过于细分化（即定向条件过于细分）、数字营销曝光的释放时段不佳而导致看到数字营销的人过少有关。若点击、曝光完成率过高，则要考虑流量作弊的可能。

2. 数字营销频次

数字营销频次包括曝光频次和点击频次。曝光频次是指数字营销在同一个Cookie或者移动ID下所曝光的次数。不同频次的数字营销曝光和到达对数字营销效果的影响也不同，产生的数字营销效果可以说是呈现一个边际递减的规律。当数字营销播放频次达到3次的时候，达到传播的最佳状态，即达到有效频次。大于3次后，数字营销效果慢慢呈现递减的规律，所以需要对数字营销实行控频播放。由于独立曝光是将曝光数根据用户的Cookie进行去重后的结果，故独立曝光数是每个Cookie下平均曝光的总次数。计算公式如下：

曝光总数=独立曝光数×数字营销曝光频次

数字营销曝光频次就可以通过曝光总数和独立曝光数求得。点击频次是指数字营销在同一个Cookie或者移动ID下被点击的次数。点击频次通常会看曝光前点击和无曝光点击，以及点击的次数，用于查看是否存在流量作弊的情况。

3. 数字营销媒体的用户重合度

在程序化直投下，数字营销投放仍然需要进行媒体组合。虽然数字营销能精准到达目标客户群，但是组合媒体后，数字营销的目标人群存在大量相同、重合的，即使数字营销投放成功对标了每个目标人群，数字营销效果也会不佳。

4. 是否正确投中目标区域

数字营销投中的目标客户的城市可以根据用户的IP地址进行分析，不同城市具有不同的IP地址。可以根据IP地址来确定曝光、点击的人数。如果曝光、点击数有异常，即显示的数据和数字营销主预计投放的城市、省份有偏差，则需要进行效果检验。需要查看是否IP库有差异，如果无差异，则考虑作弊的可能性。

5. 目标人群的投中程度

程序化购买数字营销是按照人群进行购买的，数字营销主会事先在DSP设定目标人群。数字营销系统会根据自有数据库的人群Cookie和移动ID，以及和DMP Cookie Mapping后的Cookie库进行数字营销投放。在实时的数字营销效果数据中，DSP或者数据监测方会显示目标人群的打中度，即根据Cookie和移动ID的重合度，判断数字营销打中的人群和系统中的目标人群数重合的比例有多少，以此判断数字营销投放的准确性。

6. 传播媒介影响下的效果评估

程序化购买数字营销的传播媒介有 PC 端、移动端、智能电视、户外媒体，并且跨屏程序化购买将成为未来传播的趋势。PC 端和移动端效果的监测评估都采用曝光和点击的评估方式。曝光、点击的效果会受到媒介、媒体组合、用户自身使用习惯的影响。例如，目标用户更多使用移动端而非 PC 端，那么在 PC 端上数字营销的效果就会偏弱；知名媒体的效果比一般媒体效果好。随着移动互联网的发展，消费者使用移动端的场景越来越多，消费者使用习惯变得多屏化，目前多屏的使用习惯主要在 PC 端、移动端、智能电视上。数字营销投放也必须要随着消费者习惯的变化而变化。PC 端和移动端通常是无缝连接消费者的媒介接触的，因此移动时代需要整合性地看待 PC 端和移动端的效果。而国外的经验和专家的分享也表明，使用跨屏能力的 DSP 系统，能够帮助数字营销主动态地优化跨屏投放的数据和效果，实现最佳的品牌曝光和效果目标。拥有跨屏能力的 DSP 进行数字营销投放可实现时间与空间互补，在用户合适的时间、空间状态中实现最高效率的投放组合，有效提升数字营销投放效果。数字营销跨屏的投放也决定了跨屏数字营销效果评估的必要性。

由于跨屏数字营销投放原因，每个屏幕媒体的特性不同、监测方式不同、目标受众存在重合差异，故数据是独立分开的，数字营销效果的评估无法统一化，目前跨屏仍然是一个难点。跨屏数字营销效果评估需要能识别到不同屏幕下同一个使用者，以此来分析同一个用户在不同屏幕下的使用习惯和媒体接触度情况。识别同一用户，最容易的方式是采用强账号的精确同源体系。强账号体系一般是 App 类的产品应用为主。在 PC 端和移动端都能够使用 App 应用。BAT 等互联网公司巨头现在都在努力占领移动端入口，从而获取用户跨屏行为的数据。通过用户在不同屏幕使用的同一账号来判定用户的多屏使用习惯以及浏览、购买习惯，便于进行重定向的个性化推荐，以及跨屏数字营销效果评估。在没有强账号体系的支撑下，可通过非精确同源形式。例如，用二维码扫描的方式将移动端与 PC 端打通，通过二维码信息来识别同一个用户。RTBAsia 识别家庭 ADSL 宽带 IP 地址来识别同一个用户。例如，当你回家切换到家庭 Wi-Fi 时，家庭内部 PC、IPad

和手机在几小时的一段时间内都在共享同一个 IP 地址，则该数据有助于跨屏定向。例如，一个用户 PC 端上的同一数字营销曝光量和在移动端上的同一数字营销曝光量加总，就得出这一个用户在多个屏幕上的曝光量。但是并不能直接将所有 PC 端的曝光与所有移动端的曝光加总，因为两者并没有打通。所能使用的数据只是已经跨屏打通后的数据，这些数据会不断积累，形成一个不断更新的样本库，并通过机器学习的方式（机器学习可以将以往累积的行为数据通过归纳、演绎、类比等方式进行预测）将样本库扩大。根据此方式，可以得出人均曝光量=（PC 端打通的总曝光量+移动端打通的总曝光量）/跨屏打通人数。点击量同理可得，人均点击量=（PC 端打通的总点击量+移动端打通的总点击量）/跨屏打通人数。

二、数字营销的心理效果

从受众角度上看，受众对数字营销信息会产生一定的心理和行为上的反应。心理上主要是对品牌的认知和好感的反应。行为上主要是对数字营销产生点击以及点击之后的行为路径。

从心理效果上看，数字营销的好坏与否会影响用户对品牌的认知度、好感度，从而产生一定行为反应，行为反应的过程从点击数字营销开始到最终形成转化这一过程。此外，在社会化媒体上，消费者对品牌的声量情况变化，也可以看出由于数字营销活动而产生的数字营销产生曝光后，对用户行为会产生一定的影响。根据消费者购买决策过程：数字营销—点击—网站互动—转化，以及参考本书在前面论述的网站效果评估指标，根据用户行为路径，评估每一个阶段的效果，可以构建出消费者的行为模型。在消费者行为跟踪的过程中，事先在网站加入事件代码，用户的任何浏览和互动行为都可以被记录下来。评估行为反应的指标如上文所述，可以分为浏览指标和行为指标。浏览指标笔者认为需要采用独立访客来衡量，行为指标则考虑到达率、跳出率、访问深度和互动情况，其中，网站访问深度与受众卷入度有关，卷入度的高低又与产品对消费者的重要度有关，这就要结合传播效果中的数字营销精准度来看，即数字营销是否精准对标目标消费者（图 10-3）。

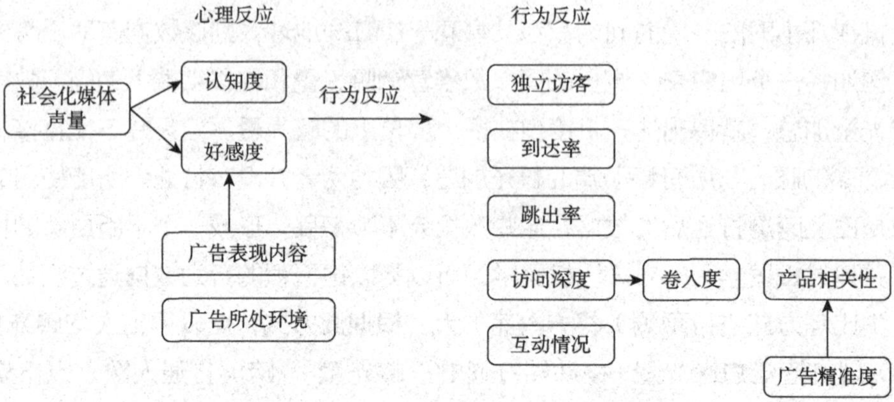

图 10–3 心理效果评估模型

三、数字营销的经济效果

经济效果是指数字营销活动最终给品牌带来的经济收益，是数字营销效果评估中最显著可见的效果。数字营销主可以直接从商品的销量、获得的利润率、转化额上看到效果。转化效果可以从转化利润看数字营销经济效果。经济效果分为直接效果和间接效果。

直接效果是指通过点击数字营销而进入活动页面直接产生购买行为。数字营销直接效果是当数字营销曝光后，用户产生点击并进入产品购买页或者注册页直接产生转化行为。转化包括销售转化、注册转化、下载量转化等，主要根据数字营销主对转化的定义以及最终想通过数字营销达到的目的来确定。

在程序化购买数字营销首次投放中，一部分用户会直接形成转化，另一部分用户则未形成购买行为。如果用户在首次数字营销投放中产生互动行为，DSP 数字营销会进行再次营销投放，以争取找回这部分用户，最终形成转化目标。在数字营销重定向的过程中，将初次数字营销投放所产生行为的 Cookie 和移动 ID，进行再次重定向投放。再次投放后，又会有少部分用户流失，用户流失会呈现“转化漏斗”模型，最终只有一部分目标客户形成转化。产生初次转化后，再次产生的转化行为称为重复购买行为，重复购买更多是受到商品质量本身、对品牌的认可度、忠诚度及对后续的折扣价格因素的影响。此外，还有很小一部分转化是没有经过数字营销曝光而产生的直接转化，这部分的转化可能是用户自发的搜索行为或者朋友推荐而形成的转化，这里将不计入数字营销效果中。如果用户在首次投放和二次投放中都经过了数字营销的曝光，但未形成转化，而是最后通过搜索渠道或者直接访问形式进行的转化，此种情况下数字营销贡献度和搜索或者直接访问的贡献度各占50%。

经济效果最简单的评估方式就是“获得的转化额-数字营销花费（数字营销成本）=获得转化利润”，在直接效果的模型建构中，可以运用这个简单公式展开来。在评估过程中，需要明确数字营销成本以及转化额。产生转化的成本即数字营销产生每一次转化后的花费，在一定程度上作为数字营销效果的评估标准。转化成本用来衡量每一次数字营销的花费是否划算，是否以低廉的价格获取到好的数字营销资源。

数字营销花费的计算方式会存在不同，有些媒体会以曝光数计数，有些则以点击数计数或者以最终的转化数计数。网络数字营销的成本计费方式有CPC、CPM、CPA、CPL（cost per leads，每注册成本）、CPE（cost per engagement，每互动成本）等，目前主要为CPC和CPM的计费方式。当产生转化的成本过高，转化单价非常高，则数字营销实际到达的人数少（转化人数=总预算/转化单价），数字营销效果不佳。需要查看是否人群定向条件过于狭窄、劣质媒体过多、数字营销创意本身不佳。这些因素都会影响到数字营销的转化成本和数字营销效果。

由于程序化购买的跨屏投放模式，用户的行为常常是多平台一起互动，如在PC端上浏览，最终在移动端形成转化。因此，转化额的计算并不能仅仅局限于一个平台的数据，而需要得出跨设备转化数据，这在监测过程中就需要在不同设备上部署相同的监测代码，获得跨平台的转化数据。对于需要销售转化评估效果的数字营销主，借用RFM模型来衡量用户带来的效果，可以得出更加细致的模型公式。RFM模型表示最近一次消费（recency）、消费频率（frequency）、消费金额（monetary）。其中最近一次的消费数据可用于重定向访客的找回。根据模型可得公式：销售转化利润=转化人数×每个转化用户所消费的频次（包含重复购买行为）×每次转化的客单价-（首次数字营销投放成本+重定向数字营销成本）。

如果是以下载量、注册量来评估转化效果的，则公式中的转化客单价变为每次转化所能带来的价值，这个价值量由数字营销主方决定（图 10–4）。

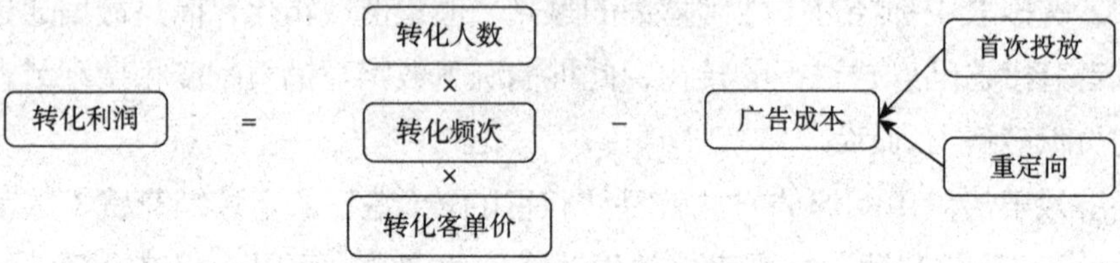

图 10–4　直接转化效果评估

应 用 篇

本篇探讨常用的数字营销策略，需要理解每种数字化渠道间并没有绝对明确的界限。

在企业的营销活动中，一般会选择同时采用几种不同的数字营销方式，并将所有数字化传播渠道相整合。

本篇在收集优秀策划案例的基础上，对特定类型的策略进行分析，找出其规律性，用以指导数字营销策划实践。

鉴于篇幅较大，本篇被拆分为上下两章。

第十一章　常用数字营销策略（上）

社交化、娱乐化是数字时代人们媒介使用的重要特征，消费者在被动接受信息的同时，主动搜索成为其获得信息的重要方式。社会化媒体、在线视频和搜索引擎都是重要的触点。

第一节　社会化媒体营销策划

互联网进入 Web 2.0 时代，用户参与和互动成为最突出的表现。网民基于社会交往的需要，参与信息的生产与传播中，社会化媒体不仅为用户提供了社会交往平台、丰富的内容资源，同时也在改变人们获取信息的路径，这一新触点的诞生，深刻影响着企业数字营销活动的变革。

一、何为社会化媒体营销

社会化媒体是基于用户社会关系的内容生产与交换平台（彭兰，2015），其本质是技术发展对于社会公众的一种赋权，是公众现实社会关系的网络延伸和网络社会关系的现实连接。Antony Mayfield 将社会化媒体定义为一种给予用户极大参与空间的新型在线媒体，具有参与、公开、交流、对话、社区性和连通性几个特征（唐兴通，2012）。

根据美国学者 Ross Dunn 对社会化媒体的分类，社会化媒体主要包括社交关系网络（social networking sites）、视频分享网络（video sharing sites）、照片分享网络（photo sharing sites）、合作词条网络（collaborative directories sites）、新闻共享网络（news sharing sites）、内容推选网络（content voting sites）、商务关系网络（business networking sites）、社会化书签网络（social bookmarking sites）8 种。

KAWO 科握发布了《2023 中国社交媒体平台全方位概览》①，可以看出，当今国内外社会化媒体平台占据了各种细分种类，包括最典型的即时通信工具（微信、QQ、WhatsApp）、微博类应用（新浪微博、Twitter）、SNS 网站（豆瓣、QQ 空间、Facebook）、BBS（百度贴吧、天涯论坛）、多人在线协作网站（百度百科、维基百科）、网络问答社区（知乎、搜狗问问）等，而一些功能型平台包括电商网站、音乐类应用、视频网站、资讯阅读应用、手游 App 等，也因具备了社会化属性被划分为社会化媒体。

自互联网进入 Web 2.0 时代，用户参与和互动成为最突出的表现。社会化媒体的蓬勃发展改变着用户的媒介接触习惯和生活方式，也在缩短着用户与品牌的沟通距离，企业不断部署自己的移动平台，使得厂商与用户沟通的触点增加。同时企业越发重视用户的评价信息，根据网络口碑对自身产品和服务做出及时调整，以适应和把握不断变化的用户需求，社会化媒体营销正大行其道。

社会化媒体营销（social media marketing，SMM）是指借用社会化媒体对品牌、产品、服务、活动等针对网络的推广行为，实现建立品牌知名度、达成品牌声量或实际销售的过程。维基百科将其定义为通过社会化媒体平台、意见领袖、在线社区等开展市场营销活动、公共关系、客户服务。企业为了行销的目的，在社群网络服务（包括 Blog、YouTube、Facebook、Twitter 等社会化媒体）上创造特定的讯息或内容来吸引消费大众的注意，引起线上民众的讨论，并鼓励读者透过其个人的社会网络去传播散布这些行销内容，进而提升与客户的关系与满意度的行销策略。这种相对低投入高转化率，重视口碑传播的营销方式，依赖或

① KAWO 科握更新《中国社交媒体平台全方位概览》2023 版. https://weibo.com/ttarticle/p/show?id=2309404873738301866011[2023-02-27].

者基于社会化媒体上用户形成的互相连接的人际关系，来进行品牌或者商品的营销。一般社会化媒体营销工具包括论坛、微博、微信、博客、SNS 社区、图片和视频分享等[①]，其核心在于依存于社会化组织的受众体验和情感投放。

从 2010 年的微博发酵算起，到 2023 年我国的社会化媒体营销已经进入第十三个年头。2013 年，微信崛起，社会化营销转向移动化，社会化媒体格局改写。2014 年则是社会化营销从粗犷化经营到精细化经营的一年。进入 2015 年，社会化营销业态趋于稳定，社会化营销的平台也在不断扩展。2016 年，短视频井喷式爆发，以“papi 酱”为代表的少部分短视频网红在短时间内实现了百万级别的粉丝聚拢。2017 年，社会化媒体运营更趋专业细分化，超级网红、老牌视频内容生产商、头部垂直栏目，都从单一内容生产者转型 MCN[②]。

二、社会化媒体营销案例解析

案例一：京东 2018 年微博#谁是带货王#营销 campaign

京东在 2018 年针对“9.9 秒杀活动”在微博推出#谁是带货王#社会化媒体营销 campaign，根据京东用户消费习惯和需求，在微博平台利用#谁是带货王#、#谁能拿走 100 万#、#花式种草#、#卫嬿婉有话说#等话题带动流量裂变，促进内容流量向商品销量的转化，实现了微博全触达用户 4.31 亿，累计曝光超过 13 亿次的投放效果。

在该次活动中，头部网红、电商达人和应援明星齐参与，覆盖了美食、美妆、时尚、科技等各大领域，通过产出用户感兴趣、有价值的优质内容，融入官方活动信息，带动粉丝们参与互动和激发其剁手热情，用时髦的话说便是成功被“种草”。粉丝再通过社交平台的电商链接和入口完成购买行动，而当次的消费行为又会通过社会化媒体中的口碑传播继续呈涟漪式扩大影响，最终实现营销闭环。

---

① 艾瑞咨询. 社会化媒体营销操作指南. http://report.iresearch.cn/report/201405/2169.shtml.

② MCN（multi-channel network，多频道网络），为多频道网络产品形态，将平台下不同类型和内容的优质 PGC（professionally-generated content，专业生产内容）或 UGC 联合起来，以平台化的运作模式为内容创作者提供运营、商务、营销等服务，帮助 PGC 或 UGC 变现。

优质内容在这场营销活动中担任传递品牌信息、活动资讯，沉淀用户的重要作用，可以说是整个活动成功的核心要素。京东联合各领域KOL打造的内容覆盖面广、针对性强，同时接地气能引发用户共鸣，如食品的开箱验货视频，以科普形式进行安利的评测型视频，口述亲身经历的现身说法型视频以及其他创意类短视频等。而无论是主推的话题、发现页 Banner、微博语义橱窗“秒杀”关键词均成为内容资源启动的导火线，在这场营销活动发酵过程中，京东设立的“百万 e 卡”和网红自身加码的奖励则是传播过程中的助推器，推动营销活动的持续走高，延长其生命周期。

案例二：百威 2018CNY#圈内人#社会化营销 campaign

2018 年新年伊始，百威啤酒打造“请做我的圈内人”营销活动，整合腾讯新闻原生内容力量与腾讯社交力量，保证流量入口和人心出口，顺应社会视角切入，最终实现从话题到品牌的引流营销。

此次活动结合“朋友圈是否要屏蔽父母”的现象洞察，以“朋友圈”为切入点，全程围绕“圈内人”的核心主线展开一系列社会化的营销活动，发起#圈内人#号召，号召两代人打开心扉，认识到其实“家人更是圈内人”。首先，#圈内人#话题强势入驻微博热搜，聚焦“为什么是家人，却不是圈内人”这一话题触及网民，以大 V@微博搞笑排行榜深夜互动问答“为什么不让爸妈看你的朋友圈”进一步引发网友关注。

其次，在通勤路上的早上八点，借力腾讯社交大数据及社会调研结果，腾讯新闻发布“朋友圈年度亲情白皮书”，以白皮书中以“父母是你的圈外人吗”为主线逐步引发网友真情思考。

最后，在下班路上的十八点，腾讯新闻上线“请做我的圈内人”视频实验，6 组真实的父母和孩子，在对彼此保密的情况下进行测试，实验揭露出父母是愿意做子女的圈内人的，引发情感碰撞。

#圈内人#经社交平台发酵并拥有了一定反响，百威微信朋友圈广告在晚上八点上线，让用户和品牌内容进行情感交流，最终引爆整个亲情人文关怀。顺着对“圈内人”感情话题是与非的层层递进，腾讯新闻陈晓楠的《和陌生

人说话》栏目视频“爸妈，谢谢你们尊重我”承接推出，刷遍朋友圈。在特制的竖版视频中，陈晓楠深度对话四对不同矛盾的热点人物家庭，通过特写他们的故事，将百威活动主题进一步升华，号召人们打开心扉，做最真实的自己。

在腾讯新闻官方内容的带动下，叫兽易小星、Mike 隋等微博 KOL 和微信大 V 发布原创内容，明星李光洁、叶祖新等主动转发评论，成功将原生优质 UGC 辐射更多年轻群体。

据统计，此次活动通过线上多平台与 KOL 联动，在活动上线仅一周的时间内，围观群众就超过了 4 亿；微博#成为圈内人#、#朋友圈屏蔽爸妈#两大话题阅读量突破 1.2 亿，讨论量近 6 万；朋友圈定向广告总曝光量超过 1 亿，用户主动分享和转发带来了超过 780 万的额外曝光，百威#圈内人#润物无声式的社会化营销展现出了强有力的传播生命力。

案例三：淘宝 2018 造物节#神物 battle#社会化营销 campaign

2018 年第三届淘宝造物节，以“神物 battle”为主题，联手微博在资源、内容和互动方面进行深度合作，打造年轻网友创造力的线上盛典。此次活动利用原创达人、明星大咖的流量体质、优质创意内容的吸引力等，成功引爆活动声量，激发用户参与热情，实现品牌信息的成功触达：造物节相关话题矩阵新增话题阅读量为 9.21 亿，相关话题讨论量新增为 1 445 万，较去年提升 2 734%；关键词“造物节”的提及量，较去年增长 1 767%；活动期间，“造物节”“淘宝”两个关键词相关词云中，“青年”“原创”“创造力”等核心品牌沟通点都成为热词，品牌信息正向传播触达用户。

在本次活动中，#神物 battle#话题率先出击，数位达人挑选造物节神物宝贝并结合社会化传播特点做趣味解读，正式拉开淘宝造物节线上传播的帷幕。之后，根据网友的关注兴趣点和接触习惯，#造物键盘侠联赛#挑选网友日常互怼话题引发“造文化大讨论”——养只狗好还是找对象好？四川人和湖南人，哪个更能吃辣？不同领域的知名 KOL 组队 battle，将造物节神物融入讨论中，引全民热议。

预热进入冲刺阶段时，淘宝官微高调发声，号召网友票选造物节青年创造力大使，引来无数粉丝为自家爱豆打 call，一时间“明星+造物节”的话题转发铺满微博的每个角落。

造势之后，淘宝造物节盛大开幕，线上微博分会场也在大 V 天团的引领中热闹开场，蔡徐坤在西子湖畔发表青年创造力宣言，淘宝官微联合一众直播 KOL 不断跟进。同时微博创新定制热门“造物节流”，通过智能化抓取全面网罗造物节的优质内容，为网友智能推送。

三、社会化媒体营销策划指引

通过前述京东、百威啤酒、淘宝社会化营销案例的解析，简单总结来说，社会化媒体营销其实是利用关系链（通道）传播内容（核心）的过程，并依托资源启动（激发点）。激发点可以是电视节目中的曝光，可以是网络媒体的报道，可以是微博大号的转发，可以是大量投放的广告，甚至可以是靠水军冲上的热门话题。

社会化媒体营销的核心是注重与消费者的交流互动，而不仅仅是把社会化媒体当作简单发布广告的场所。社会化媒体提供了让消费者更便利地深度参与品牌活动的环境，企业在进行营销活动时应鼓励消费者进行有效的参与和互动，注重用户体验和信息反馈，关注用户口碑，而不再是单向的信息输出。本部分将从宏观和微观两个层面为如何做好社会化媒体营销提供一些指导性建议。

1. 宏观把握社会化媒体营销的三个关键点

（1）互动整合为核心，聚集不同社会化媒体用户的参与，收集他们的兴趣、用户画像和习惯，围绕用户的互动分享习惯开展营销，以用户为主导，用互动整合驱使营销目标聚焦。

（2）点面一起抓，一方面搭建各种移动终端平台，增加与用户的沟通接触面；另一方面，强化对每一个移动用户的深度服务，让用户成为口碑传播点。

（3）提炼、挖掘、分析大数据，完善用户数据文档，建立用户临时数据库，管理与品牌发生联系互动的用户，将他们的行为数据化，并根据用户与厂商发生关系的紧密程度来进行用户分类，提高数据精度，用于预测消费趋势，实现数据的持续积累，便于开展精准化营销。

2. 微观切入社会化媒体营销的六点操作

1）内容为先，吸引消费者互动参与

社会化媒体营销与内容营销密不可分，后者是在深刻了解消费者的情况下，提供领先的思想和价值观，并通过一个个故事以及有价值的信息，以品牌或产品为载体，将这些文化价值观和意义传递给消费者（周懿瑾和陈嘉卉，2013）。因此，一则发布于社会化媒体上的优质内容除了有价值，即满足用户的需求（娱乐需求、情感需求、功能需求等）外，还要注重形式、渠道、触发因素的选择（如原生广告、专题页面、超话广场或话题榜单、促销/抽奖按钮等）和时机（如节日或社会热点）。同时从品牌建设的角度分析，内容应为品牌服务，而非独立存在，因此无论是短期还是长期有益于品牌形象构建，品牌意识的培养，或是直接拉动销售的内容才能算社会化媒体营销的成功案例。

第一，在实际操作中，营销人员需要寻找消费者的痛点，从用户角度出发，将内容与受众兴趣爱好契合，充分利用平台优势进行企业理念和文化输出；第二，娱乐化深刻影响消费者生活方式与媒介接触习惯，合格的营销人员应善于借势，关注流行文化与热点。同时需要注意的是流行不一定有效，要看流行文化能不能支撑企业的商业策略，符不符合品牌调性和营销目标，否则适得其反；第三，优质内容一定是要花工夫组织和生产的，内容不仅要有价值，还要有生产的持续性；第四，人格化运营能拉近消费者和品牌的心理距离，营销人员应加强与用户的主动互动，并呈现一致的人格化形象，传递人文关怀；第五，充分利用社会化媒体收集市场反馈，进行舆情监测，建立清晰的受众画像和 SCRM（social customer relationship management，社会化客户关系管理）。

2）借助众创文化，推行创新理念

数字技术带来了强大的社交网络，同时影响着文化的运行方式，“众创文化”（crowdculture）开始大行其道，即网民已经成为非常高效且传播效果极强的文化创新者，亚文化通过社会化媒体进入主流人群，影响着企业对流行文化的重视，对应地打造自身文化品牌，如当代人对饮食健康的重视，碳酸饮料市场出现滑坡，可口可乐公司对应地推出不含糖分或含有膳食纤维的汽水。要有效使用社会化媒体建立品牌，企业需要借助众创文化，推行创新的理念，使企业的观点态度从嘈杂且趋同的媒体环境中脱颖而出。

3）依靠KOL，扩大声量

社会化媒体的发展使得明星社会影响力大大提升，粉丝围绕他们喜爱的明星或崇敬的 KOL 建立活跃的团体，放大了粉丝效应，由此在社会化媒体营销中，KOL 是不容忽视的一支重要力量。

4）重视口碑传播，及时止损

口碑成为消费者购买决策的重要信息来源。网络口碑是指那些由消费者通过网络虚拟平台对产品或服务等事项进行有关意见、经验与建议等方面的信息交流（于婷婷，2013）。绝大多数的网络口碑信息通过社会化媒体作为传播媒介，起到信息增量、改变态度，甚至影响购买行为的作用。

针对社会化媒体的高卷入性和强社交性特点，口碑营销需注意：第一，找准触点，双向沟通激发用户参与。具体来说需要重视专业、小众的垂直类社区，持续互动打造“对话式营销”；鼓励用户参与和反馈，分享产品体验，参与品牌的延伸设计，将社会化媒体视为重要的市场信息收集渠道；制造内容的话题性，存在争议与延展的内容更能激发讨论和不同观点的碰撞，带动话题热度的持续走高，平平无奇会让内容丧失传播力度。第二，重视舆情监管，加强危机公关处理能力。在操作中注重对网络舆论的因势利导，适当地采用水军制造有利的局面，发挥意见领袖的关键作用。

5）利用社交货币，从强关系切入

Lobschat 等（2013）、Zinnbauer 和 Honer（2011）认为在互联网时代，社交货币可以理解为一个品牌在社交网络和社区中存在的实际与潜在资源的整体，包括社会化媒体上的品牌交流讨论、消费者内容交流时产生的信息价值、消费者互动形成的归属感、身份识别以及其他效用价值，如带来自尊、幸福感的满足等①，这些资源对于品牌资产、品牌营销皆有着巨大的增益效果。

拼多多的社交电商模式之所以成功，在于它巧妙地利用了社交货币，将社会化媒体营销发挥最大效用，通过好友拼团、砍价的形式，通过强关系之间的天然

---

① 引自 Vivaldi Partners Group 咨询公司的社交货币维度划分。

信任来传递产品信息，大大降低传递价值的成本，同时不会带来强抵触心理，解决了裂变传播中的动力问题。

社会资本理论的观点认为基于消费者之间互动与连接的社交货币是重要的品牌资源，对品牌资产、品牌忠诚度产生重要影响。因此营销人员在社会化媒体营销操作中应从强关系入手，利用人际交往、利益诱导造成传播声量的扩大，拉动用户参与营销活动。现阶段已有大多数企业注意到社会化媒体将弱关系向强关系拓展的这点，如淘宝卖家普遍在订单中夹杂店铺或客服微信，及时将顾客加为好友，如此一来不仅有新产品面市、优惠活动可以第一时间告知消费者，同时与顾客保持情感联系，维系顾客，促进重复性购买。在解决用户留存问题，社会化媒体方面发挥着重要作用。

6）找到正确的评估依据

评估营销效果是每种营销活动不可缺少的复盘过程，社会化媒体营销需要设定清晰的投资回报率，战略层面包括美誉度、知名度、品牌联想、品牌信任和忠诚度、传播声量、互动指数、品牌曝光及不同维度和深度的效果转化等，战术层面则包括了阅读量、留言互动量、转发、点赞量、跳转率、转化率、注册用户数、全网曝光量、百度指数、热搜指数等，具体内容详见第十章。

第二节　在线视频营销策划

当下，用户观看视频的轨迹已经遍布 PC、移动、OTT 等各类屏幕，关心的内容领域拓展且细分；用户与视频媒体的关系也不再局限于观看内容，拓展出更多体验方式，如参与粉丝社区、购买 IP 衍生品等。诸多变化展示出共同的趋势，即在线视频作为用户娱乐体验中心的地位正在不断加强，其成为广告主与用户产生价值连接的绝佳平台。受限于消费场景的碎片化，开展在线视频营销因此需要更多的策略和技巧。

一、何为在线视频营销

在线视频作为一种高效直观的数字营销方式，在越来越多的营销渠道中崭露头角，成为培育顾客、与消费者交流、提高品牌知名度的有效手段。与传统电视广告和贴片广告不同，在线视频通过社会化双向沟通，不仅实现内容与观众的互动，而且在形式上突破了媒介的限制，受众拥有更强的交互性和自主权，并容易受到人际影响。

目前主要的在线视频营销涵盖视频贴片广告、原生广告、信息流广告、定制网剧、短视频、直播等形式，目的是借助视频的富媒体特征直观地向受众传达营销信息，激励用户参与，甚至是自发地分享。

根据 Demand Metric 和 Vidyard 发布的《2017 年视频营销报告》，9/10 的受访者认为视频内容变得越来越重要，7/10 的营销人员认为视频广告的转化率比其他广告更好，还有 3/4 的受访者认为视频广告投资回报稳定或将提高①。2018 年，视频营销逐渐成为品牌推广的主战场。

1. 短视频全面开花

短视频的行业定义为视频长度不超过 20 分钟，通过短视频平台拍摄、编辑、上传、播放、分享、互动的，视频形态涵盖纪录短片、DV 短片、视频剪辑、微电影、广告片段等视频短片的统称。其具有社交属性强、创作门槛低、观看时长和场景便捷等特征，更加符合移动互联网时代的碎片化内容消费习惯。

2017 年起，短视频在各个领域开始全面开花，布局不断。腾讯在 2017 年 2 月推出“芒种 2.0 计划”，将 10 亿现金集中补贴在原创和短视频自媒体上，到了 2017 年 11 月又全新升级了“企鹅号”，也在短视频领域发力，并于 2017 年 3 月中旬领投快手 D 轮融资 3.5 亿美元。2017 年 3 月，阿里文娱集团宣布原视频网站土豆将全面转型为 PUGC（professional generated content user generated content，专业用户生产内容）短视频平台，并追加 10 亿纯现金投入，以扶植项目发展，原 UC 订阅号、优酷自频道账号统一升级为大鱼号，投入 20 亿打造“大鱼计划”，奖励优秀创作者。2017 年 5 月初，百度视频宣布与时光网达成战略合

① Demand Metric：2017 年视频营销报告. http://www.199it.com/archives/660041.html.

作，联手打造影视文化领域的 PGC 短视频内容生态，并在 2017 年 11 月的百度世界大会上，发布了全新的“好看视频”。

2017 年在短视频领域动作最大的当属今日头条，从 2 月份斥巨资收购美国短视频平台 Flipagram，到 3 月份与芒果 TV 达成战略合作，5 月份内部孵化的火山小视频宣布未来 12 个月拿出 10 亿元补贴短视频创作者，6 月份头条视频改名为更有品牌辨识度的西瓜视频，8 月份内部孵化的音乐短视频社区抖音开启国际化之旅，11 月收购国际音乐短视频平台 Musical.ly，这是今日头条史上最大的收购案，也是短视频领域迄今为止最为重要的一场收购案（图 11-1）。

图 11-1　国内短视频平台全面开花

毫无疑问，我们已经站上了一个视频时代的风口。

过去以电视广告加上视频贴片的投放模式，已经不能完全触达足够的人群和目标用户。随着流量从 PC 端转移到移动端，视频的消费场景正变得碎片化，短视频成为更适合移动端消费的内容产品。

短视频成为移动互联网时代主流信息传播载体的时代或将到来。2016 年随着直播平台、短视频平台崛起，网络广告的形式和创意不断变化，短视频广告成为广告未来的发展新趋势。社交、资讯、电商等领域纷纷采用短视频作为内容的展现方式，短视频迅速成为各个领域的香饽饽。它所带来玩法的升级也在提升用户好感度、满足个性化需求、内容体验等方面带来不错的效果。随着入局者的不断增多，形式和内容同质化使得各大平台依托短视频和自身资源背景构建独特的内容生态，从而建立平台护城河。相对于比较成熟的领域，用户的使用场景迁移速度逐渐缓和，短视频风口给了平台方扩展市场边界的机遇（图 11-2）。

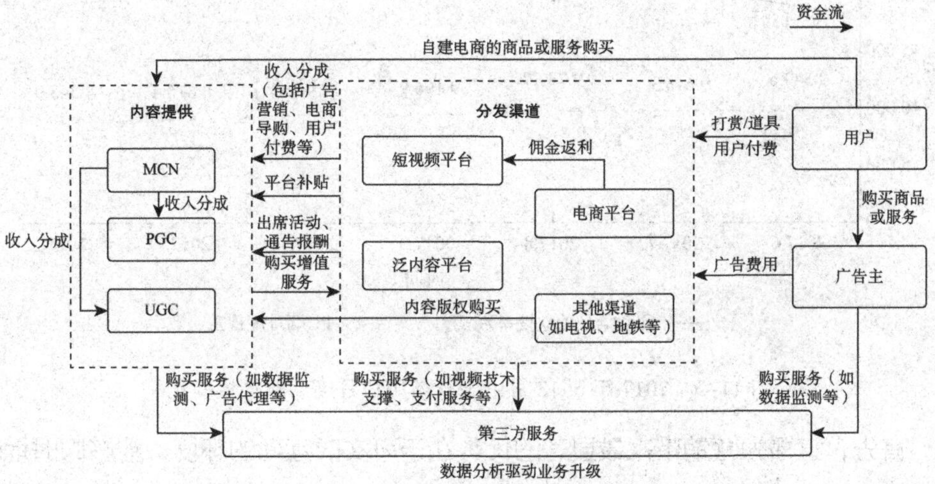

图 11-2 2017 年中国短视频产业链各方主要变现方式[①]

目前的短视频营销主要包含以下三类模式。

（1）贴片广告，是指在短视频播放过程中以贴片形式呈现的广告内容，包括内容场景融入的以及放置在短视频界面之上的广告。

（2）平台信息流广告，是指在内容信息流中露出的广告，属于广义的原生广告，但这里只定义形式上的信息流广告。

（3）原生广告，广告内容与用户观看短视频内容场景一致，契合品牌调性。

2. 直播市场趋于稳定

根据艾瑞咨询连续监测产品 Muser Tracker 和 Jiuser Tracker 数据，经过 2016 年全年和 2017 年上半年大规模的行业发展和用户激增之后，2017 年下半年直播行业整体发展情况趋于稳定，竞争格局已经基本成型，用户经过沉淀后流量增长趋势放缓。从直播用户数量来看，这一领域存在巨大的市场，全民直播时代

① 中国短视频行业年度盘点分析 2018. http://www.199it.com/archives/707472.html.

的到来，吸引广告主前来寻求商业化合作（图 11-3）。

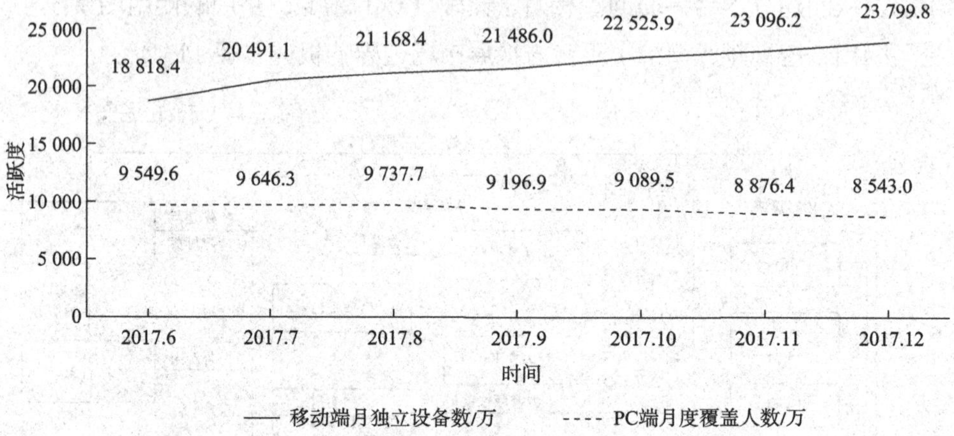

图 11-3 2017 年 6~12 月中国直播用户月度活跃规模变化

首先，直播为营销带来最显著的优势在于可实时互动的环境，能够即时地收集用户反馈，以便达到最有效率的营销水平。其次，在网络环境下，视频媒介的传播变得更加广泛和高效，录制好的直播还可以再次进行观看，因此形成二次营销。伴随着网络直播的迅速发展，2016 年直播内容逐渐被细分，形成如游戏、美妆、健身、旅行类等多种垂直领域，直播内容和观看的用户群体均带有显著特点，便于广告主进行精准定位。最后，直播营销的发展紧贴着网络广告市场移动化、视频化的趋势，能够迎合越来越多用户和广告主的需求（图 11-4）。

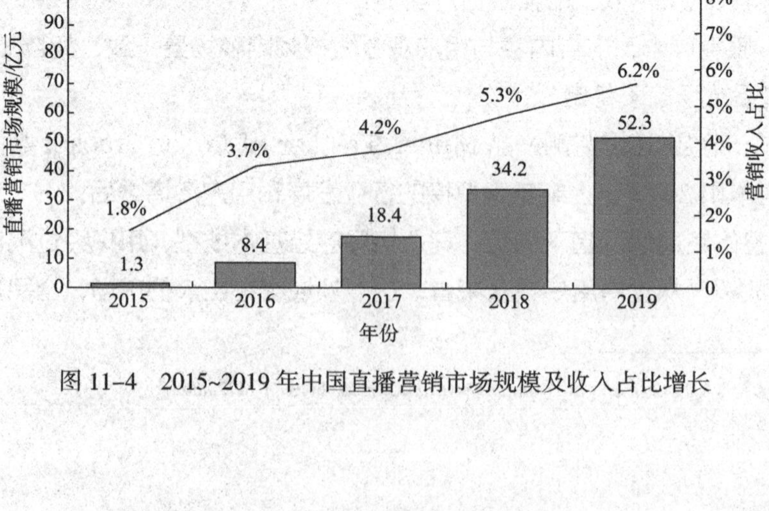

图 11-4 2015~2019 年中国直播营销市场规模及收入占比增长

根据艾瑞咨询数据，近年来中国直播营销规模及收入占比一直呈现增长趋势，这与直播平台和广告主对直播营销的逐渐重视有关。直播营销以相对较低的成本换取在集中流量下的多次曝光的营销方式越来越受到广告主的青睐（图 11-5）。

图 11-5　中国网络直播营销产业链图谱

资料来源：艾瑞咨询研究院自主研究及绘制

目前直播营销总体可被分成传统的“硬广”和创新的“直播+”两种模式，其中，“直播+”模式包含内容营销、互动营销及电商三个种类。

传统和常规化的“硬广”模式包括品牌露出以及贴片广告。品牌露出即在直播中利用 banner、冠名、开屏等形式将企业品牌直接展现；贴片广告与电视广告相似，在直播过程中播放前插或中插广告，同样以贴片视频的形式呈现。

创新和定制化的“直播+”模式包括以下三种。

（1）直播+内容营销，主播以品牌推广和产品宣传为目的，在直播中亲身试用产品或参与体验。因此可分为产品体验/新品发布以及户外/旅游两大类。例如，2017 年 7 月 21 日，美汁源神秘空间降临北京，携手达人网，直播探秘美汁源梦工厂，主播在直播中介绍了梦工厂的设施并参与体验部分活动。

（2）直播+互动营销，在直播中需要在用户参与互动的环节加入营销，起到信息的双向交流传播作用。以熊猫直播为例，现已开发出包括但不限于定制礼物/赞助抽奖、冠名口令红包、互动投票及魔力贴等多种广告信息交互展现形式，后文将着重介绍的直播答题营销案例就属于典型的直播+互动营销模式。

（3）直播+电商，电商平台内商家为展示商品或采购现场而进行的直播，让用户对于所售卖的产品有更加直观、全方位的了解。电商平台淘宝自 2016 年加入直播功能以来陆续开发出了许多创新的功能和玩法，目前平台内部应用直播营销的企业主要分为品牌广告主与淘宝自营商家。一方面品牌广告主利用直播营销的频次较少，通常会邀请到明星或 KOL 担任主播推荐产品，同时前期会联合多方造势宣传。这类营销单次成本较高，但关注度和商品转换率十分可观。另一方面的直播营销是由淘宝平台内的自营商家自主进行产品直播展示，一般成本较低，旨在吸引流量并介绍产品及产品货源。

二、在线视频营销案例解析

1. 短视频营销

案例一：苹果《三分钟》故事类短视频

2018 年 2 月 1 日，由苹果公司制作的短片《三分钟》在北京举行首映，该影片以 IPhone X 为基础设备拍摄，由陈可辛导演，以春运的火车站为叙述背景，讲述了一个乘务员妈妈和儿子在春节期间只有三分钟见面的故事。

该短片在开场画面中以文字形式向观众展示了“本片由 IPhone X 拍摄”字样，在短片结束场景中展示了苹果 logo，并在短片结束后出现“用 IPhone X 拍出你家的春节故事”字样，除上述信息以外，广告中未出现任何与品牌和产品相关的内容，而是专注讲述了一个感人肺腑的故事，引起了广大观众的共鸣。

该短片在苹果官网、社交媒体、视频网站、朋友圈信息流广告均有投放，一时间成了受众热议的焦点。该广告短片发布后，短短几天内，微博播放量和各大视频平台累计播放量都达到了数千万，也带动了受众的自发分享行为，呈现出爆屏的现象。

案例二：支付宝&1 MILLION 舞室《支字舞》音乐舞蹈类短视频

2017 年 10 月，支付宝联合韩国街舞线下教学机构 1 MILLION 上线的一支由支付宝定制与植入的广告片，将广告神曲“We pay with Alipay”和原创“支字舞”结合在一起，并通过搞怪欢乐的创意 MV 形式，将支付宝的品牌理念和产品特性进行了准确表达，同时该视频也对 1 MILLION 舞室在中国市场的推广和宣传起到了很好的作用。

1 MILLION 舞室凭借录制剪辑日常排练内容，成功做到了音乐舞蹈类的头部，在中国有着庞大的粉丝基础，几年来也在中国各大社交平台及视频平台上立足。其在美拍视频平台上官方账号的粉丝数达 185.2 万，在 B 站平台上官方账号的粉丝数达 124.5 万，在抖音官方账号上的粉丝数达 142 万，与此同时，视频中的编舞者 May.J.Lee 因其过往作品的大火收获了一大批粉丝，她的个人微博账号也在由她本人运营。

这支广告不但发布了支付宝官方 MV 版本，还发布了 1 MILLION 练习室教学版本，同时支付宝官方微博，1 MILLION 舞室官方微博、美拍等官方账号都对视频进行了发布和转载，许多网友还纷纷对舞蹈进行翻跳。

2. 直播营销

案例三：西瓜视频《百万英雄》“广告狂人”专场

《百万英雄》是今日头条和西瓜视频在 2017 年年底推出的一款大型全民互动直播答题游戏，属于在线视频直播与游戏化营销结合的典型案例，游戏规则中十二道题目全部回答正确的人，就能瓜分当场的现金大奖。

在 2018 年 1 月 15 日，《百万英雄》上线“广告狂人”专场，单场奖金 500 万，再创新高，本场直播联动近 30 家品牌主共同参与、拥有近 100 家广告代理商。在比赛前，各大品牌就以赠送复活码的形式开启了第一波广告植入。

15 分钟的答题时间，各个品牌以知识问答的形式巧妙植入广告，如“必胜客宅急送的外卖食品为何到手时还是烫的？”，“以下哪款产品是肯德基早餐不提供的？”（图 11-6）。

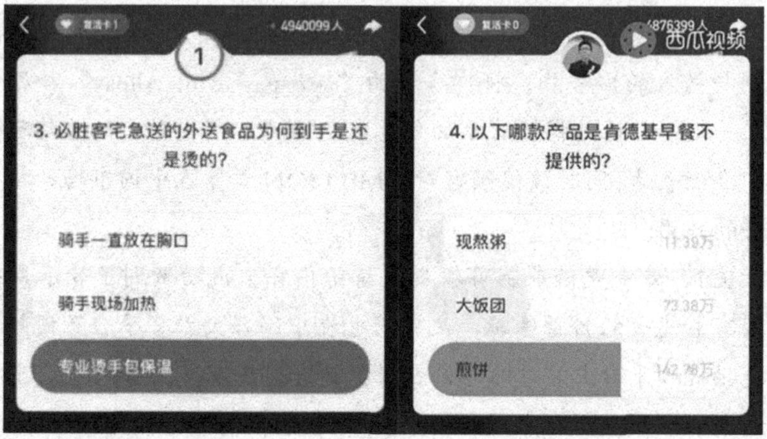

图 11-6 《百万英雄》知识问答

这样的广告不仅不伤害用户体验，在趋利心态下也带动了用户的主动参与，而视频直播的形式直接将营销传播效果放大到传统营销所不可企及的数量级：在短短 15 分钟内，创造了 510 万在线人数纪录、142 项广告权益露出、15 种营销新玩法，通过品牌露出、花式互动、原生视频、问题定制四大合作维度，合作品牌的 24 小时搜索指数均显著上涨。

三、在线视频营销策划指引

通过对上述三则主流在线视频（短视频、直播）营销案例的分析，可总结如下策略指导在线视频营销实践。

1. 赋予视频创意，呈现精良制作

短视频和直播是在线视频营销的基本形式，其最大的优势就是可以利用视频将信息充分填充到用户的听觉和视觉两个感官区域。《三分钟》短片，无论从导演和创意团队的选择、设备的投入、场景的使用及演员的选择上都用心良苦，以“陈可辛”“IPhoneX 拍摄”“巨资打造”作为视频营销的爆点，为用户呈现了一部堪比大片的精良制作，在第一时间吸引住用户的眼球，这是第一步也是非常重要的一步，同时还是决定用户是否选择继续看下去的关键一步。

好的视频在为观众解决问题或为观众提供信息的同时，又能通过创意增强视频本身的传播力。“支字舞”通过便利店收银员提出的一个问题：“请问您怎么付款？”引出视频主题，以声音和体态展现趣味搞怪的画风，引起网友纷纷模仿，并自发上传至各大视频平台，诱发二次创作和讨论。

2. 打造视频内在价值，带动用户讨论分享

短视频和直播可被视为基于社交营销的一次更迭，核心是互动型的 social 营销模式，《三分钟》这部短片在内容生产阶段就要找到能引爆用户群的“社交话题”——春运、团聚、坚守岗位，这是用户切实关心的社会痛点，也是有价值的社会问题，以此为主题进行情感营销，再借助短视频的丰富表达力予以展现，进而触发用户在情感上的共鸣，带动用户对视频进行讨论。

此外，本片在打造内容过程中采用了“场景故事化”的做法，将产品作为一个拍摄工具去展现一个富有感染力的故事，以此吸引用户注意力，打动他们，并让他们分享视频、讨论产品，让品牌获得持续的传播，进而带动品牌形象在用户头脑中沉淀，拉动新品 iPhoneX 的销量。

3. 多平台多渠道分发，增强营销辐射力

《三分钟》这部短片在苹果官网、各大社交媒体、新闻视频网站、朋友圈信息流广告等平台都进行了投放，使用户可以更容易地找到并观看这部短片。从 papi 酱活跃在微信、微博、A 站、B 站、优酷、爱奇艺、腾讯视频、美拍、秒拍、小咖秀等无处不在的身影可以印证，在多平台的分发思路已成为互联网时代的必备战术。企业在视频营销和网络营销中，通过网站、微博、微信、电子邮件营销（email direct marketing，EDM）、短信营销等多渠道联合发力形成锁定目标用户的多维立体化的营销闭环，结合用户大数据基础的智能化分析和应用，将能更精准地把营销视频或信息推送到目标用户，充分发挥“1+1>2”的强大营销辐射力和巨大长尾效应。

4. 视频分发中注重对“网红”资源的有效利用

在视频分发中还要注重对“网红”资源的有效利用，网红营销作为交互式、自下而上的传播模式，更符合年轻人的认知模式，甚至在年轻人圈子中形成一种信任传递，一些 KOL 比明星艺人更有说服力。借助网红的信任传递可以为品牌搭建与目标受众对话的情感纽带。“支字舞”MV 中的主人公是近几年备受中国街舞爱好者欢迎的一位年轻漂亮的韩国舞者，在入驻新浪微博和美拍等平台后，她除了会分享街舞外，还会时常与粉丝分享个人的生活日常。支付宝很好地抓住了这一“网红”资源，为自身的视频营销提供了新鲜动力。

5. 确保视频能被轻易地找到和观看

支付宝和 1 MILLION 舞室在发布视频时会带上相关话题和描述，方便用户更容易搜索到视频内容，其中涉及视频搜索引擎优化的问题，优化元数据（标题、标签、描述）。这一部分将在第三小节详细讲解。

视频要更具有社会化属性——创建一个以用户为中心的视频资源中心，让用户可以很容易查看到所有的内容。支付宝就很好地利用了 1 MILLION 舞室在美拍、B 站等平台上已经创建的视频资源中心，为自身进行宣传，增加视频的曝光度，并鼓励更多人去分享，创造更多的路径。

6. 在视频中嵌入行动呼吁，增加互动元素

在《百万英雄》“广告狂人”专场比赛前，各大品牌以赠送复活码的形式开启第一波广告植入，让观众在等待比赛开始时就注意到广告信息并不会反感，并能在游戏过程中使用复活码继续参与答题。视频营销的目的是增加转化，缺少行动号召很可能让你无法实现转化的目标。还可以很容易地通过增加嵌入式链接、调查、测试或表格、官方电话、二维码等，添加互动元素，在关键时刻拦截观众。

第三节　搜索引擎营销策划

在信息的汪洋大海中，搜索引擎凭借其提供的高精度、有价值的信息收录和

排序成为公众和消费者进行信息筛选的航标和向导。

2018 年搜索引擎保持着稳步移动化的发展态势，人工智能持续为搜索市场增长注入动力，为搜索引擎企业的平台化多元创新发展贮存宝贵的用户数据。一方面，人工智能技术持续改进推荐算法，帮助搜索引擎更好地理解用户的搜索内容和兴趣，提供更具价值的连接服务，从而促进付费点击量的提升、提高广告产品的营收转化率；另一方面，人工智能技术的产品化为多硬件、多平台、多输入方式的搜索提供了更完善的解决方案，语音输入、图像识别等技术的应用使得用户的搜索过程更加便捷，同时，基于自然语言处理的问答技术为用户带来了更人性化的搜索体验。

截至 2021 年 12 月，我国搜索引擎用户规模达 8.29 亿，使用率为 80.3%[①]。作为互联网基础应用，搜索引擎改变了消费者在信息搜寻、购买、浏览导航等方面的行为习惯。对于当下广告主的数字营销来说，搜索已经成了他们预算中必不可少的一部分。

一、何为搜索引擎营销

搜索引擎营销是指利用搜索引擎规则和用户使用搜索引擎的方式，在用户检索信息时尽可能将营销信息传递给目标用户。

搜索引擎营销主要包括搜索引擎优化和付费搜索营销两部分。

搜索引擎优化是在对搜索引擎的搜索原理和自然排名机制的了解之上，有目的、有针对性地对企业自己的网站、新闻等内容进行优化和整理，从而提高其在搜索引擎中自然搜索部分的排名，获得更多流量，最终达到网站销售或品牌建设的目标。

付费搜索营销模式主要为 PPC 模式，即点击付费竞价广告，简单来说就是付费买排名。通过调整每次点击付费价格来控制自己在特定搜索结果中的网页排名，实现成本可控。例如，百度页面中见到带有“推广链接”或“推广”字样的条目则是竞价排名的搜索结果。

① 共研网. 2022 年中国搜索引擎用户规模及使用率分析. https://www.gonyn.com/industry/1185981.html.

“搜索”大多数时候是用户意识到需求而寻求获取信息的主动行为，同时它也属于购买的一环，日本电通公司曾针对互联网与无线应用时代消费者生活形态的变化，提出 AISAS 消费者行为分析模型，其中第一个“S（search）”表示的便是用户上网搜索行为。因此，我们在规划搜索推广计划时，应尽可能贴近用户搜索目的，越直白越好，而不是和用户绕弯子，让用户花费过多心思去理解你想表达的创意或传递的品牌价值。

1. 搜索引擎优化

搜索引擎优化是利用搜索引擎原理在不给搜索引擎公司付费的前提下提升自然搜索排名顺序，因此了解搜索引擎原理及其排名机制才能对症下药。

搜索引擎原理是通过网络爬虫浏览并下载网页，将其存储到数据库，同时提取 URL，然后根据网页关键词、网页的重要性、质量和访问的频率建立常用与非常用等不同级别的索引，当用户键入关键词进行检索时，搜索引擎根据布尔运算提取包含关键词的网页，并根据一定的网页排名机制将搜索结果展现在前端页面。

在超过 200 个网页排名影响因素中，相关性是决定性的一项。以下以 Google 为例罗列几个重要的排名依据。

（1）链接数量。Google 两位创始人 Larry Page 与 Sergei Brin 发明了 PageRank 算法，这种算法将链接的数量作为统计依据之一——每一个指向特定站点的链接都可以看作投给那个站点的选票，指向你站点的链接越多，你在 Google 搜索引擎中的排名就越高。并不是所有的链接都具有同等重要性。来自权威网站的链接权重更大。

（2）关键词。Google 会检查到底有多少搜索请求与你放置在网页上的关键词匹配，如果匹配的关键词出现在你的域名、URL、标题、标签或者内容中，那你的网页将会被认为是（与搜索请求）非常相关的。

（3）网站建立时间。Google 认为越早创立的网站，其权威性越高。

（4）内容新鲜度。经常更新的网站——添加新页面、改动旧页面等，是证明你的网站没有死掉的依据。

（5）其他依据。例如，载入速度、AuthorRank、网站结构等也是对搜索引擎产生的结果重要的因素。

根据上述原理和排名机制，我们可以发现关键词越丰富并且越贴近顾客的需求，被链接的网页数量越多，网页反应速度越快，搜索结果越靠前。要知道在碎片化信息时代，用户的注意力被分散，如果搜索结果无法出现在首页，那么几乎处于无人问津的境地。

2. 付费搜索营销

对于 CMO 来说付费搜索营销需要考虑以下几点：PPC 投放在哪？采用什么样的方式？用什么信息接触到用户以及最终需要实现的目标。第一点和第三点很好理解，就是选择投放的搜索引擎和正确的关键词，第二点采用的形式需要更深入地解释。

目前主流的点击付费竞价模式是以关键词为单位进行出价，出价越高，位置越靠前，然后按照出价金额乘以点击次数来收费。但是除了关键词购买外，搜索引擎公司还开发出了新的营销手段，如 360 浏览器推出的个性十足的搜索产品“一站到底”、节日品牌冠名、在线直播等广告样式，突破了词条的限制，既增加了曝光，又提升了点击。

二、搜索引擎营销案例解析

案例一：三只松鼠（搜索引擎优化）

三只松鼠是一家依托互联网技术，以 B2C 平台作为渠道进行线上销售的零食品牌。自 2012 年成立至今，三只松鼠从名不见经传的食品品牌成长为零食行业的巨大 IP，迅速占领了互联网休闲零食市场。在其“成名”的营销过程中，搜索引擎优化占据着重要地位。

1. 网页设计改良

网站信息在搜索引擎的结果排名中十分重要，搜索引擎优化的目的就在于通过对网站关键词、标题、结构等设计的改良使其更符合搜索引擎排名的规则。在网页设计上，三只松鼠重视文字性的描述，使其网站能够被更高效地检索出来。同时，三只松鼠注重网站页面布局的简洁明快，使得用户在搜索后能够直奔主题地进行点击和购买行为。

2. 关键词选择与贯彻

关键词是搜索过程的基石，也是搜索引擎广告展现的关键所在。三只松鼠选择了与其品牌密切相关的“三只松鼠”“坚果”“碧根果”“核桃”等关键词作为重点，将这些关键词贯穿在网站的文字内容中，使得用户在搜索相关关键词时可以迅速找到品牌销售网站，搜索转化为购买的过程更为便捷。与此同时，三只松鼠还注重对“长尾关键词”的运用。尽管核心关键词是品牌网站点击量的主要来源，但由小众关键词如“森林食品”“坚果电商”等构成的长尾关键词检索往往也能给网站带来可观的点击量和转化率。

案例二：　雅诗兰黛娱乐品牌直达与“520”节日品牌冠名（付费搜索营销）

雅诗兰黛品牌于1946年创立，至今已有七十多年的历史，其经典的小棕瓶从1982年推出至今依然风靡全球。经典的抗衰老护肤品为雅诗兰黛赢得了口碑，但也使其被固化为适合年纪大的女性使用的品牌。对于品牌形象固化这一问题，雅诗兰黛公司也十分紧张，毕竟在年轻消费市场显著扩张的大环境下，只有抓住了年轻人品牌的未来才具有增长潜力。因此，雅诗兰黛公司将目光放在了更年轻的一代——Z世代（出生于1998年之后的人，预计将占全球人口的25%，拥有400亿美元的购买力）上，希望通过吸引年轻人来让品牌永葆青春。为此，雅诗兰黛将更多注意力集中在没有明显年龄区隔，更能吸引年轻人的彩妆产品的营销推广上。

1. 娱乐品牌直达产品，将代言人流量向品牌转化

在数字营销时代，互联网和社会化媒体的巨大影响力将娱乐营销推到了一个新高度，为了扩大品牌影响力，品牌主经常会选择娱乐明星作为代言人对其产品进行推广。邀请流量明星代言成本颇高，因此除了必备的TVC和平面广告以外，如何更好地发挥明星代言的价值成了值得品牌主进一步思索的问题。

对此，360的搜索引擎娱乐品牌直达产品提供了一份解决方案。品牌主投放

360 的娱乐品牌直达产品后，当用户搜索娱乐明星姓名时，将会触发其代言品牌的品牌直达专区，显示在 360 搜索结果页首屏的上端位置。与此同时，在品牌直达专区中，品牌主可以根据自身需求对板块进行定制。

为了充分发挥杨幂自带流量的价值，雅诗兰黛投放了 360 搜索的娱乐品牌直达产品，将代言人杨幂设置为搜索入口。用户搜索关键词“杨幂”后，在 360 搜索结果页首屏杨幂本人介绍页面的右上端会显示雅诗兰黛品牌直达专区。杨幂百科与品牌直达专区共同呈现的大画幅页面给用户带来震撼视觉冲击的同时，品牌直达专区也能迅速抓住用户的眼球。在品牌直达专区中，雅诗兰黛根据自身的需求定制了多个板块。专区中心位置通过代言人杨幂的广告平面图展示了持妆粉底液的无瑕妆感，配上产品的 TVC 视频为用户提供了进一步了解产品特点的渠道，细致而生动地展示了其彩妆产品的信息。专区左侧是代言人杨幂与品牌的故事、品牌简介、官网链接和产品体验链接，右侧是杨幂简介、杨幂同款、持妆气垫三个切换页面，从多个维度对品牌及产品信息进行了推广和宣传，同时也带来了多个流量入口，直接为品牌实现了导流。

雅诗兰黛投放 360 搜索引擎娱乐直达产品的这一营销手段借助了明星效应，将明星的高搜索率转化成了品牌流量，打通了从明星、粉丝到品牌转化的闭环，大大提高了品牌曝光和知名度，将代言人的流量成功转化为了品牌的商业价值，实现了代言人导流价值的最大化。

2. 雅诗兰黛与 360 合作推出“520 真爱 · 不脱粉”节日品牌冠名活动

2017 年 520 节日期间，雅诗兰黛与 360 合作推出了主题为“520 真爱 · 不脱粉”的节日品牌冠名活动。用户搜索 520 相关关键词，在 360 搜索结果页最上端就会显示雅诗兰黛的品牌定制专区。在 5 月 11 日到 21 日的活动投放期间，雅诗兰黛品牌定制专区在 PC 端、移动端的页面浏览量逐日增长，5 月 20 日当天导入量更是激增，平均点击通过率增长达到了 25%~28%，预约体验的用户数也大大超出了传统推广方式，取得了良好的传播效果。

1）根据品牌调性选择适当营销时机和主题

首先，在时机的选择上，雅诗兰黛充分考虑了其渴望打开年轻人群市场的营销目标以及其自身的品牌调性，选择了时下众多年轻人关注的新式情人节——520

作为营销的节日载体，并根据其计划主推的持妆粉底液、杨幂色口红等彩妆产品的特点与520节日的契合之处，确定了“520真爱·不脱粉”的营销主题。这一主题的设定十分精妙，一语三关，包含了520送雅诗兰黛意味着真爱、持妆粉底液不脱妆、杨幂真爱不脱粉等三重含义，同时满足了普通搜索用户、有购买意向搜索用户以及粉丝的需求，击中了520节日搜索用户强购买需求的痛点，激发了用户的购买欲望。

2）人性化页面设置实现引流到消费的转化

雅诗兰黛选择了粉色作为520营销页面的主色调，将“520真爱·不脱粉”主题放置在页面右上方的醒目位置并附以爱心图案，符合新式情人节浪漫的特性，在搜索结果显示的第一时间抓住用户的眼球。同时，在品牌冠名定制页面中雅诗兰黛在品牌名称下附上了520真爱妆产品的体验和购买链接，简化了从搜索到体验、购买的过程。用户可以在当前界面选择附近门店、时间进行体验预约，方便快捷的操作提升了用户体验，实现了从搜索引流到消费的闭环转化。

同时，为了提升用户搜索体验，降低用户对广告信息的反感，雅诗兰黛品牌专区还收纳了520节日的相关信息，融入了节日介绍、攻略、礼物挑选等丰富的内容，让用户在浏览广告的同时也能获得其想要寻找的信息，让广告呈现出一种为用户定制“520解决方案”的既视感。

案例三：亚马逊马年春节营销（付费搜索营销）

2014年春节，亚马逊与搜狗合作，为了更好地推动消费者与亚马逊进行深度交流，加深他们对亚马逊品牌的认可度，进一步推动内容搜索引流，搜狗创意式地将亚马逊品牌以Flash的形式在搜索中展示。并且为了更好结合春节热点，亚马逊将原来的Flash改为马上装满货品的百宝箱，让用户在输入、搜索及浏览时，出现一个全屏展示的动漫Flash，占据用户的桌面，第一时间呈现亚马逊品牌信息，冲击消费者眼球，吸引他们点击。

除了浮层广告，在键入亚马逊相关关键词时，搜狗还会自动化地进行品牌展示。无线端搜狗同样为亚马逊提供了品牌专区+搜索推广的组合推广投放形式，依托搜狗多屏联动，多维覆盖用户需求，并将不同流量实现汇聚，更有效地将用户导流至亚马逊平台。

三、搜索引擎营销策划指引

1. 搜索引擎优化

基于以上对搜索引擎原理机制的说明以及案例解析，我们在进行搜索引擎优化营销活动的策划时可以从以下几个方面展开。

1）规划关键词

关键词是搜索引擎优化的核心，建立网页前广告主必须明确业务中的关键词包含哪些，也就是如何去定义和概括自己的产品或服务（当然这是在产品定位时就应该解决的问题）。关键词的制定要从企业营销传播和消费者自身需求两方面来考虑，提高广告文字特征与搜索动机之间的关联性，也要注意搜索结果前后项内容的负面影响。

关键词又可以进一步拆分为“普通关键词”和“精准关键词”两部分，如手机厂商的普通关键词可以是“××手机”，那么精准关键词就是“全面屏手机”“拍照手机”“音乐手机”诸如此类，搜索引擎优化的操作中更喜欢普通关键词，因为其被搜索引擎收录、索引和检索的机会越大，但也不可忽视精准关键词，因为它体现了产品和服务的差异化特征，更有利于那些需求十分明确的用户进行检索。此时，广告主还应尽量拓展普通关键词的近义词，如“手机”=“Phone”，挖掘长尾关键词，如“前后两千万像素拍照手机”等，只有关键词越丰富，网页内容才会越贴近用户的搜索需求。

2）网站编码

这是从技术角度，也就是网页源代码的角度来优化网页质量的。首先，我们要多使用文本编写网页，而不是以图片或视频呈现，因为网络爬虫只会抓取文字信息，对于图片和视频内容中的信息无法识别；其次，简化代码，缩减尺寸，这不仅能为爬虫抓取工作减负，而且能提高网页响应速度；最后，编写 HTML 语言时在网页元数据中加入关键词，这里的元数据一般包括了网页标题（title）、元信息（meta）、图片 alt 标签等。标题是搜索引擎使用的重要信息；元信息用于指定文档的一些属性，搜索引擎会提取元信息进行文档索引，提高搜索结果的准确度；alt 标签则用于图片描述，帮助搜索引擎理解图片内容。

3）增加链接数量

由于 PageRank 的网页排名算法属于“民主表决式”，也就是指向网站的链接越多，搜索引擎会判断你的网页质量越高，说明它受到了普遍的承认和信赖，所以在优化搜索引擎排名中，可以通过增加链接数量来开展营销。这里的链接包括内链和外链，意味着首先自己的文本链接一定要指向自己网站中的某个页面，否则就是替他人作嫁衣了，另外还可以通过公关软文、友情互助链接让更多链接指向自己的网页。

2. 付费搜索营销

1）选取正确的关键词

关键词就是你的细分市场，了解消费者所要查找的内容是所有搜索引擎营销的开端。需要指出的一点是，付费购买关键词时应该关注精确程度更高的词语，甚至是海量的长尾关键词。这点和搜索引擎优化恰恰相反，因为“普通关键词”带来的同类竞争太多，顾客并不容易发现你的营销信息，由此带来的转化率并不乐观，既然是付费，必定在成本因素之外还要考虑实际营销效果。长尾关键词虽然单个搜索量并不大，但是往往这类搜索者更贴近消费漏斗的购买阶段，所以针对性强、转化率高，而且长尾关键词成本低廉，选择这一类关键词完全可以弥补前面所说的缺点。要找准长尾关键词需求切记从消费者的需求出发，多从消费者社区的 UGC 中挖掘有用的词语。

2）理性参与搜索引擎广告竞价实现最优投资回报

热门关键词价格往往水涨船高，竞价市场也存在许多非理性的参与者，如果对市场没有充分的把握，可以参考搜索曲线，选择更加保守的方式，如加长字段、购买长尾关键词。

3）关注用户留存和转化

在充分洞察、合理决策、消费者接触路径设置完成后，搜索引擎营销实际并未结束，在将消费者导入活动网站后，如何留住用户，降低跳出率，提高转化率和品牌参与度是企业需要考虑的问题。因此在着陆网站的设计中，营销者要尽力平衡自身的销售意愿和客户实际上的购买需求，通过良好的客户体验设计，使搜索用户能够按需求挑选到合适的解决方案。

第十二章　常用数字营销策略（下）

数字世界居民对游戏的追逐，其动机是参与和激励。庞大的玩家人群和营销目标受众的重合，为游戏化营销提供了契机。直邮作为一种古老的直复营销手段，大数据和互联网技术使电子邮件营销焕发了“青春”。

第一节　游戏化营销策划

游戏是人类追求精神世界需求满足的一种社会行为方式，覆盖人群庞大，“玩家一代”与多数营销活动的目标受众出现重合，年轻消费人群逐渐成为游戏市场消费主力。截至 2022 年 12 月，我国网络游戏用户规模达到 5.22 亿，占网民整体的 48.9%①。PC 端网游用户向移动端流转的趋势依然持续，网民对移动游戏的重度化和社交化使用让我们发现了开展营销活动的契机，品牌亟须年轻化。这些充分说明游戏本身的营销价值日益提升，而游戏化营销则可以成为产品促销或品牌宣传的创新手段之一。

一、游戏化内核与本质：参与和激励

游戏的主要优势在于沉浸性的体验、明确的反馈、可分享和提高的技巧，以

---

① 2022 年我国网络游戏用户规模达 5.22 亿 占网民整体的 48.9%. https://www.163.com/dy/article/I0JFPHVT051481OF.html[2023-03-24].

及最重要的——乐趣。Robson 等（2014）在体验经济理论的基础上，按照参与类型（主动 vs 被动）和参与程度（吸收 vs 沉浸）界定了玩家体验的四种类型：观察体验（observation）、观众体验（spectatorship）、学徒体验（apprenticeship）和表演体验（performance）①，帮助我们更清楚地认知游戏中的体验。Ryan 和 Deci（2017）提出的自我决定理论则认为人有三个先天基本心理需求：能力的需求（competence）、自主的需求（autonomy）和归属的需求（relatedness）。正因为现实中无法满足这些需求，沉迷游戏才成为一种社会现象。

了解游戏化营销前我们先来谈谈何为游戏化。游戏化（gamification）即在原本非游戏的情境中运用来自于游戏的设计元素，驱使人们达成某种行动或意向的方法。其目的是利用人类爱玩的天性，通过改造接触、沟通和参与的过程，产生具有吸引力的、持续的外在激励，诱发参与者的内在激励，从而更有效地提升参与者的参与度，实现态度和行为的转变。游戏化一方面重视游戏元素的应用，另一方面重视游戏体验，也就是游戏中的乐趣。

游戏化还可以通过游戏和类游戏体验对现实世界产生影响，如提高消费者购买意愿和支付意愿，实现产品溢价。Shang 和 Lin（2013）根据游戏玩家的参与动机分析游戏设计元素对购买意愿影响的作用机制，他们认为技能发展、幻想、逃离现实、拥有全能的力量、社交、娱乐、竞争七种游戏元素会对购买意愿产生正向影响，因此这种互动式的类游戏体验可以作为实现顾客保留和鼓励顾客重复购买的策略。

二、何为游戏化营销

2016~2017 年游戏市场蓬勃发展，涌现了一大批以《阴阳师》《王者荣耀》《倩女幽魂》等为代表的现象级网络游戏，而解谜类、策略类、拼手速类等小游戏也表现出强大的市场吸引力，凭借简单操作、比分排名、社交互动等符合消费

① Robson 等（2014）以拳击比赛为例，认为收看拳击比赛电视节目的观众会获得观察体验，比赛现场观众则获得观众体验，拳击练习者和拳击选手本身分别获得学徒体验和表演体验。

者内心诉求的心理洞察，吸引着用户自动转发传播。品牌广告主也看到了这一市场人群，于是纷纷与各大热门游戏跨界合作，拉近消费者与品牌的距离，让品牌在新的媒介环境下与消费者建立更多连接，获得其对品牌的认同。

2017 年 12 月上线的微信小游戏“跳一跳”便以游戏元素和互动机制融入品牌广告，如场景中以徐记士多便利店为模型的方块，玩家跳到便利店停一会儿，还有便利店开门动效，游戏加 15 分的奖励机制。这些巧妙的品牌植入不仅不会让玩家产生抵触心理，而且延长了广告曝光时间（图 12–1）。

图 12–1 微信小程序“跳一跳”游戏界面

官方信息显示，“跳一跳”是一个天然的流量平台，累计用户量高达 3.1 亿（数据发布时间 2018 年 1 月 15 日），日活跃用户量超过 1 亿（数据发布时间 2018 年 1 月 15 日），春节期间同时在线人数高达 2 800 万。

“跳一跳”这一成功的游戏化营销策略被正式推广，2018 年 3 月 14 日，微信广告助手发出“跳一跳”广告招商信息，根据招商权益，品牌方可以在“跳一跳”中定制专属品牌盒子、定制音效、官方 IP 授权等。而几张疑似微信小游戏“跳一跳”的广告招商图也在网上流出，展示了“跳一跳”广告招商策略及项目执行流程。售卖策略是，按照 CPD（cost per day，按天计价）进行售卖，分为 500 万元/1 天、1 000 万元/2 天、2 000 万元/3 天三档。

此外，2017 年京东在“双十一”期间与游戏《终结者 2：审判日》的合作也让人印象深刻：京东定制专机、包裹和工作服都成了游戏中的设计元素。“京东红”的标语令游戏中原本枯燥的等待环节变得异趣横生，不仅植入自然，不会影响玩家体验，而且提升了品牌曝光度，带给玩家惊喜与亲切感，增加了虚拟与现实交错的乐趣。

1. 游戏化营销的本质在于激励

游戏化营销即是将“游戏化”理念应用于营销实践，通过游戏元素的设计让用户获得类游戏体验，对目标用户产生激励效应。其本质可以视为一种激励方式，通过使用不同游戏设计元素吸引和激励顾客自愿参与，让顾客感知到更多权利并获得多重体验（宁昌会和奚楠楠，2017）。

游戏设计师 McGonigal 在其著作《游戏改变世界》中总结出游戏应具备的四个特性：目标、规则、反馈系统和自愿原则。目标就是玩家通过努力可达到的具体结果；规则限制玩家如何实现目标；反馈系统通过点数、级别、得分、进度条等形式告诉玩家与目标间的差距；自愿原则要求每个玩家自愿地接受目标、规则和反馈的设定。由此，游戏化营销通过构建消费者自愿参与的激励系统，在一定规则的约束内给予消费者自主权并提供反馈，来增强消费者体验和提高消费者价值。当然，社会化媒体时代的游戏化营销还必须具备社交属性。

特劳特在《定位》中曾指出，“营销的竞争是一场关于心智的竞争，营销竞争的终极战场不是工厂不是市场而是心智”，从占领消费者心智的角度，我们可以参考游戏化研究学者周郁凯（Yu-kai Chou）提出的八角行为理论（Octalysis）来看待游戏化营销中的激励机制（图 12-2）。

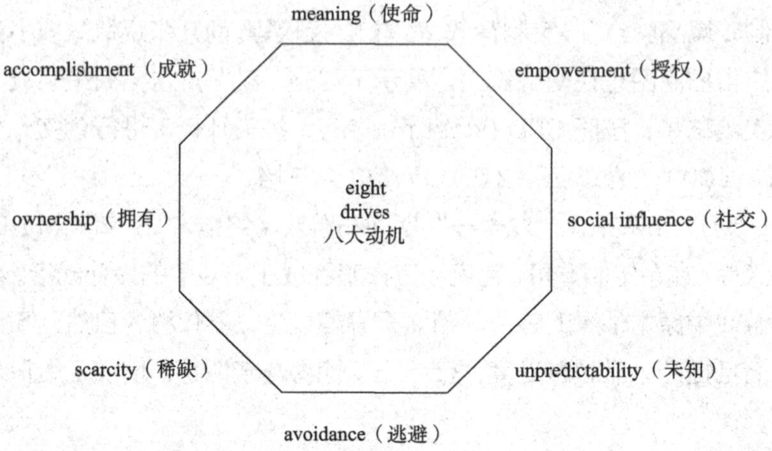

图 12-2　八角行为理论

驱动玩家游戏的八大动机分别如下：①使命感。②成就感。③授权创造。④拥有感。⑤社会影响和关系。⑥不确定性和好奇心。⑦规避损失。⑧稀缺性。简而言之，会促使玩家为了实现内心的自我满足而一步步卷入其中。这些激励的动机同样带给我们游戏化营销的启示。例如，支付宝蚂蚁森林和蚂蚁庄园的公益性质，激励消费者去达成肩上的使命；支付宝的集五福活动，激发消费者的控制欲和拥有感，随机瓜分 5 亿元，更能让消费者在不确定性与好奇心的驱使下持续参与其中。

2. 游戏化营销要素

玩家参与、互动与分享是游戏化营销的三个核心要素。参与是前提，互动在情感和行为上促进顾客与品牌契合，分享则能将产品、服务或品牌信息借助口碑扩散到更广泛的圈层。

Werbach 和 Hunter（2012）曾提出 DMC 金字塔分类法，将游戏元素划分为三个层级：动力（dynamics）、机制（mechanics）和组件（components）。约束、情感、叙事、渐进和关系均是典型的动力元素，是游戏化系统中的整体概念；机制主要包括挑战、机会、竞争、合作、资源获取、奖励、交易、回合、取胜、反馈等元素，是推动游戏化进程和用户参与的基本流程；组件则是动力和机制的具体事例，包括游戏设计的三个最基本元素 PBL [即点数（points）、徽章

（badges）和排行榜（leaderboards）]、头像、内容解锁、队伍、虚拟商品及社交图谱等（图 12-3）。

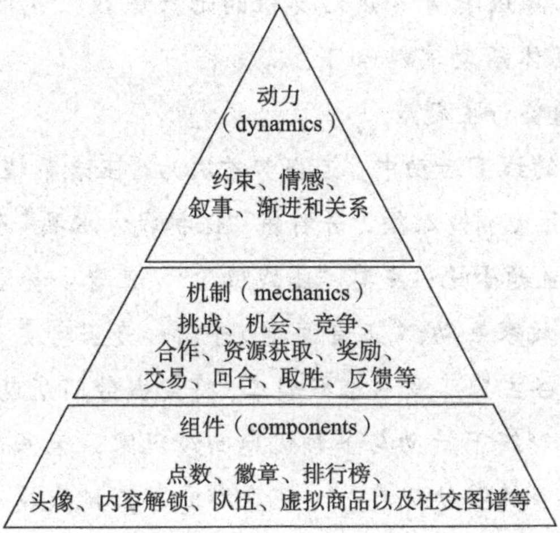

图 12-3　DMC 金字塔

游戏化营销通过与游戏平台的跨界合作或在游戏动力、机制、组件中植入产品/服务/品牌等元素，吸引消费者的主动参与，以趣味性降低用户的心理防备，以挑战性提高用户的在线时长，以竞争性带来社交化的传播。不仅可以抓住消费者的注意力完成互动，促使玩家对内容产生积极联想，并把这种正面评价迁移到品牌身上，而且与消费者建立起联系与共鸣，以多维传播的内容和角度，维持品牌的活力，塑造品牌年轻化的形象。这在移动互联时代是一种十分行之有效的营销方式。

三、游戏化营销案例解析

案例一：《王者荣耀》与麦当劳的跨界营销

2018 年 4 月 18 日至 5 月 15 日，又是一年《王者荣耀》“五五开黑节”。《王者荣耀》手游也与全球知名餐饮品牌麦当劳跨界开展游戏化营销活动，隆重推出主题美食，更有线上线下联通的福利活动伴随而来。这是麦当劳首次开放包括主食、配餐、饮料全产品线的联动合作，还“特例”给《王者荣耀》打造了线下“开黑”店。《王者荣耀》也“投桃报李”，为麦当劳定制设计了专属的牛魔皮肤，而兰陵王、鲁班七号等热门英雄的形象版权，也被开放于麦当劳餐品包装盒的设计中。具体活动实施如下。

1. 线下推出主题餐与主题店

在这次跨界合作的线下活动中，麦当劳首次为《王者荣耀》定制主题餐品，推出三款不同大小的“巨无霸”汉堡，并首推“保护我方水晶”饮料、“红蓝 Buff 派”等《王者荣耀》定制主题小吃；更有“团战鸡盒”“王者小食盒”等定制主题套餐。

本次合作为强化玩家互动，《王者荣耀》手游和麦当劳更是在线下共同打造了 15 家麦当劳·王者峡谷主题店及 5 家旗舰店，将麦当劳门店包装为王者峡谷氛围，并在其中带来各种精彩线下活动与多种优惠回馈玩家，玩家们只需通过参与主题店活动就能够享受更多的餐饮优惠——凡在游戏每日挑战指定对局任务，在《王者荣耀》游戏中团战获胜方 MVP（most valuable player，最有价值游戏者）每天能获得 20 元购买“巨无霸”套餐机会，队伍每人还可以获得一次 10 元购买“保护我方水晶”特饮机会。活动每日领取到优惠卡券的小伙伴可以根据相关规则指引在中国部分麦当劳餐厅柜台直接兑换。此外，还在线下主题店内设置红蓝电竞专区邀请 KPL（King Pro League，王者荣耀职业联赛）明星选手参与直播互动。

2. 线上推出游戏专属皮肤与周边

《王者荣耀》为麦当劳定制设计了以“巨无霸”为核心设计理念的牛魔王（英雄）皮肤，活动期间登录《王者荣耀》手游即可获得牛魔王及其皮肤体验卡；《王者荣耀》还与麦当劳首次推出王者荣耀牛魔定制手办、帽子、定制手机壳等系列联名周边。从 2018 年 4 月 18 日起，用户可以在《王者荣耀》微信/官网/游戏内登录王者荣耀周边商城进行购买。线上活动，带动了一批游戏服务增值消费。

线上+线下模式，既满足了游戏粉丝们对游戏局内新道具的好奇心，同时也将 IP 的魅力带出圈外，让泛大众结合不同场景亲身体验更为丰富的品牌内容。而这次跨界合作刚好覆盖了《王者荣耀》手游“五五开黑节”的活动时间，团战赢优惠券等活动与“五五开黑节”中推崇的团队合作相契合，更是进一步推动了此次营销活动的进行，互相为对方带来一波巨大的流量。

3. 营销活动效果

从商业收益上来说，定制的牛魔“巨无霸”销量达到所有定制餐品的销量第1，销售量级突破1 000万，部分单店巨无霸套餐的销量涨幅超过400%。从社交媒体的数据上看，这次的跨品牌联动也显然得到年轻群体的极大热情和呼应，互动量与麦当劳单品牌营销活动相比有200%～300%的增长。

案例二：奥利奥音乐盒

2017年5月16日，作为新品首发的奥利奥定制音乐盒在天猫超级品牌日开售，该音乐盒还可以在有限范围内进行独家定制，24 000台奥利奥定制音乐盒在阿里零售平台（淘宝/天猫/聚划算）瞬间疯狂售罄。

在奥利奥定制音乐盒套装中，奥利奥饼干变身超小唱片，将其置于奥利奥定制音乐盒上能播放出好听的音乐。而且每吃掉一口饼干，音乐盒就会根据饼干形状自动切歌。除了放块饼干播音乐、咬一口切歌、提前录音表白，消费者还能通过扫码解锁AR玩法，不同歌曲切换相应的MV动画素材。

具体游戏玩法如下。

1. 包装

奥利奥这次搭配青春的主题，与阿里巴巴技术团队强强联手升级颜色定制方程式，这次为外包装定制了四款插画，四款包装的音乐盒的内置音乐不同。四款插画分别代表青春的不同阶段——职场、大学、高中、初中。消费者可以为插画填色，并且写下想说的话。扫描包装盒正面左下角的二维码可进行AR体验。

2. 其他玩法

（1）播放音乐：装好电池后，放上一块奥利奥，把唱针杆拨到音乐盒中心，就会自动播放一段音乐。咬一口奥利奥，会播放另外一段音乐。咬一口，换一首音乐。音乐盒采用光感应技术，遮住数量不同的光敏电阻，就会播放不同的歌曲。共有6首音乐可选。

（2）录音：按下黑色的录音键，绿灯亮起后，说话或者唱歌，然后再次按下录音键，红灯亮起，会播放刚才录制的音频，放完后，继续播放系统内置的音乐。

但是该音乐盒内只能存储一段音频。录制的音频会与系统内置音乐一起随机播放（图 12-4）。

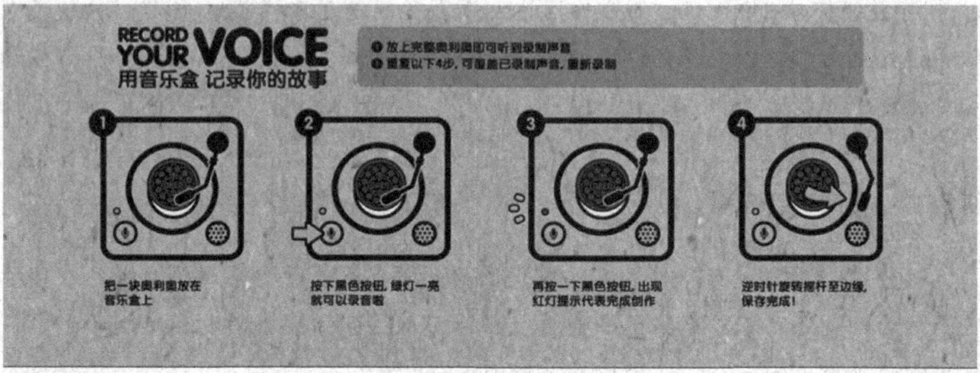

图 12-4 奥利奥音乐盒录音操作指南

（3）AR 互动：搭配 AR 技术，实现不一样的互动体验。用手机扫描包装盒上的二维码和奥利奥饼干图片，播放音乐即可看到 3D 版动画 MV，不同主题音乐盒搭配不同 MV 版本。音乐盒置入的原创歌曲，每首歌背后都有一段特别的故事。

案例三：支付宝蚂蚁庄园

根据蚂蚁庄园官方介绍，蚂蚁庄园是蚂蚁金服和公益机构合作，通过引导用户使用支付宝的业务来完成虚拟动物饲养，参与公益项目的应用。蚂蚁庄园其实和蚂蚁森林一样，都是把日常使用支付宝的过程转换成可积累的点滴做公益的应用。

在蚂蚁庄园里可以领养一只小鸡，通过做任务获取饲料喂养小鸡，蚂蚁庄园小鸡产的鸡蛋是虚拟的，但可以将鸡蛋捐赠给公益项目，不同的公益项目达到不同数量的蛋之后得以执行。蚂蚁庄园同样采用了好友排名机制，以个人捐赠的鸡蛋总数量排名。

具体游戏玩法如下。

1. 成长机制

在支付宝搜索页搜索“蚂蚁庄园”即可进入应用，新用户进入后会有简单的玩法介绍；不同阶段的小鸡拥有不同的状态：新用户最初进入时是一只头顶着蛋壳的小鸡，一段时间之后会变成稍大一些的成年鸡。小鸡吃 500 克饲料就会产生 1 颗爱心鸡蛋。爱心鸡蛋产生之后可以收取，鸡蛋每满 5 颗就可以进行捐赠，且捐赠的最小单位为 5 颗蛋。饲料来源一共有三种：完成任务可以获得饲料；当好友的蚂蚁庄园有其他小鸡偷吃饲料的时候提示好友驱赶，可获得奖励饲料；陪小鸡玩游戏可随机获得饲料。

2. 勋章成就

“捐赠”是爱心鸡蛋可捐赠的公益项目，每个项目每天的目标鸡蛋额不同，项目执行所需的鸡蛋总额也不同。页面左上方三个数值，从左到右分别代表荣耀值（每捐赠 5 颗鸡蛋获得 1 点荣耀值）、成就勋章数（捐赠的鸡蛋数量达到要求的数目时可分别获得勋章）和当前自家庄园内已收取但未捐赠的爱心鸡蛋数。

3. 排行榜

页面左下方，“好友”便是排行榜，用户可以查看自己在好友圈内的荣耀值排行，如果好友庄园有小偷偷吃或者蹭饭，也会显示；“奥运会”中包含的每个小游戏内部还有小游戏的分数排行榜，可查看朋友在不同小游戏中分数排行。

4. 装扮

庄园的常规背景就是青山绿地，背景中的一棵树即是蚂蚁森林主页中的大树，点击背景中的树可直接跳转到蚂蚁森林；节日的时候有时则会有具有节日气息的特殊背景和装扮。点击小鸡，会有一些操作选项，其中也可以对小鸡进行“装扮”，装扮道具则要通过做任务来获取。

5. 游戏

页面右边有“运动会”按钮，目前里面一共有三个小游戏：星星球、登山赛和 AR 跳跳乐。点击进入可以陪小鸡挑战各个游戏项目，游戏达到不同分数段可以随机获得道具卡和饲料。

6. 好友互动

用户可以邀请好友（新用户）进入蚂蚁庄园，邀请好友即可获赠饲料和现金红包；自己没有喂食的小鸡可能会去好友的庄园偷吃，同样好友没有喂食的小鸡也会在你喂食自己的小鸡之后的 15~30 分钟来偷食（系统自动派遣，无法指定和避免），需要用户自己手动驱赶，用户也可以提醒好友驱赶小鸡，同时可以获得饲料奖励；在自己无饲料的状态，除了系统派遣地偷吃好友饲料，用户还可以使用“蹭饭卡”到好友庄园偷吃。

案例四：网易《制作你的饲养手册》

2019 年 5 月 28 日，网易出品的《制作你的饲养手册》[①]瞬间爆火，刷屏朋友圈。如今，《制作你的饲养手册》由于点击人数过多，触发微信设置的阈值，已经无法在朋友圈打开，导致被屏蔽（图 12–5）。

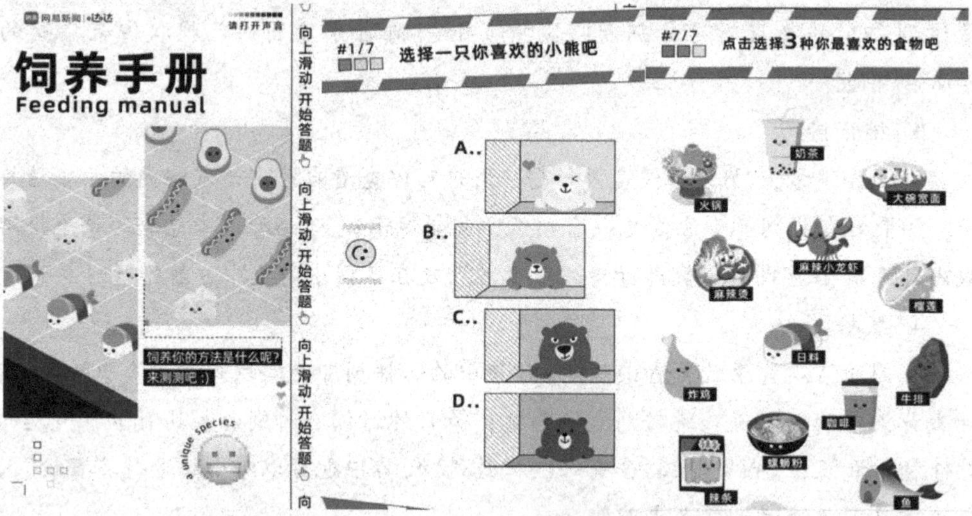

图 12–5 《制作你的饲养手册》截图

《制作你的饲养手册》是网易出品的一款 H5 小游戏，进入该小游戏页面后，通过回答页面中的 7 道关于自身喜好和感受的选择题，然后在最后一个页面输入自己的昵称和性别，即可生成用户的《制作你的饲养手册》。页面设计非常简单，测试题及动态效果可爱有趣（图 12–6）。

① http://h5.dada.163.com/163/html/news/2019_feed_3/index.html.

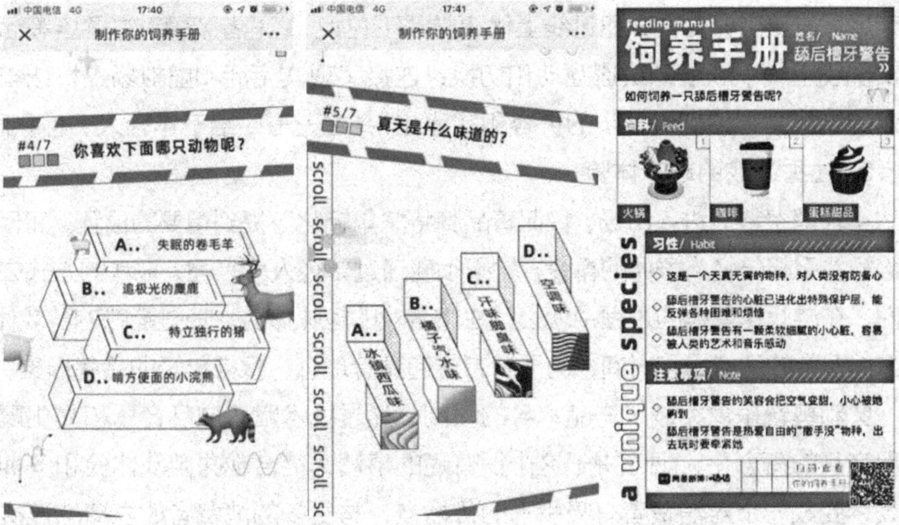

图 12-6　《制作你的饲养手册》H5 界面

四、游戏化营销策划指引

上述四则案例呈现了跨界营销、产品游戏化、体验游戏化等不同类型的营销方式。综合游戏化本质及内核的阐释以及案例解析，提出以下九点建议可用于游戏化营销实践。

1. 匹配目标用户群

想实现跨界游戏化营销，需要确定并精准匹配产品/品牌目标用户群，目标用户群重合度越高，跨界营销效果则会越好。《王者荣耀》目标玩家主要集中在 18~25 岁的年轻人群体，而他们也正是麦当劳的主力客群。“五五开黑节”营销活动触达年轻用户，以游戏参与和优惠券激励机制用年轻人的语言、年轻人的精神与消费者进行对话，并推动消费者在游戏中实现和朋友之间从线上到线下的互动交流，同时传递了品牌年轻化的形象，实现了《王者荣耀》与麦当劳的互利共赢。

2. 线上线下场景迁移

“五五开黑节”的组队排位不掉星等活动规则，使得线下开黑成为玩家的需求，实现从线上到线下的场景迁移就能实现一次巨大的流量引流。在此契机《王者荣耀》与麦当劳合作，通过线上优惠券线下兑换、《王者荣耀》主题店等活动设置实现线上线下场景的快速互动和切换；连接了现实生活和虚拟场景，让年轻人喜爱的流行文化得到进一步的扩容和实体化，并在无形中给予年轻人一种认同感。

3. 注重游戏的趣味体验

年轻消费势力进入市场，督促着品牌将“年轻化”提到重要的位置。而目前想要接触并引起年轻人群体的喜爱，就必须要通过年轻人感兴趣、喜欢的方式去接近他们，在游戏化营销的过程中就必须注重游戏的趣味体验。通过趣味的游戏体验，抢占消费者的注意力和时间，向消费者传递品牌理念，保持年轻的品牌形象。

奥利奥音乐盒突破了产品本身的限制，通过技术赋予产品音乐和文化属性，实现产品的概念化，把吃饼干这个很普通的事情，结合趣味游戏体验和多种呈现形式，变成一个对消费者有吸引力的传播点，与更多的消费者建立情感连接，让品牌焕发新的活力。

4. 细微洞察，深入用户内心

每个人内心都有一颗童心未泯的心，希望被给予温暖和呵护。社会节奏越来越快，生活和工作压力越来越大。网络上不断爆红的丧文化、日益繁荣的萌宠和宠物经济也反映了现代年轻人的孤独和沮丧。《制作你的饲养手册》洞察到用户的内心需求，将用户比作“小动物”，通过可爱又不乏温暖的测试手册结果让用户感受到温情和关怀，深入用户内心。

5. 技术赋能，激发产品与消费者的互动

引爆市场的奥利奥音乐盒背后，是奥利奥与阿里巴巴历时几个月磨合的成果——在声音识别和图像识别现有技术上头脑风暴而产生的 AR 玩法，由个性化定制延展的柔性供应链……为了实现这一创意，该团队和天猫互动、IDST、天猫无疆团队及天猫粤谦团队四个技术团队沟通合作。还从四个 ISV[①]当中确定 iCreator 作为接口承接方的 ISV，最终，从产品到技术方面落地，共有六个团队加入这个项目。

互动本身就是让产品“活过来”“发出声音”，并与消费者进行“交流”。而

① ISV：independent software vendors，独立软件开发商。常用 ISV 代指和平台协作为客户提供服务的服务提供商。

技术的发展为其提供了可能，通过饼干唱片、不同形状饼干播放不同音乐、AR 技术互动等多元化的方式与用户进行沟通，增加用户的交互感和体验感，帮助消费者加深品牌印象，提升对奥利奥的品牌好感度；定制化音乐盒、为插画填色、写下自己想说的话等形式，提升消费者参与感和浸入感。技术为这次营销活动赋能，频繁的“黑科技”激发了消费者的传播和购买兴趣，在社交媒体上自发为奥利奥宣传。

6. 有清晰的成长路线

游戏化思维中的第一个要点是目标，是指玩家的努力达成的具体结果，在这一过程中要为用户建立清晰的成长路线，让用户对于达成目标有所期待。蚂蚁庄园中的小鸡形象就有一种成长转变，从新用户时的一只头顶着蛋壳的小鸡，到稍大一些的成年鸡，这种变化就为自身庄园构建了一条成长路线；另外，蚂蚁庄园中用户成长路线则是通过捐献爱心体现出的荣誉值变化，从“助人为乐”勋章到“持之以恒”勋章再到“爱的天使”勋章等 9 个勋章等级的路径，就是一条完整的成长路线。成长路线中不同成就的“勋章”称号，能够持续激励用户保持活跃度。这也要求企业在设置成长路线之时积分规则明确、达到不同阶段成就需要的任务明确（图 12-7）。

图 12-7　蚂蚁庄园的用户激励机制

7. 及时响应用户行为

及时反馈相当于给用户的一种承诺，让用户知道目标越来越近，只要继续玩下去，很快就会到达，给用户一种使用期盼。在蚂蚁庄园中即是如此，每次给小鸡喂食都能看到鸡蛋的进度条，可以看到距离集满一颗鸡蛋还差多少。蚂蚁庄园的荣誉勋章也有进度条，告知用户要实现某勋章需要多少颗爱心。此外，及时反馈不仅仅体现在进度条上，还有用户在进行爱心捐赠时的，需要给用户一定的反馈和互动。当用户在蚂蚁庄园中为公益项目捐赠爱心鸡蛋之后，当该公益项目的募捐指标达到预定目标，蚂蚁庄园会给用户发送提示消息，告诉用户爱心捐赠的进展，让用户知道自己的爱心捐赠能够落地实施，提升用户参与感和满足感。

8. 满足用户的“利他”精神需求

不管是在蚂蚁庄园里养小鸡，还是在蚂蚁森林里收取能量种大树，这两个小游戏让用户最终实现的目标都是“公益”。蚂蚁森林通过行走、网络购票、扫码乘车等低碳行为获取绿色能量，当能量足够申请种树时，便可以在需要绿植保护的地方种下一棵真实的树。蚂蚁庄园通过让用户做任务、攒爱心，集满 5 颗爱心，即可捐赠给公益项目。而这些项目的受益对象都是弱势群体，如留守儿童、残疾幼儿、贫困女性等。以公益为目标，激发用户心中的善意，通过游戏的方法，满足大众的“利他”精神需求，让用户获得极大的精神满足，从而愿意一直玩下去。

9. 加入社交元素保持用户黏性

除了以公益为目标，蚂蚁森林和蚂蚁庄园能成功的另一个核心要素是社交。如果只有用户一个人种树或者养鸡，大概率是坚持不了多久的。加入社交元素后一方面可以通过好友排行榜竞争机制激励用户持续使用；另一方面好友间偷吃饲料、驱赶小鸡、召回小鸡等行为加深了用户和该公益产品的互动，增加了用户停留时间和黏性。

第二节　电子邮件营销

电子邮件营销始于 20 世纪 90 年代后期，1998 年若干邮件服务供应商（ESPs）

成立（如 e-Dialog、Web Power 和 Responsys），并帮助几家大型企业进行营销活动，随后电子邮件营销逐渐成为重要的营销方式。

数字时代的电子邮件营销，在大数据和数字技术的支撑下，可以更加高效、智能地将内容和消费者进行匹配和传送。

一、何为电子邮件营销

电子邮件营销是指在用户事先许可的前提下，通过电子邮件的方式向目标用户传递价值信息，进行商业交流的一种数字营销手段。它是数字营销策略中较为古老的一种，它向企业提供了一种定期向潜在客户推介产品的有效方式，其三个基本要素是用户许可、电子邮件传递信息、信息对用户有价值。

相比前面提到的社会化媒体营销、在线视频营销、搜索引擎营销、游戏化营销，电子邮件营销带有鲜明的数据特征，用户行为能够被跟踪，用户数据可被挖掘，强调主动出击、交互体验和可计算转换率。

企业和个人之所以选择电子邮件营销，主要出于其具有下述优点。

1. 效率高

电子邮件营销是一种比较高效的营销推广方式，不同的企业或个人可以根据需要，选择邮件模板，在企业邮件列表数据库中筛选出需要触达的用户，就可以让同一则广告迅速触达全球各地用户的邮箱中。

2. 成本低

相比于其他营销渠道，电子邮件的营销成本更低廉。用更少的成本做到与客户的频繁接触，且不用花费太多的精力，对企业来说是一笔划算的买卖。

3. 人性化

营销需要温度，这样用户才能感受到良好的服务体验。企业利用节假日的个性化祝福邮件、产品折扣邮件，配上真诚的关怀感恩话语，可以拉近与用户之间的距离，增强黏性。

4. 速度快

相比于其他网络营销手法，电子邮件营销的速度也很快。SNS 营销需要花时间参与社区活动，建立广阔的关系网，自媒体营销需要时间积累粉丝以及大量的文章，而电子邮件营销只要有邮件的数据在手，发送邮件几个小时后就可以见到效果。

5. 反馈快

电子邮件营销更容易评估营销效果和客户的参与度。客户点击了哪个链接、客户更喜欢哪个排版、客户感兴趣哪些促销内容、客户是否退订邮件都可以观测得到，通过这些数据的反馈，我们可以更方便地了解客户喜好，观察客户整个生命周期，为下一步的推广活动做准备。

二、电子邮件营销的实施步骤①

虽然电子邮件看起来拥有众多优势，但是被信息洪流所裹挟的用户很容易对其视而不见，甚至产生反感，而一些疑似垃圾邮件的营销内容还未触达用户就被平台屏蔽，因此，当企业采用电子邮件的方式与用户进行沟通时，选择正确的方法至关重要。我们可以从以下五个步骤规划电子邮件营销的实施。

1. 第一步：明确实施电子邮件营销的目标

无论开展何种方式的营销活动，首先需要规划和明确目标，电子邮件营销也不例外。电子邮件营销的目标应与企业的营销战略相配合。是为了推广品牌形象，还是具体的产品和服务，还是维护客户关系，还是拓展新客户？都需要在开展具体的营销活动前制定清楚，清晰而纯粹的目标将为后期规划提供有力的保障。

2. 第二步：建立企业邮件列表数据库

建立企业的邮件列表数据库，主要有三种方式。第一种：公司积累的客户资料，包括通过公司网站注册、邮件列表订阅、线下业务往来。第二种：数据库租赁，市场上存在不少开展电子邮件营销业务的数据租赁公司，也可以跟相关网站合作，选定几家跟目标客户重合度高的在业内有一定知名度的资讯网站，它们往往有着大量的用户数据资源。第三种：采用特定程序，在网络上爬取邮箱地址，这种方法几乎无成本投入，然而效果也是最差的，因为无法界定爬取

① 怎样做好邮件营销？https://www.zhihu.com/question/19603875/answer/12579622.

来的数据的有效性和真实性。由此可见，企业应当树立起构建企业用户数据库的理念，争取让第一种来源的数据资源加大在邮件列表库中的比重。由于邮件列表数据库具有高度的目标针对性及忠诚度，这决定了邮件列表是企业最珍贵的无形资产之一。

3. 第三步：选取电子邮件营销的营销平台

邮件发送平台有三类。一是专业级的邮件平台（数据营销）公司，建设有专业的邮件发送平台，发送速度快，可以实现每小时几千封到几十万封的发送速度。同时它们与主要的互联网服务提供商（internet server provider，ISP）签订协议，对于此平台来的邮件予以放行，所以，通过这类平台发送的邮件，到达率可以保持比较高的水平。同时，电子邮件订阅者的信息被记录在关于人口统计、行为，以及喜好的营销数据库中，通过这些数据挖掘设置，可以为每个顾客发送一份不同于别人的促销电子邮件，一份能够与我们所知的顾客的偏好、行为，以及生活方式相吻合的电子邮件。相对来说，这类邮件发送的成本也是最高的。二是麻小型邮件发送公司，主要集中在本土电子邮件营销服务商。他们往往拥有几台服务器、几个 IP 地址、几个人，靠着这几台服务器大量发送邮件。这种公司发送邮件的成本非常低廉，往往几百元就可以发送数百万封邮件，但是很容易导致你的域名和旧 IP 被列入黑名单，影响公司业务正常运营。三是网络上流传的一些群发软件，基本的原理是通过软件，定时批量发送邮件。如果发送邮件频率太高，也很容易导致域名被列入黑名单，第三方邮件服务器也可能限制你的发送频率。需要说明的是，后两种电子邮件营销的平台无法实现邮件的个性化定制、很难实现营销效果的监测和分析。

4. 第四步：邮件营销创意设计

邮件营销创意设计包括邮件页面的设计，邮件链接指向网站的着陆页的策划设计。邮件页面 Web 代码要遵循一定的设计标准，邮件正文及标题要有好的构思与策划，一个好的标题，有助于引起接收者的兴趣，点击打开你的邮件，不合适的标题，可能导致接收者直接删除邮件，当邮件达到用户邮箱，标题直接决定了邮件的打开率。在内容的编排上，要考虑客户体验。留有退订功能，不一定有很多人会真正退订，却符合了许可式邮件营销的规则。另外，营销邮件应该是互动的，是否整合了社会化媒体平台，它们使顾客不仅能够阅读邮件，而且能够深层应用，可以使用社交网络按钮推荐给自己的好友，能够在邮件中完成采购。这些个性化的、触发性的、互动的营销邮件能够在增加保留率和销售上产生惊人的效果。

5. 第五步：发送及后期数据分析

运用电子邮件营销平台将邮件发送之后，要对客户的反应进行追踪，查看电子邮件营销的营销效果。通过对追踪结果的分析，监测邮件列表的注册转化率、退订率、邮件的到达率、打开率、阅读率及链接点击率，通过这些监测手段，可以改进选择受众和发送邮件的技巧。另外，可以运用 A/B 测试方法，测试不同邮件标题内容和链接地址，了解营销效果，实现营销效果的最优化。一般而言，电子邮件营销平台都会有清洗邮箱地址数据的功能，整理出具有相当活性的邮件数据列表，投入下一轮的操作。另外，成熟的电子邮件营销应该是确定好邮件的发送频率，建立固定时间内收到邮件的心理预期，这对于留住订户，建立信任度是非常重要的。

三、电子邮件营销案例解析

案例一：Airbnb（爱彼迎）的电子邮件营销

爱彼迎成立于 2008 年，是一家将旅游人士和家有空房出租的房主联系起来的服务性网站。作为一个热门的旅行房屋租赁社区，爱彼迎民宿平台拥有全球 600 万以上当地人家的独立公寓、家庭度假屋、房车等特色房源。用户可以通过官网或者手机应用 App 发布、搜索出行度假的房屋信息并完成在线预订等程序。

用户在登录个人信息的时候，需要填写个人的邮箱地址，这也为爱彼迎后续的电子邮件营销做好了充足的准备。在完成注册、在线预订房源之后，用户会在行程的不同阶段收到不同的电子邮件。

1. 预订信息提醒邮件

在爱彼迎预订房源后，用户会收到由爱彼迎总部发送的提醒邮件，告知预订申请的时间地点，确认收据和房源信息。为了防止用户遗忘，爱彼迎会在下订单时、出行前一天等不同时间段，向用户发送提醒邮件，并将自己的与众不同之处在邮件中体现（图 12-8）。

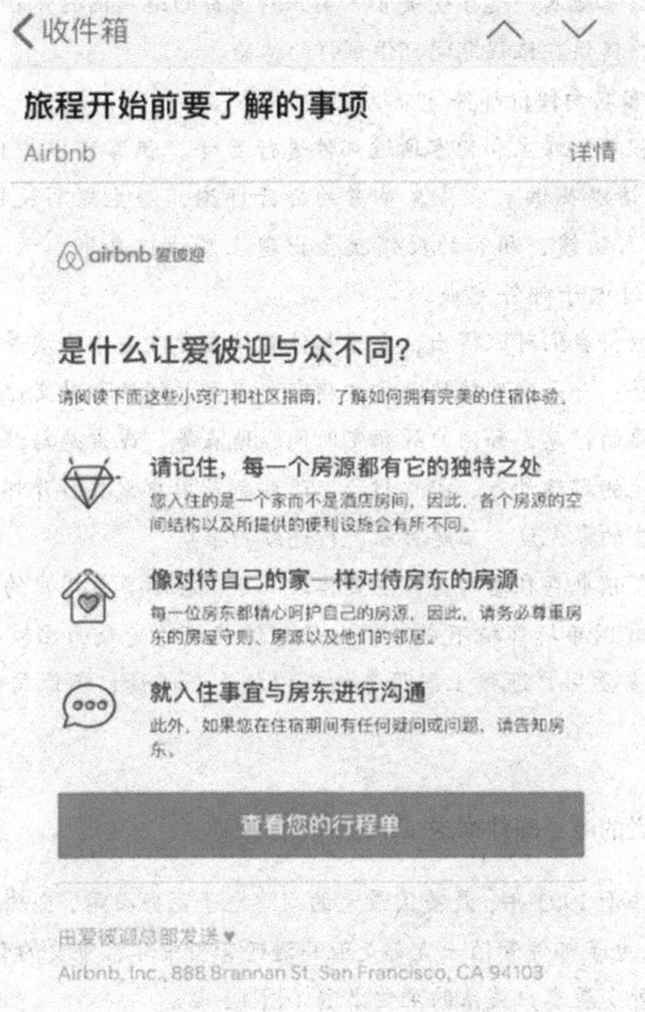

图 12-8 爱彼迎预订信息提醒邮件

2. 目的地旅行推广邮件

用户在确定旅行目的地之后，爱彼迎会发送本周内目的地的可定体验：第一种是基于 LBS 推送预订房源附近的体验，由体验达人带领的独特活动。例如，历史漫步，体验老城深处的独特秘密；品尝美食，打卡整条街最值得尝试的美味；文化街拍，留下属于自己的旅行的意义；等等。第二种是美食家之旅。可以品尝本地菜式，或与本地人一起享受美食。第三种为目的地周围的体验，范围比前两种更广，为用户提供在旅程期间可供预订的体验。

3. 房主租客双向评价邮件

在结束行程后，房主和租客通过邮件进行互评。租客可以提供只有房主看得到的私信反馈以及供未来房客参考的公开评论，房主撰写反馈后，或者在两周内仍未撰写反馈，租客的反馈就会出现在房源信息上。两者之间的评价阅读和私信通过电子邮件完成。

通过上述分析我们可以得出，电子邮件营销在爱彼迎中扮演着非常重要的角色，具有的优势：一是速度较快，方便租客与房主之间的即时交流；二是邮件一般都是包含重要的信息，如用户的预定时间、地点等，或者是与旅行目的地相关的信息，如当地的游玩景点、小吃推荐。这些都是用户需要打开邮箱浏览和确认的，增加了广告的曝光度。三是可以进行连续的推销。

电子邮件营销也存在着劣势，主要体现如下：在不尊重用户的体验下强制用户接收邮件；我国市场环境不成熟，电子邮件营销的受众面比较小，影响力有限；电子邮件需要用户连接上网设备才可以接受和阅读，不像传统的信函可以随时查看。

案例二：亚马逊的电子邮件推送

亚马逊成立于 1995 年，是美国最大的网络电子商务公司，全球商品种类最多的网上零售商。电子邮件营销一直都是亚马逊运营当中非常重要的营销手段之一，也是亚马逊站外发展客户关系的主要渠道（图 12–9）。

图 12–9　亚马逊中国官网

在亚马逊，买家和卖家之间的交流主要通过邮件。近年来，由于 Messenger 的冲击，电子邮件营销被很多人诟病。Messenger 是 Facebook 推出的一款社交 App，相当于国内的微信。通过 Messenger chatbot 发送的营销信息打开率以及点击率都比电子邮件高，社交软件带来的参与感远远高于电子邮件。

但是，亚马逊并没有放弃电子邮件，反而发现了电子邮件营销的优势。一方面，年纪较大的人比起即时通信更喜欢通过电子邮件进行交流，所以目标受众如果是年纪较大的人群，通过电子邮件与客户交流比 Messenger 更有效。另一方面，电子邮件比即时消息在分享传播上更方便。如果你想要通过电子邮件列表给产品进行广告推广，并希望用户分享给他的朋友，只需要让他们转发你的电子邮件即可，而要通过 chatbot 分享内容可能会产生更多的摩擦。

一方面，在电子邮件营销策略上，亚马逊洞察到国外用户喜欢分享的心理，在发送的邮件中加入了社交分享的按钮，将 SNS 营销和邮件营销打通，形成二次销售，如果用户分享，便可以得到一个相应优惠的价格，同时对社交圈的意见领袖给予一定的推广优惠。

另一方面就是对移动端和 PC 端的区别化。随着移动端产品的普及，越来越多的人在手机或者是 IPad 端查看电子邮件，而不仅仅局限于 PC 端。亚马逊在做邮件的时候充分考虑到用户的体验效果，如在手机端放大字体和图片，产品列表改为瘦长形，用白色底色凸显产品图片，便于用户点击产品链接。

案例三：雅诗兰黛“双十一”期间电子邮件广告

雅诗兰黛创立于 1946 年，是全球最大的护肤、化妆品和香水公司之一，其“双十一”邮件可谓别具特色，在邮件的主题行中，老牌化妆品品牌应用 emoji 表情增加俏皮感。活动包括新客首单礼和老客回馈礼，满额超值优惠，套装优惠和口红定制在内，覆盖潜在和现有消费者。邮件的产品陈列并没有形成视觉上的轰炸，反而表现出一定的克制力，这与雅诗兰黛的品牌调性是分不开的。

四、电子邮件营销策划指引

电子邮件营销虽然是数字营销中比较古老的一种，但是在信息时代的作用依旧不容小觑。随着技术的不断迭代更新，“古老”的邮件也在不断演化，发生新的改变。例如，在上述亚马逊案例中所提到的 SNS 营销和邮件营销的打通策略，在当下逐渐演变为交互式邮件，这类的电子邮件可以进行表单和调查问卷的填写，GIF 动图、短视频、幻灯片等多媒体内容的放映等。

在进行电子邮件营销过程中，我们还要注意以下策略的优化。

1. 保持客户名单的时效性

定期测试邮箱地址的有效性，可以通过查询邮件服务商发布的客户投诉名单来确定你的联系人列表中是否有不愿意接收邮件营销的客户，同时对有弹回的过期邮箱地址进行标注。

2. 试着提高订阅者的参与度

定期跟踪订阅者的动向，合理定义客户中的活跃、灰度客户及沉睡客户，并试着向活跃度较低的客户发一些优惠券或提供产品大减价的讯息来引起他们的兴趣，或者发一份简短的调查问卷，咨询他们希望在邮件中看到哪些有用信息。

3. 使用“双向确认”邮件列表

“双向确认”邮件是指用户输入自己的邮箱地址并点击“确认”，加入邮件列表的程序并没有完成，系统还将向用户的邮箱中发送一封确认邮件，用户只有按照邮件中的指示，如点击某链接或者回复邮件，才能完成加入列表的程序。

这样做可以避免将错误的 E-mail 地址加入邮件列表，还能杜绝恶意程序随便把别人的邮箱地址加入你的邮件列表，从而在一定程度上提高了邮件投递的准确性，也保证了你所持有的客户名单的质量。

4. 要求你的订阅者把你的邮件地址加入联系人列表

这样可以避免被当作垃圾邮件过滤。

5. 在邮件中为客户提供取消订阅的便捷渠道

在做邮件营销的过程中，允许客户取消订阅也是一种优化客户名单的重要渠道。取消订阅流程也应尽量简便，最好一步到位。

6. 在“发件人”一栏填写真实姓名和公司名称

将公司名称填在“发件人”一栏，可以增加邮件的可信度。

7. 在“收件人”一栏填写客户的名字

客户的垃圾邮件过滤器一般不会屏蔽写有自己用户名字的邮件。这样做也会让客户觉得这封邮件不是那种谁都能收到的烂广告，而是针对个人情况来提供帮助的有效邮件。

8. 在邮件中添加可阅览网页版文案的链接

即便你用尽各种办法来保证客户收到的邮件内容在格式和设计上都不会变形或走样，用户收到的邮件还有可能因为网速或浏览器等因素而产生“无法显示图片”或“文本格式错乱”等问题。因此，在每封邮件里插入一个网页版文案的链接无疑是明智之举。

9. 邮件内容应该简明扼要

长篇大论的邮件不仅会被标记为垃圾邮件，还会引起客户的反感。

10. 发送邮件之前进行测试

随着数字化营销的发展，有 53%的用户都习惯于在手机端浏览邮件。因此，我们在发邮件之前不仅得考虑到电脑端的客户是否能收到美观、完整的邮件，还得考虑到手机端的客户是否能顺利接收到我们发送的内容。

11. 争取让营销文案得到第三方权威机构的认可

我们在做邮件营销时，往往需要得到第三方权威机构的认证，并根据他们制定的规则来发布营销内容。这样做虽然略显烦琐，但却能使我们进入邮件服务商的“白名单”，从而减小邮件被垃圾过滤器删除的概率。

12. 使用可靠的 IP 地址

你的邮件是否能顺利投至用户的邮箱，很大程度上取决于你使用的 IP 地址的可靠性。如果你用的 IP 信誉度较低，那么你的邮件很可能在到达客户邮箱之前就被过滤器给删除了。

获得用户的许可只是电子邮件营销的开始，保持许可的对等性、自由性与获得用户许可同等重要；塑造创造力提升用户对营销电子邮件的点击率及转化率；结合不同营销媒体的特性和良好客户关系管理技巧进行整合式营销才是电子邮件营销的精髓所在。

参考文献

艾奇逊 S，伯比 J. 2018. 如何营销才有效：高效能数字营销 10 大盈利法则[M]. 黄珏苹译. 北京：中国人民大学出版社.

鲍丽莉，雷印铨. 2014. 体验营销[M]. 哈尔滨：黑龙江教育出版社.

贝莱格姆 S F. 2018. 用户的本质：数字化时代的精准运营法则[M]. 田士毅译. 北京：中信出版社.

彼德 J P，奥尔森 J C. 2000. 消费者行为与营销战略[M]. 4 版. 韩德昌译. 大连：东北财经大学出版社.

伯莎 A. 2018. 快速掌握社交媒体营销：社交媒体营销终极指南[M]. 陈海滨译. 杭州：浙江出版集团数字传媒有限公司.

布欧纳 E. 2018. 奢侈与数字：数字时代品牌生存之道[M]. 袁鹰，叶欣欣译. 北京：人民邮电出版社.

曹虎，王赛，乔林，等. 2017. 数字时代的营销战略[M]. 北京：机械工业出版社.

陈菜根. 2018. 社群运营五十讲：移动互联网时代社群变现的方法、技巧与实践[M]. 北京：北京时代华文书局.

陈刚，方立军. 2015. Digital Marketing 颠覆你的营销想象：金鼠标·数字营销大赛经典案例 100 集锦[M]. 北京：电子工业出版社.

陈刚，沈虹，马澈，等. 2012. 创意传播管理：数字时代的营销革命[M]. 北京：机械工业出版社.

陈刚，王雅娟. 2017. 超越营销：微博的数字商业逻辑[M]. 北京：中信出版社.

陈特军. 2017. 重新定义营销[M]. 杭州：浙江工商大学出版社.

陈小妹. 2016. 程序化购买广告的效果评估体系建构[D]. 暨南大学硕士学位论文.

德穆斯特尔 K，李 J. 2017. 互联网平台营销：大数据与大规模寻址能力创造的营销机会[M]. 董小云，田儒基译. 北京：人民邮电出版社.

丁俊杰，李西沙，黄升民，等. 2017. IAI 广告作品与数字营销年鉴 2017[M]. 北京：中国传媒大学出版社.

董璐. 2009. 媒体营销数字时代的传媒动力学[M]. 北京：北京大学出版社.

高振宇. 2018. 互联网营销之道:行业大咖带你玩转营销圈[M]. 北京：人民邮电出版社.

戈德曼 A. 2012. 跟 Google 学营销：数字时代的 20 堂营销课[M]. 吴飞译. 北京：东方出版社.

格林伯格 E，凯茨 A. 2016. 数字营销战略[M]. 马宝龙，张琳译. 北京：清华大学出版社.

谷虹. 2016. 智慧的品牌：数字营销传播金奖案例[M]. 北京：电子工业出版社.

桂世河，汤梅. 2019. 整合营销传播目标的演进与发展趋势[J]. 管理现代化，(1)：78–81.

郭光明. 2017. 基于社交大数据的用户信用画像方法研究[D]. 中国科学技术大学博士学位论文.

郭庆光. 2011. 传播学教程[M]. 2 版. 北京：中国人民大学出版社.

韩文静. 2016. 参与的激励：数字营销传播效果的核心机制研究[M]. 北京：社会科学文献出版社.

黄升民. 2013. 广告策划[M]. 2 版. 北京：中国传媒大学出版社.

黄升民，刘珊. 2012. “大数据”背景下营销体系的解构与重构[J]. 现代传播，(11)：13–20.

霍金斯 D I，马瑟斯博 D L. 2014. 消费者行为学[M]. 12 版. 符国群，等译. 北京：机械工业出版社.

贾丽军. 2017. 智能营销：从 4P 时代到 4E 时代[M]. 北京：中国市场出版社.

姜帆，丁俊杰. 2018. 数字传播背景下广告发展研究[M]. 北京：中国传媒大学出版社.

江礼坤. 2015. 实战移动互联网营销：互联网+营销的 7 个关键要素[M]. 北京：机械工业出版社.

杰尔瓦西 M. 2016. 电商如何改变中国[M]. 高尚平译. 北京：中信出版社.

杰斐逊 S. 2014. 内容营销：有价值的内容才是社会化媒体时代网络营销成功的关键[M]. 祖静，屈云波译. 北京：企业管理出版社.

金迹人. 2017. 赢在模式：创新型企业互联网营销的 38 种模式[M]. 北京：化学工业出版社.

九枝兰. 2017. 营销大咖说：互联网营销方法论与实战技巧[M]. 北京：人民邮电出版社.

科特勒 P. 2018. 营销革命 4. 0：从传统到数字[M]. 王赛译. 北京：机械工业出版社.

科特勒 P，卡塔加雅 H，塞蒂亚万 I. 2011. 营销革命 3. 0：从产品到顾客，再到人文精神[M]. 毕崇毅译. 北京：机械工业出版社.

科特勒 P，凯勒 K L. 2016. 营销管理[M]. 15 版. 何佳讯，于洪彦，牛永革，等译. 上海：格致出版社，上海人民出版社.

克罗尔 A，尤科维奇 B. 2015. 精益数据分析[M]. 韩知白，王鹤达译. 北京：人民邮电出版社.

莱戈布鲁 J，麦科尔 D. 2015. 故事场景摩天楼：不再制造营销，开始创造体验的世界[M]. 师蓉译. 北京：中国人民大学出版社.

李富. 2014. 大数据时代消费者行为变迁及对商业模式变革的影响[J]. 中国流通经济，28(10)：87-91.

利布 L. 2018. 内容是营销之本[M]. 王晔译. 北京：中信出版社.

栗建. 2014. 数字营销的设计思维[J]. IT 经理世界，(19)：72-74.

梁丽丽. 2017. 程序化广告：个性化精准投放实用手册[M]. 北京：人民邮电出版社.

林斯特龙 M. 2016. 品牌洗脑：世界著名品牌只做不说的营销秘密[M]. 赵萌萌译. 北京：中信出版社.

刘德寰，陈斯洛. 2013. 广告传播新法则：从 AIDMA、AISAS 到 ISMAS[J]. 广告大观(综合版)，(4)：94-96.

刘国华. 2015. 从 2D 到 5D：全方位体感式营销[M]. 南昌：江西人民出版社.

刘华鹏. 2016. 互联网+营销：移动互联网时代的营销新玩法[M]. 北京：中国经济出版社.

刘立丰，王超，王越. 2015. 数字营销传播实务[M]. 北京：光明日报出版社.

吕雪晴. 2016. 跨境网购消费者多阶段决策感知风险动态形成机理研究[D]. 中国矿业大学硕士学位论文.

马连福. 2005. 体验营销：触摸人性的需要[M]. 北京：首都经济贸易大学出版社.

马修森 J，墨兰 M. 2017. 基于大数据的内容营销策略[M]. 宫鑫，刘姝汶，刘婷婷译. 北京：中国工信出版集团，人民邮电出版社.

孟韬，毕克贵. 2016. 营销策划：方法、技巧与文案[M]. 北京：机械工业出版社.

宁昌会，奚楠楠. 2017. 国外游戏化营销研究综述与展望[J]. 外国经济与管理，(10)：72-85.

牛顶风. 2018-04-30. 技术与创意的结合，其实是一门科学[EB/OL]. https://www.jianshu.com/p/85408c2b611b.

欧阳日辉，文丹枫，李鸣涛. 2018. 大数字时代[M]. 北京：人民邮电出版社.

庞特 S. 2015. 数字时代：互联网如何改变着我们身边的一切[M]. 杨丽艳，屈云波译. 北京：企业管理出版社.

彭兰. 2015. 社会化媒体：媒介融合的深层影响力量[J]. 江淮论坛，(1)：152-156，165.

彭雷清. 2018. 内容营销：新媒体时代如何提升用户转化率[M]. 北京：中国经济出版社.

普立兹 J. 2015. 自营销互联网方法：内容营销之父手册[M]. 张晓青，王冬梅译. 北京：机械工业出版社.

瑞安 D. 2017. 理解数字营销[M]. 高兰凤译. 北京：电子工业出版社.

瑞安 D，琼斯 C. 2012. 数字营销：世界上最成功的 25 个数字营销活动[M]. 派力译. 北京：中国商业出版社.

萨福科 L. 2015. 互联网时代营销圣经：社会化媒体营销全流程策划指南[M]. 郭书彩，朱丽梅，陈曦译. 北京：人民邮电出版社.

桑基韬，路冬媛，徐常胜. 2014. 基于共同用户的跨网络分析：社交媒体大数据中的多源问题[J]. 科学通报，59(36)：3554-3560.

尚克斯 J. 2018. 精通社交销售：在数字化时代急需提升的销售技能[M]. 葛斐译. 北京：中信出版社.

舍费尔 M. 2017. 热点：引爆内容营销的 6 个密码[M]. 曲秋晨译. 北京：中国人民大学出版社.

施德俊. 2017. 数字营销短视症[J]. 清华管理评论，(3)：91-95.

史密斯 K，哈努福 D. 2017. 体验式营销：世界上伟大品牌的成功秘决及营销策略[M]. 黄巍译. 北京：人民邮电出版社.

史亚娟. 2016. 户外广告如何借数字化延续价值[J]. 公关世界，(2)：39.

史雁军. 2018. 数字化客户管理：数据智能时代如何洞察、连接、转化和赢得价值客户[M]. 北京：清华大学出版社.

斯考伯 R，伊斯霍尔 S. 2014. 即将到来的场景时代[M]. 赵乾坤，周宝曜译. 北京：北京联合出版公司.

斯科特 J. 2016. 社会网络分析法[M]. 3 版. 刘军译. 重庆：重庆大学出版社.

斯特劳斯 J，弗罗斯特 R. 2015. 网络营销[M]. 7版. 时启亮，陈育君译. 北京：中国人民大学出版社.

谭北平. 2016. 数字营销变革面临的六大挑战[J]. 声屏世界·广告人，(4)：43.

唐兴通. 2012. 社会化媒体营销大趋势——策略与方法[M]. 北京：清华大学出版社.

唐兴通. 2017. 引爆社群：移动互联网时代的新4C法则[M]. 北京：机械工业出版社.

万木春，胡振宇. 2016. 数字营销再造："互联网+"与"互联网"浪潮中的企业营销新思维[M]. 北京：机械工业出版社.

王刚. 2014. 营销范式争鸣：问题与展望[J]. 商业时代，(26)：59-62.

王浩. 2016. 数字营销实战[M]. 北京：电子工业出版社.

王靖杰. 2018. 数字化品牌运营：实战攻略、案例分析、方法技巧[M]. 北京：人民邮电出版社.

王赛. 2017. 营销4. 0：从传统到数字，营销的"变"与"不变"——"现代营销学之父"菲利普·科特勒专访[J]. 清华管理评论，3(49)：61-65.

维纳查克 J. 2016. 新媒体营销圣经：引诱，引诱，引诱，出击![M]. 张树燕译. 北京：北京联合出版社.

韦伯斯特 J. 2017. 注意力市场：如何吸引数字时代的受众[M]. 郭石磊译. 北京：中国人民大学出版社.

卫军英. 2006. 关系创造价值：整合营销传播理论向度[M]. 北京：中国传媒大学出版社.

魏家东. 2014. 数字营销战役：网络整合营销实战全解码[M]. 北京：电子工业出版社.

温伯格 D. 2016. 万物皆无序：新数字秩序的革命[M]. 李燕鸣译. 太原：山西人民出版社.

吴书，刘强，王亮. 2016. 情境大数据建模及其在用户行为预测中的应用[J]. 大数据，2(6)：110-117.

武志军. 2016. 秒针系统：推动中国数字营销走向世界[J]. 中国品牌，(1)：70.

项连城，桑基韬，徐常胜. 2016. 跨社交媒体网络大数据下的用户建模[J]，大数据，2(5)：32-42.

谢导. 2016. 互联网营销：理念的颠覆与蜕变[M]. 北京：机械工业出版社.

徐和清，揭新华. 2009. 消费者网络购物的主要影响因素研究[J]. 消费经济，(2)：38-41.

许璐. 2014. AdMaster：统一丈量多元数字广告价值[J]. 广告大观(综合版)，(5)：33.

薛敏芝，胡雅. 2016. 数字环境下的广告实战研究：理论、案例与分析[M]. 上海：上海交通大学出版社.

晏国祥. 2008. 消费者行为理论发展脉络[J]. 经济问题探索，(4): 31–36.

阳翼. 2013. 数字营销蓝皮书[M]. 广州：暨南大学出版社.

阳翼. 2015. 数字营销：6 堂课教你玩转新媒体营销[M]. 北京：中国人民大学出版社.

杨飞. 2018. 流量池："急功近利"的流量布局、营销转化[M]. 北京：中信出版社.

杨志杰，李思达. 2018. 数字化广告运营 智能营销时代的精准投放法则[M]. 北京：人民邮电出版社.

叶乃沂. 2008. 消费者感知风险及上网购物行为研究[D]. 西南交通大学硕士学位论文.

英国《金融时报》. 2018. 英国《金融时报》财经词汇[M]. 北京：外文出版社.

于婷婷. 2013. 基于社会化媒体口碑的营销传播策略创新[J]. 新闻大学，(3): 115–120.

张迪. 2016. 圈子消费价值对成员共同行为意向的影响机制研究[D]. 大连理工大学硕士学位论文.

张向南，秋叶. 2017. 新媒体营销案例分析：模式、平台与行业应用[M]. 北京：人民邮电出版社.

赵旭隆，陈永东. 2016. 智能营销——数字生态下的营销革命[M]. 上海：上海文艺出版社.

正和岛数字营销部落. 2018. 营销三大算法：科学化建立全局营销系统[M]. 上海：上海交通大学出版社.

郑丽勇，陈徐彬. 2017. 2016 中国数字营销蓝皮书[M]. 北京：中国财富出版社.

中商产业研究院. 2019-07-22. 2019 年中国电子商务行业发展现状及市场前景研究报告[R].

周瑞华. 2016. 数字标牌如何改变传统零售业格局？[J]. 成功营销，(1): 44–45.

周伟，杨兆婧. 2014. 互联网思维下广播广告的营销创新[J]. 中国广播，(9): 14–18.

周懿瑾，陈嘉卉. 2013. 社会化媒体时代的内容营销：概念初探与研究展望[J]. 外国经济与管理，35(6): 61–72.

周瑜嫄，王峰. 2016. 移动端 Html5 广告的表现形式及优势[J]. 新媒体研究，(1): 52–53.

朱小虎. 2014-04-22. 什么是数据驱动？（转译）[EB/OL]. https://www.jianshu.com/p/3bef2049a5ce.

Clifton B. 2016. 流量的秘密：Google Analytics 网站分析与商业实战[M]. 宫鑫，王燕珍，王娜译. 北京：人民邮电出版社.

Hair Jr J F，Bush R P，Ortinau D J. 2009. 市场调查：面对不断变化的信息环境[M]. 丁迈

译. 北京：中国统计出版社.

Handley A，Chapman C C. 2011. 内容营销：网络营销的杀手级武器[M]. 王正林，王权，肖静，等译. 北京：电子工业出版社.

Hemann C，Burbary K. 2014. 数字营销解析：揭开用户数据背后的秘密[M]. 宫鑫，刘婷婷，杨志芳译. 北京：人民邮电出版社.

Lamberton C，Stephen A T. 2017a. 数字营销：过去、现在与将来（一）[J]. 刘国华，周怡编译. 公共世界，(11)：43–47.

Lamberton C，Stephen A T. 2017b. 数字营销：过去、现在与将来（二）[J]. 刘国华，周怡编译. 公共世界，(13)：34–39.

Lamberton C，Stephen A T. 2017c. 数字营销：过去、现在与将来（三）[J]. 刘国华，周怡编译. 公共世界，(15)：26–31.

Lamberton C，Stephen A T. 2017d. 数字营销：过去、现在与将来（四）[J]. 刘国华，周怡编译. 公共世界，(17)：30–35.

Lamberton C，Stephen A T. 2017e. 数字营销：过去、现在与将来（五）[J]. 刘国华，周怡编译. 公共世界，(19)：28–33.

Ma H. 2018-06-27. 零基础，数字营销分析入门[EB/OL]. https://maxket.com/digital-analytics-guide/.

Mancini J. 2013. 后数字化时代的品牌掌控战略[J]. 新营销，(7)：80–82.

Prahalad C K，Ramaswamy V. 2005. 消费者王朝：与顾客共创价值[M]. 王永贵译. 北京：机械工业出版社.

Somnuz Z. 2015-08-28. 数字时代品牌传播的变与不变[EB/OL]. https://www.jianshu.com/p/191ff841ea5c.

Albuquerque P，Pavlidis P，Chatow U，et al. 2012. Evaluating promotional activities in an online two-sided market of user-generated content[J]. Marketing Science，31（3）：406–432.

Allenby G M，Rossi P E. 1998. Marketing models of consumer heterogeneity[J]. Journal of Econometrics，89（1-2）：57–78.

Ansari A，Essegaier S，Kohli R. 2000. Internet recommendation systems[J]. Journal

Marketing Research, 37 (3): 363–375.

Bagozzi R P. 2005. Socializing marketing[J]. Marketing ZFP, 27 (JRM 2): 101–114.

Bagozzi R P, Dholakia U M. 2006. Open source software user communities: a study of participation in Linux user groups[J]. Management Science, 52 (7): 1099–1115.

Bajari P, Benkard C L, Levin J. 2007. Estimating dynamic models of imperfect competition[J]. Econometrica, 75 (5): 1331–1370.

Bart Y, Shankar V, Sultan F, et al. 2005. Are the drivers and role of online trust the same for all web sites and consumers? A large-scale exploratory empirical study[J]. Journal of Marketing, 69 (4): 133–152.

Bass F M. 1969. A new product growth for model consumer durables[J]. Management Science, 15 (5): 215–227.

Beer D, Burrows R. 2010. Consumption, Prosumption and Participatory Web Cultures: an Introduction[M]. London: Sage.

Berger J, Heath C. 2007. Where consumers diverge from others: identity signaling and product domains[J]. Journal of Consumer Research, 34 (2): 121–134.

Berger J, Milkman K L. 2012. What makes online content viral? [J]. Journal of Marketing Research, 49 (2): 192–205.

Berry L L. 1983. Relationship marketing[J]. Emerging Perspectives on Services Marketing, 66 (3): 33–47.

Berry L L, Yadav M S. 1996. Capture and communicate value in the pricing of services[J]. MIT Sloan Management Review, 37 (4): 41.

Bezjian-Avery A, Calder B, Iacobucci D. 1998. New media interactive advertising vs. traditional advertising[J]. Journal of Advertising Research, (38): 23–32.

Blackwell R, Kollat D, Engel J. 1968. Consumer Behavior [M]. New York: Holt Rinehart & Winston.

Brown J, Broderick A J, Lee N. 2007. Word of mouth communication within online communities: conceptualizing the online social network[J]. Journal of Interactive Marketing, 21 (3): 2–20.

Clowes C W. 2016. Digital Marketing for Beginners: Dream Big Achieve[M]. Charleston: Createspace Independent Pub.

de Vries L, Gensler S, Leeflang P S H. 2012. Popularity of brand posts on brand fan pages: an investigation of the effects of social media marketing[J]. Journal of Interactive Marketing, 26 (2): 83-91.

Deighton J, Kornfeld L. 2009. Interactivity's unanticipated consequences for marketers and marketing[J]. Journal of Interactive Marketing, 23 (1): 4-10.

Dev C S, Schultz D E. 2015. From the four Ps to the four 'Why' s' [J]. Marketing News, 49 (9): 40-47.

Diamond S. 2019. Digital Marketing All-In-One for Dummies[M]. Hoboken: John Wiley & Sons.

Dodson I. 2016. The Art of Digital Marketing: the Definitive Guide to Creating Strategic, Targeted, and Measurable Online Campaigns[M]. Hoboken: John Wiley & Sons.

Du R Y, Hu Y, Damangir S. 2015. Leveraging trends in online searches for product features in market response modeling[J]. Journal of Marketing, 79 (1): 29-43.

Fishbein M, Ajzen L. 1975. Belief, Attitude, Intention and Behavior: an Introduction to Theory and Research[M]. Boston: Addsion-Wesley.

Fournier S. 1998. Consumers and their brands: developing relationship theory in consumer research[J]. Journal of Consumer Research, 24 (4): 343-373.

Foxall G R, Goldsmith R E. 1994. Consumer Psychology for Marketing[M]. New York: Routleedge.

Freeman R B, Medoff J L. 1984. What Do Unions Do?[M]. New York: Basic Books.

Gefen D, Straub D W. 2004. Consumer trust in B2C e-commerce and the importance of social presence: experiments in e-products and e-services[J]. Omega, 32(6): 407-424.

Ghose A, Goldfarb A, Han S P. 2012. How is the mobile internet different? Search costs and local activities[J]. Information Systems Research, 24 (3): 613-631.

Godes D, Mayzlin D. 2004. Using online conversations to study word-of-mouth communication[J]. Marketing Science, 23 (4): 545-560.

Grewal D, Bart Y, Spann M, et al. 2016. Mobile advertising: a framework and research agenda[J]. Journal of Interactive Marketing, (34): 3–14.

Grimes M G, McMullen J S, Vogus T J, et al. 2013. Studying the origins of social entrepreneurship: compassion and the role of embedded agency[J]. Academy of Management Review, 38 (3): 460–463.

Jakobson L. 2005. Booting up slowly [J]. Incentive, 179 (4): 12.

Jefferson S, Tanton S. 2015. Valuable Content Marketing: How to Make Quality Content Your Key to Success[M]. London: Kogan Page.

Kim H W, Xu Y, Gupta S. 2012. Which is more important in Internet shopping, perceived price or trust? [J]. Electronic Commerce Research and Applications, 11 (3): 241–252.

Kotler P, Kartajaya H, Setiawan I. 2016. Marketing 4.0: Moving from Traditional to Digital[M]. Hoboken: John Wiley & Sons.

Kumar V, Sun B, Srinivasan K. 2014. Why do consumers contribute to connected goods? [R]. NBER Working Paper.

Liaukonyte J, Teixeira T, Wilbur K C. 2015. Television advertising and online shopping[J]. Marketing Science, 34 (3): 311–330.

Lobschat L, Zinnbauer M A, Pallas F, et al. 2013. Why social currency becomes a key driver of a firm's brand equity-insights from the automotive industry[J]. Long Range Planning, 46 (1–2): 125–148.

Lynch Jr J G, Bradlow E T, Huber J C, et al. 2015. Reflections on the replication corner: in praise of conceptual replications[J]. International Journal of Research in Marketing, 32 (4): 333–342.

Mitchell R K, Agle B R, Wood D J. 1997. Toward a theory of stakeholder identification and salience: defining the principle of who and what really counts[J]. Academy of Management Review, 22 (4): 853–886.

Naik P A, Peters K. 2009. A hierarchical marketing communications model of online and offline media synergies[J]. Journal of Interactive Marketing, 23 (4): 288–299.

Nambisan S, Baron R A. 2007. Interactions in virtual customer environments: implications for product support and customer relationship management[J]. Journal of Interactive Marketing，21（2）：42–62.

Narayanan S，Kalyanam K. 2015. Position effects in search advertising and their moderators：a regression discontinuity approach[J]. Marketing Science，34（3）：388–407.

O'Shaughnessy J. 1985. A return to reason in consumer behavior：an hermeneutical approach[J]. ACR North American Advances，12（1）：305–311.

Payne A. 1995. Relationship marketing：a broadened view of marketing[C]//Payne A. Advances in Relationship Marketing. London：Kogan Page.

Peter J P，Ryan M J. 1976. An investigation of perceived risk at the brand level[J]. Journal of Marketing Research，13（2）：184–188.

Pongsakornrungsilp S，Schroeder J E. 2011. Understanding value co–creation in a co–consuming brand community[J]. Marketing Theory，11（3）：303–324.

Pulizzi J，Barrett N. 2009. Get content get customers–turn prospects into buyers with content marketing[J]. Saxena NSB Management Review，2（2）：98–100.

Rainie L. 2010. Internet，Broadband，and Cell Phone Statistics[M]. Washington，DC：Pew Internet & American Life Project.

Robson K，Plangger K，Kietzmann J，et al. 2014. Understanding gamification of consumer experiences[J]. Advances in Consumer Research，42（1）：352–356.

Rowley J. 2004. Just another channel? Marketing communications in e–business[J]. Marketing Intelligence & Planning，22（1）：24–41.

Ryan R M，Deci E L. 2017. Self-Determination Theory：Basic Psychological Needs in Motivation，Development，and Wellness[M]. New York：Guilford Press.

Saini Y K，Lynch Jr J G. 2016. The effects of the online and offline purchase environment on consumer choice of familiar and unfamiliar brands[J]. International Journal of Research in Marketing，33（3）：702–705.

Schweidel D A，Moe W W，Boudreaux C. 2011. Social media intelligence：measuring brand sentiment from online conversations[Z]. Marketing Science Institute Working Paper Series.

Shang S S C，Lin K Y. 2013. An understanding of the impact of gamification on purchase intentions. Proceedings of the 19th Americas Conference on Information Systems (AMCIS 2013) [C]. Chicago，Illinois：Association for Information Systems：439–448.

Shim S，Eastlick M A，Lotz S L，et al. 2001. An online prepurchase intentions model：the role of intention to search[J]. Journal of Retailing，77 (3)：397–416.

Smith P R，Chaffey D. 2017. Digital Marketing Excellence：Planning，Optimizing and Integrating Online Marketing[M]. London：Routledge.

Stone M，Bond A，Foss B，et al. 2004. Consumer Insight：How to Use Data and Market Research to Get Closer to Your Customer[M]. London：Kogan Page.

Sullivan E A. 2010. The tao of mobile marketing[J]. Marketing News，44 (5)：16–20.

Tan W K，Tan Y J. 2010. Online or offline group buying? [C]. 2010 Seventh International Conference on Fuzzy Systems and Knowledge Discovery. IEEE，6：2853–2857.

Toubia O，Stephen A T. 2013. Intrinsic vs. image-related utility in social media：why do people contribute content to Twitter? [J]. Marketing Science，32 (3)：368–392.

Tucker C E. 2013. Social networks，personalized advertising，and privacy controls[J]. Journal of Marketing Research，50 (5)：546–562.

Werback K，Hunter D. 2012. For the Win：How Game Thinking Can Revolutionize Your Business[M]. Philadelpha：Wharton Digital Press.

Wheeler D，Sillanpa M. 1998. Including the stakeholders：the business case[J]. Long Range Planning，31 (2)：201–210.

Woodside A G，Trappey R J. 1992. Finding out why customers shop your store and buy your brand：automatic cognitive processing models of primary choice[J]. Journal of Advertising Research，32 (6)：59–78.

Xiang L，Sang J，Xu C. 2016. Cross-OSN user modeling in big data[J]. Big Data Research，2 (5)：32–42.

Yadav M S，Pavlou P A. 2014. Marketing in computer-mediated environments：research synthesis and new directions[J]. Journal of Marketing，78 (1)：20–40.

Zinnbauer M A，Honer T. 2011. How brands can create social currency-a framework for managing brands in a network era[J]. Marketing Review St Gallen，28 (5)：50–55.

后　记

珞珈山夏天的雨，淅淅沥沥，已连续两周。本书的撰写，业已两年有余。

之所以“难产”，概因在数字技术驱动下，互联网与新型技术的深度融合，基于互联网的新兴媒体和营销形式一直处于不断更新的状态。在快速变化的数字营销生态中，总结数字营销策划与创意的规律，本身就是很困难的。

难的另一原因是，数字营销是一个相对宽泛的概念，营销领域和传播领域的学者围绕着各自感兴趣的领域展开研究，营销学者貌似更倾向于数字营销是战略与职能的各个层面，如营销大师菲利普·科特勒认为，营销管理从传统走向数字的过程中，技术、数据采集、营销思维要通，而且必须在 CMO 层面打通。而国内关于数字营销的关注更聚焦于数字广告/数字传播的视角。

因此，从快速发展的“纷杂”现象中，去剥茧抽丝，去厘清数字营销策划与创意的体系，的的确确是件不容易的事情。无形之中，“难”也成了写作过程中数次停顿的“借口”。然而，“丑媳妇总是要见公婆的”，这也算本书写作过程中收获的“迭代思维”吧。

本书试图结合营销学者和传播学者的研究成果，数字营销策划与创意的涵盖范畴包括营销战略层面，但更侧重传播与沟通设计。全书分为四篇十二章，分别从认知、基础、流程和应用四个板块，去阐释数字营销策划与创意的基本知识、原理和应用。本书可以作为高等院校市场营销专业、广告学专业和公共关系等专业的教学用书，亦可为营销传播从业者或爱好者提供学习参考，为行业发展提供创新视野和业务指导。

本书写作过程中，得到了武汉大学新闻与传播学院的研究生团队的支持与帮助，感谢他们帮助查阅了参考文献和部分参考性初始文稿，并进行了校对工作，他们有代义佳、贺梦云、周敏、罗景、赵石榴、张学敏、魏广月、陈卓、贾梦柯、姜雅琪、王玥、赵荣基、黄清、刘炎、黄雅琦、邹梦雅、高爽等。

感谢武汉大学新闻与传播学院周茂君教授，在他的牵头组织下，这套数字营销丛书才得以逐本面世，感谢他的鼓励、督促和指导。感谢武汉大学新闻与传播学院广告系的各位同仁，关于广告学和数字营销领域的教学科研的日常交流的点滴，均会成为本书中的观点或素材的有益启发。

尤其感谢科学出版社的领导和编辑，正是他们前瞻性的选题策划和敬业的编辑校对工作，使得本书得以出版。

党的二十大报告强调，“加快发展数字经济，促进数字经济和实体经济深度融合，打造具有国际竞争力的数字产业集群”[①]。本书的撰写，适应数字经济的发展，试图解决其中的营销传播难题。

数字技术的发展日新月异，数字营销生态缤纷繁杂，数字营销策略、技术和手段不断在更新迭代，囿于作者的水平和精力限制，本书难免存在局限之处，在此恳请各位学界、业界专家和读者批评指正。

徐同谦

于武汉大学珞珈山麓

2024 年 3 月

① 习近平. 高举中国特色社会主义伟大旗帜　为全面建设社会主义现代化国家而团结奋斗——在中国共产党第二十次全国代表大会上的报告. 北京：人民出版社.